公路经济管理对公路建设发展研究

王 敏 许太学 王继红 著

东北林业大学出版社
Northeast Forestry University Press
·哈尔滨·

图书在版编目（CIP）数据

公路经济管理对公路建设发展研究 ／ 王敏，许太学，
王继红著. -- 哈尔滨：东北林业大学出版社，2023.12
　ISBN 978-7-5674-3388-5

　Ⅰ．①公… Ⅱ．①王… ②许… ③王… Ⅲ．①公路-
经济管理-影响-道路工程 Ⅳ．①U41

　中国国家版本馆CIP数据核字（2023）第256379号

责任编辑： 赵晓丹
封面设计： 文　亮
出版发行： 东北林业大学出版社
　　　　　（哈尔滨市香坊区哈平六道街6号　邮编：150040）
印　　装： 河北创联印刷有限公司
开　　本： 710 mm×1000 mm　　1/16
印　　张： 14.75
字　　数： 256千字
版　　次： 2023年12月第1版
印　　次： 2023年12月第1次印刷
书　　号： ISBN 978-7-5674-3388-5
定　　价： 65.00元

前　言

在公路工程项目投资规模日趋增大、公路工程项目建设所需资金日趋增多的情况下，现代公路工程技术人员在精通工程技术的同时，还必须掌握工程经济和概预算的基本知识，将工程经济学的基本原理与公路工程实践相结合，以更好地提高公路工程项目的经济效益。

公路建设的根本目的在于促进社会经济发展。为促进经济发展，加快公路建设已成为必然趋势。但是，修建公路将破坏植被，影响自然地貌、原始景观、文化史脉以及区域内文物、遗迹、自然水系等，同时路体本身也会分隔所在地域动植物世代生存的空间，影响种群繁衍及动植物的多样性等；公路建设需要占用大量土地，而土地是不可再生资源；公路建设需要拆迁一定数量的建筑物，给人们的生活、工作带来诸多不便，且极易引发社会矛盾。

因此，研究公路建设与社会经济系统相互作用机制，建立一整套较完善、规范、全面、系统的可持续发展评价理论与方法体系，是当前非常迫切的任务。公路建设可持续发展评价体系将成为继国民经济评价、财务评价、社会环境影响评价之后的又一全面评价准则，为各级交通主管部门进行科学决策提供理论依据和可操作的具体措施，提高资金的使用效率，减少公路建设的盲目性，提高资源利用率，节约不可再生资源，减少或避免对生态环境产生的不良影响，促进社会可持续发展。

本书运用工程经济学和管理的基本原理，结合公路工程项目的特点，系统介绍了公路工程经济分析和项目管理建设的基本理论和方法，注重工程经济知识和项目管理在公路工程中的实际运用。本书重点突出、通俗易懂，适宜用作高等院校相关专业的参考用书，也可作为研究生、工程技术人员、工程咨询人员的参考书。

作　者

2023 年 10 月

目　录

第一章 公路经济学概述

第一节 公路经济学的概念

一、公路经济学的产生与发展

任何一门学科的产生与发展都不是偶然的，而是来自人类社会实践活动的需要和推动，公路经济学尤其如此。在收费公路出现以前，公路作为一国国民经济重要的基础设施，基本上是由政府供给的，其相应的经济关系也被政府计划所隐含而没有引起理论界的足够重视。随着我国市场经济体制的建立与发展，在公路建设投融资体制改革的推动下，公路建设出现前所未有的高速发展的同时，市场机制也迅速渗透公路行业的各个方面。在公路建设、经营、管理、养护等各种经济活动中出现了诸多新的现象，产生了新的矛盾，提出了新的问题，客观上需要我们解放思想，针对存在的现象和问题，从理论上论证其存在的合理性和科学性。同时，通过研究公路经济现象变化的规律来解释和指导公路行业的进一步发展，这也正是公路经济学在我国产生和被重视的根源。

二、公路经济学的研究方法

在经济学的研究方法中，最具代表性的是实证分析法和规范分析法。实证分析要问答"是什么"的问题。实证分析首先给出与某项经济行为有关的假设，但并不探讨假设是否正确，而是在此基础上分析经济行为本身的内在规律，并依据这些规律分析预测这一经济行为的效果。这种对经济效果的分析既包括不带有价值判断的定性分析，也包括对特定经济行为效果的规模和数量的定量分析。所以，我们通常提到的定性分析和定量分析在特定条件下是实证分析的两个基本的分析工具，而不是并列的两类分析方法。

规范分析要回答"应该是什么"的问题。规范分析首先以一定的价值判断为基础，以特定经济行为标准作为依据，并研究如何做才能符合这些标准。规范分析由于带有强烈的个人主观色彩，依附于个人道德准则和好坏的价值判断，因此，其分析结论是无法证明其正误真伪的。谁是谁非没有绝对的评判标准，从而也就无法验证。

可见，实证分析具有客观性，所得出的结论可根据客观事实进行验证，其分析结论也不以任何人的个人意志为转移。因此，对于"是什么"的实证命题，人们比较容易达成共识。规范性分析建立在个人主观判断基础上，其本身不具有客观性，所得出的结论受人们不同价值观的影响。对同一经济现象好坏的判断完全有可能出现截然不同的评价。

实证分析与规范分析的核心区别就是在分析经济事物时是否以一定的价值判断为前提。这里的价值并不是指经济学意义上的商品价值，而是指对特定经济事物社会价值是好是坏的主观判断。

尽管实证分析与规范分析之间存在本质的差异，但在经济学研究中，它们并不是互相排斥的，而是相互借鉴和利用的。规范分析往往要以实证分析为基础，是实证分析结果的进一步升华；规范分析的结论也往往对实证分析提供未来发展趋势的指导。一般来讲，越是具体的经济问题，实证分析的应用越多；越是决策层面的、反映未来发展趋势的经济问题，规范分析越具有优越性。可见，实证分析和规范分析方法针对不同问题既各有侧重又互为补充，从而形成经济学中两个非常重要的基本分析方法。

公路经济学作为应用经济学学科体系中运输经济学下一个二级子系统，尽管其学科领域及研究内容具有明显的行业特色，但其研究方法总体上说应为经济学的研究方法所涵盖。依据公路经济学的研究对象和学科特点，其研究方法应综合应用实证分析法和规范分析法。有些公路经济现象需更多地采用实证分析法，如公路建设与国民经济发展的关系问题、公路通行费收费标准问题等；有些公路经济问题应遵从规范分析方法，如收费公路的产业化经营问题、公路商品属性与社会公益性的取向问题等。

在公路经济学研究过程中，所涉及的具体的分析工具较多，主要有均衡分析与非均衡分析、静态分析与动态分析、定性分析与定量分析。

1. 均衡分析与非均衡分析

均衡分析是经济学中广泛使用的一个分析工具，如产量与价格的均衡、供给与需求的均衡等。均衡是指各种对立的、变动着的力量处于一种力量相等，相对静止，在外界条件不变的情况下，每一方都不再调整自己已有的决策，从而不再改变其经济行为而保持这种相对静止的状态。均衡分析就是假定外界因素固定不变，分析各内生变量之间的相互关系，研究均衡实现应具备的条件及其变动影响因素。这种外界条件不变的假设在实际中很难达到，均衡更多的是人们设想中的状态，在均衡状态下，经济活动当事人的利益达到最优。这种最优往往是通过边际分析来实现的。

非均衡分析是与均衡分析相对立的一种分析工具。非均衡分析认为任何经济活动都是不断变化的，其外部影响因素也是复杂的、多样的和可变的，不能简单地用均衡或非均衡进行解释，主张用历史的、动态的、综合的因素作为经济问题的特定分析方法。

2. 静态分析与动态分析

按照分析经济活动时是否考虑时间因素，分为静态分析和动态分析工具。静态分析在不考虑时间因素的影响下考察一定时期内各种变量之间的相互关系，研究处于相对静止状态的经济现象；动态分析则引入时间因素，来考察各种变量在不同时期的变动情况，以此研究经济现象。

3. 定性分析与定量分析

定性分析是运用相关经济学理论与方法来解释特定经济活动的性质、本质及内在发展规律，以使人们正确地理解、掌握和运用经济活动来实现各自的价值取向。定量分析则是分析经济活动的影响变量及相关关系，用数量的大小及变化更为直观地反映经济活动的结果及其运行规律。

上述分析工具将构成公路经济学最主要的分析工具，在公路经济学相关理论的研究中，针对特定问题会有所侧重地使用不同的研究方法。

第二节　公路类别及公路资产理论

一、公路及其类别

（一）公路及其自然属性

1987 年 10 月 13 日国务院发布的《中华人民共和国公路管理条例》第三十九条规定："公路是指经公路主管部门验收认定的城间、城乡间、乡间能行驶汽车的公共道路。公路包括公路的路基、路面、桥梁、涵洞、隧道。"公路主要由路基、路面、桥梁、隧道、公路渡口、防护及支撑工程、公路用土地及公路附属设施组成。公路作为庞大的建设构筑物，具有不可移动性、不可分割性、带状性、网络性及持久耐用性等自然属性。

（二）公路的类别

公路可按不同的标准分类。我国现行的公路分类主要有按技术等级和按行政区域分类两种。

1. 我国公路的技术分类

依据中华人民共和国交通运输部 2014 年颁发的《公路工程技术标准（JTGB01—2014）》，公路分级主要依据交通量、车辆行驶速度等技术指标，将公路划分为高速公路、一级公路、二级公路、三级公路、四级公路五个级别。在实际公路里程统计中，对达不到四级技术水平的公路均称为等外公路。

2. 我国公路的行政分类

在我国"统一领导、分级管理"的公路建设、管理体制下，依据各公路所处的地理位置、在整个公路网中的地位及发挥的作用不同对公路进行行政分级。《中华人民共和国公路管理条例实施细则》（以下简称《条例》）第三条规定：公路分为国家干线公路（以下简称国道）、省（自治区、直辖市）干线公路（以下简称省道）、县公路（以下简称县道）、乡公路（以下简称乡道）和专用公路五个行政等级。

国道是指具有全国性政治、经济意义的主要干线公路，包括重要的国际公路，国防公路，连接首都与各省、自治区首府和直辖市的公路，连接各大经济中心、港站枢纽、商品生产基地和战略要地的公路。

省道是指具有全省（自治区、直辖市）政治、经济意义，连接省内中心城市和主要经济区的公路，以及不属于国道的省际重要公路。

县道是指具有全县（旗、县级市）政治、经济意义，连接县城和县内主要乡（镇）、主要商品生产和集散地的公路，以及不属于国道、省道的县际间的公路。

乡道是指主要为乡（镇）内部经济、文化、行政服务的公路，以及不属于县道以上公路的乡与乡之间及乡与外部联络的公路。

专用公路是指专供或主要供厂矿、林区、油田、农场、旅游区、军事要地等与外部联络的公路。

3. 收费公路与非收费公路

按照是否收取车辆通行费将公路分为收费公路和非收费公路。《条例》第二条规定："收费公路是指符合公路法和本条例规定，经批准依法收取车辆通行费的公路（含桥梁和隧道）。"

依据收费的性质将收费公路分为收费还贷和收费经营公路。因此有非收费公路、收费还贷公路和收费经营公路之分。

此外，我国公路管理部门及理论界也在探讨引入新的公路分类理念，如从公路网层次结构优化和服务功能的角度将公路分为"干线公路、集散公路、支线公路"等分类方法。

二、公路资产理论

（一）资产

研究公路经济问题，必然涉及资产、产权及相关经济范畴，以此作为研究公路经济的基础，可从本质上把握公路的属性和进一步研究的方法及方向。

关于资产、财产及资本的分析如下。

资产、财产及资本均属经济学领域里既相互联系、又严格区别的基本概念，但许多人却将其混为一谈。由于概念上的混淆，不可避免地带来思维及应用上的混乱。因此，有必要对其做进一步分析。

众所周知，资本是能够带来剩余价值的价值。马克思对资本的这一定义精辟地揭示了资本最本质的特征是其增值性。追求价值增值是资本的直接目的，如果资本不能在运动中带来剩余价值，也就不称其为资本了。可见，增值是资本的本质要求，运动是资本实现增值最主要的条件。

关于什么是财产，马克思认为，财产首先表现为主体（在一定关系中的个体或团体）对客体（外在的客观的生产条件）排他性占有或归属关系。马克思认为，财产最初无非意味着这样一种关系：人把他生产的自然条件看作是属于他的、看作是自己的、看作是与他自身的存在一起产生的前提。可见，财产反映的是一种意志关系，这种意志关系最初可能是作为一种习惯和传统被人们自觉遵守和维护。随着经济的发展，在财产冲突的作用下，才以法律形式固定下来，从而作为一种权利被保护起来。马克思在论述他的剩余价值理论时曾说过：剩余价值是资本家的财产。依据马克思的论述，财产是财富积累的产物，财产反映的是主体对客体排他的占有或归属关系。

资产相对资本和财产而言，乃是一个复合的概念。资产是一个具有多角度、多层面的概念，既有经济学中的资产概念，也有诸如会计学等其他学科的资产概念。经济学中的资产是泛指特定经济主体拥有或控制的，能够给特定经济主体带来经济利益的经济资源；中华人民共和国财政部2006年制定的中国《企业会计准则——基本准则》（以下简称《准则》）第二十条对会计学中资产的定义为："资产是指企业过去的交易或者事项形成的、由企业拥有或者控制的、预期会给企业带来经济利益的资源。"同时，《准则》第二十一条指出："符合本准则第二十条规定的资产定义的资源，在同时满足以下条件时，确认为资产：与该资源有关的经济利益很可能流入企业；该资源的成本或者价值能够可靠地计量。"从上述两个定义可见，经济学和会计学对如何定义资产各有侧重。经济学对资产定义的本质特征是资产的"未来经济利益"，也就是资产必须能够直接地或间接地为其拥有者或控制者带来现金流入，这实质上是从经营性角度来定义资产的，并没考虑其他如非经营性资产等；会计学对资产定义侧重于从会计计量角度来规范，主要指企业中的资产。会计计量一般包括三个要素：价值尺度、计量单位和计量属性。从范围上讲，它比第一个定义的范围要广。我们称第二个概念是广义的资产概念，是一般意义上的资产概念；第一个概念为独立的资产概念，仅指经营性资产。

通过对资产、财产及资本内涵的分析，可知它们是既密切联系又相互区别的几个经济范畴。

（1）资产可以从不同的角度进行分类，有些资产的特征类似于资本，是从资本派生出来的，具体来讲是资本的转化形态或运用形态。经营性资产就是经营性资本的转化形态，经营性资本又是资本运用于经营过程而形成的。资本转化为资产，经营资本转化为经营资产以后，其形态则更为具体化和多样化。从财产与资产的关系看，有些资产是财产的存在形态或表现形态。财产通常是以资产的形态存在并以资产的名义来表现的。

（2）尽管财产是社会财富的积累，但它不能带来价值的增值，其有用的只是使用价值和交换价值。但当财产与其他生产要素相结合用于生产经营活动时，它则转化为资本。从社会经济的发展过程来看，最初出现的资本都是由财产转化而来的。资本是能够带来价值增值的价值，而价值的增值只有在运动中才能产生。所以，作为资本，其本质要求是必须处于不停的运动之中。否则，资本的运动一旦停止，就不能产生剩余价值，其有用的只是它的使用价值和交换价值，资本也就还原为相对静止状态下的财产，经营性资产也就还原为非经营性资产。

（3）从量上考查，在一个社会中，它的资产总量远远大于它的财产总量。这是因为信用关系的发展所带来的资产扩张的结果。例如，在直接信用关系中，同一数额的货币资本，若拥有者用来购买企业发行的股票，这样，股票发行企业增加了自有资本并转化为经营性资产，结果，社会上的资产量则是原有资本或财产的2倍。在间接信用关系中，同一数额的货币资本，若拥有者将其存入银行，在货币资本拥有者手中形成了金融资产，银行增加借入资本，当银行将其借入资本用于贷款后，银行手中增加相同数额的金融资产，在贷款者手中形成借入资产并转化为经营性资产，结果社会上的资产总量就是最初货币资本或财产拥有者数量的3倍。若将这些货币资本在信用关系下不断地利用，社会上的资产总量会在资本或财产总量不变的情况下不断增加。

由上述分析可知，财产是社会财富积累的产物，体现能够满足拥有者某种需要的使用价值的价值。财产不存在经营问题，处于相对静止的状态，它存在于生产经营的起点，其运用形态表现为资产。所以，资产是从资本派生出来的，是在交换过程中形成的，存在于生产经营之中，处于不断运动的状态，结果使社会资产总额易于虚拟膨胀。

（二）公路、公路资产

研究公路资产的经济问题，必须首先明确什么是公路及公路资产，以此作为出发点来确定本节研究的范围。

1.公路内涵的发展

随着我国社会主义市场经济的建立与发展，诸多市场因素已先后引入公路的建设、管理、养护及经营之中，为适应社会经济形势的变化，促进公路交通事业的发展，公路的内涵也随之发生变化。从《中华人民共和国公路管理条例》对公路的解释可以看出，以前我们对公路的认识，主要体现公路的"公"字，强调公路服务于全社会的公益性属性，是国家出资修建、养护与管理的社会公益性基础设施。《中华人民共和国公路法》（以下简称《公路法》）对公路的含义及属性做了进一步的、适应市场经济要求的、有利于公路交通发展的界定。《公路法》第一章第二条指出："本法所称公路，包括公路桥梁、公路隧道和公路渡口。"《公路法》第六章第五十九条规定："符合国务院交通主管部门规定的技术等级和规模的下列公路，可依法收取车辆通行费：（一）由县级以上地方人民政府交通主管部门利用贷款或者向企业、个人集资建成的公路；（二）由国内外经济组织依法受让前项收费公路收费权的公路；（三）由国内外经济组织依法投资建成的公路。"从《公路法》上述规定可看出，公路已不再是单纯的社会公益性基础设施。

2. 公路资产

按《公路法》的规定，我国目前公路的运营形式有三种：第一，非收费公路；第二，由县级以上地方人民政府交通主管部门利用贷款或者向企业、个人集资建成的收费公路（收费还贷公路）；第三，由国内外经济组织依法受让公路收费权的公路及依法投资建设并收费的公路（收费经营公路）。

第一种公路形式无论是过去、现在或将来，无论从其数量还是从其在整个路网中的地位上说都是公路的主体。非收费公路的投资主体为各级政府交通主管部门且为投资者拥有或控制，它的"未来的经济利益"首先表现在它为全社会带来的宏观经济效益和社会效益，其次是为投资者带来收益。从资产的本质特征看，它符合资产的属性要求。从其运动形态看，这类公路处于相对静止的运动状态。从财产的特性看，它又具有财产的属性。我们认为这类公路属于资产范畴，是财产性资产。

第二种公路形式虽为收费公路，但收费的目的是为了偿还贷款、集资款。收费期限以还清贷款、集资款为准，到期即停止收费。这一点在《公路法》第六章第六十条中有明确规定。这类公路的投资主体仍为各级政府交通主管部门，其资金来源起码有一部分是贷款或集资款。这些贷款或集资款的来源无非是各类金融机构或各类经济组织或个人。各级政府交通主管部门在筹集这部分资金时都要支付一定的代价。这部分资金无论是在交通主管部门手中持有，还是转化为具体的运用形态——路，其本质都是社会财产的重复运用，而不是财产的构成部分，不增加社会财富的积累。放款或集资款的出资者,他们出资的直接目的是为了获利,使投入的价值得到增值。相应投入的价值对其拥有者来说,发挥着资本的作用。交通主管部门在投资过程中,利用相对较小的资金量带动了较大规模的资金运动,资金运动的结果使价值形态发生变化,形成实物公路资产。在收费期间,用收取的过路、过桥费支付借款的本息,贷款、集资款本息偿付完毕,收费行为停止。此后,公路实物资产仍为投资方拥有。这时,公路实物的价值量远远大于投资方自有资金(该公路项目总投资减贷款或集资款本息之和的余额),其余额构成该经济活动给社会带来的财富,使投资方原投入资金得到增值。这样,公路项目的原投资发挥着资本的职能,相应地转化为公路实物资产,在收费期间形成经营性资产,即资本意义上的资产。收费行为结束,公路作为经营活动的结果,主要体现财产的特性,形成财产性资产。

第三种公路形式指由国内外经济组织依法投资建成或购买收费权的公路。收费目的是"收回投资并有合理回报"。同时,"受让公路收费权和投资建设公路的国内外经济组织应当依法成立开发、经营公路的企业"(简称公路经营企业)。公路经营企业开发或购买经营的收费公路,无论从哪个角度分析,它在特许经营收费期内都表现为经营性资产。无论将此类公路称作是经营性公路、收费公路或商务性公路,它表现出的资产特性都是无须质疑的。

由上述分析可知,无论是收费公路还是非收费公路都属于资产,都应将其纳入资产范畴进行管理。对于非收费公路,作为社会公益性基础设施,它主要体现财产的特征,属财产性资产或叫非经营性资产。收费公路,在特许收费经营期内,对"合理回报"的理解可参照《公路经营权有偿转让管理办法》第十一条对合理年限盈利期的界定,"合理年限盈利期一般不得超过投资预测回收期的50%"。

公路资产主要体现资产的特征,属资本性资产,其本质要求是价值的增值。第三种公路形式又是其典型代表,也是后续研究的一个重点。

(三)公路资产的特性分析

在分析了公路及公路属于资产范畴后,我们认为公路资产属于一种特殊的固定资产。

一般固定资产应满足如下特征:第一,必须是劳动产品,有具体的实物形态;第二,必须达到一定的使用期限,一般在一年以上;第三,用于生产经营过程,而不是为了出售;第四,具有一定的价值,可用具体的价值尺度来衡量。根据上述规定，公路资产完全符合一般固定资产的条件。

作为一种特殊的固定资产，主要表现是公路的使用年限。与一般固定资产相比，公路资产的使用年限较长且很难具体确定，使以折旧方式进行的固定资产更新换代失去了计算的依据。加之在收费公路出现以前，公路只是一种单纯的公益设施，完全靠国家投资兴建，使用者只缴纳少量的养路费，为的是以路养路，维持简单再生产，根本不考虑投资的回收，更不考虑盈利。这种背景下，不可能把公路作为资产进行管理，研究它的投资回收及折旧则失去意义。在收费公路出现以后，作为开发、经营收费公路的企业，他们投资开发、经营公路的直接要求不仅是要收回投资，而且要有盈利，不考虑投资的回收速度是不可能的。对公路经营企业来说，投资形成的具体实物形态就是公路，投资回收的期限必须在特许经营期内。公路作为一种特殊的资产，其所有权始终归国家所有，公路经营企业在投资开发、经营收费公路时，必须与政府签订特许经营协议，确定特许经营收费期限。收费期限终了，公路资产的全部产权将由政府收回。从公路经营企业角度看，投资形成的公路资产必须在特许经营期收回投资并获得盈利。从经济意义上讲，公路资产的寿命期即为特许经营期，到期公路资产将归国家所有，变为公益性公路。由于不考虑公益性公路的盈利问题，那么再分析它的折旧和年限就没有什么意义了。因此，公路作为一种特殊的固定资产，特殊在它的投资额巨大，回收期较长，更新换代的周转时间比一般固定资产要长得多。而确定折旧或更新换代的年限以特许经营期为依据是合理科学的。

第三节　公路的商品属性理论

一、商品属性与商品

收费公路的出现打破了公路建设长期靠政府投资，不谈回收，更不讲增值的计划经济的传统做法。为了给实践中出现的这一新生事物提供理论依据，理论界及实务部门的一些学者专家根据社会主义市场经济学理论积极探讨公路商品化问题，从而使其成为公路经济理论研究的热点问题之一。但到目前为止，理论界对此尚未达成共识。有人仍将公路看作纯公益性设施而否认其商品属性，也有学者在公路行业引入市场机制后强调公路的商品性而忽视其社会公益性的一面，更有些作者在其论文中认为，公路具有商品属性，从而公路是商品。这些认识上的误区会对公路行业的健康发展产生行为上的阻碍。公路的商品属性与社会公益性既不矛盾，也不能相互取代，而是一个并存和相互促进的关系。另外，我们不能混淆商品属性与商品这一既相互关联又严格区分的重要概念。具有商品属性的东西，并不一定就是商品，商品属性与商品并不是因果关系。

我们先看马克思是怎样论述商品的。马克思从使用价值开始，对什么是商品进行了层层的分析。

（1）"物的有用性使物成为使用价值。"物的有用性指它能满足人们的某种需要，这种需要的性质如何与问题无关。一物对人的有用或无用，既取决于它是否具有能够满足人们某种需要的自然属性，又取决于人们对它的用或不用，这两方面相结合的条件是所有制关系，即物的使用价值不是孤立的、片面的指物本身的自然属性，而是指人使用物这种人与物相结合的供求平衡关系而言的。

（2）一个物对人们来说有使用价值，也是人类的劳动产品，但这个物是用来满足劳动者自己的需要，对物的生产者（同时又是消费者）来说，他生产的仅是使用价值，而不是价值，所以，它也不是商品。

（3）"要生产商品，他不仅要生产使用价值，而且要为别人生产使用价值，即生产社会的使用价值。"马克思在这里所说的为别人生产使用价值并不是指只要是非生产者本人消费的产品，就是商品。而是指要成为商品，产品必须通过交换，转到把它当作使用价值使用的人的手里。

可见，马克思对什么是商品，从使用价值开始进行实事求是的科学分析。这种对生产者没有使用价值，或作为非使用价值而存在的产品是其在交换关系中转化为商品的"第一步"。即这种产品就其自然属性看具有使用价值，也是人类劳动的凝结，但只能说它具有了商品的属性，只是观念上的"商品"。要把其转化为事实上的商品，它还必须经过交换转移到消费者手中。只有完成"第二步"的跳跃，这一观念上的商品的使用价值才能发挥对社会的有用性，它的价值才能实现，它才成为现实中的商品。

因此，马克思主义的商品观是指进入交换的产品才是商品，因而商品、价值和价值规律等，都是同交换相关联的历史范畴。

二、公路的商品属性及公路商品

按照马克思的商品观，我们来分析公路是否具有商品属性、公路是否为商品。

1. 公路的商品属性

首先，公路作为国家经济发展的基础设施，它的使用价值是显而易见的。随着市场经济的发展，公路在促进商品流通、加快自然资源的开发和利用、促进公路沿线经济发展、满足社会公路客货运输需要、提高整个社会经济效益等方面发挥着越来越大的作用。当今世界，高速公路已被公认为衡量一个国家经济发达程度的重要标志之一。

其次，公路作为人类通过劳动所形成的有特定用途、具有一定物质形态的劳动产品，其中凝结着大量的社会必要劳动，这些社会必要劳动构成公路的价值。而且随着公路等级的提高，其价值量越来越大。

最后，公路作为劳动产品，包括道路、桥梁、渡口、隧道及其他附属设施，其建造者并不是为了自己使用，而是供别人、供社会使用。凡建路者，绝不是单为自己通行；凡架桥者，也绝不是单为自己过桥。公路具有的公共物品属性及其使用对象的公共性是其主要特征，公路不仅服务于所有的生产部门、流通部门和消费部门，服务于物质资料生产的全过程，而且服务于社会政治、军事、文化、教育等各个领域。这种使用对象的广泛性充分说明公路建造者是为别人、为社会生产使用价值。

可见，公路是劳动产品，耗费在公路生产上的人类劳动可以计量，并且公路生产者建造公路是为了满足社会的需要，是凝结人类劳动并为他人享用的使用价值。这说明公路具有商品的属性，但公路具有商品属性并不等于说公路就是商品。

公路是否为商品还取决于特定的社会经济条件及公路所有者与生产者特定的经济目的和行为。

2. 公路商品

由以上分析可知，公路具有商品的属性，但公路是否为商品，关键在于公路的使用是否需要交换，是否通过交换才可以使用。关于这个问题，要从两方面认识。其一，收费公路出现以前的公路及目前的不收费公路是否供人无偿使用？无偿使用公路实质上是计划经济体制下人们的一种误解。事实上，我国对不收费公路不可能无偿使用。生产用之于民的公路设施所需的开支，最终还是取之于民。

政府以税费的形式征收各种费用，车辆拥有者作为使用公路的成本，要交纳各种税费。根据公共经济学理论，建造公益性基础设施所需的费用，应由全体使用者或受益者共同负担，并以征税或收费的形式收回，以体现"谁使用、谁负担"的征费原则。所以，无偿使用公路设施的说法是不合理的。从实践中看，国家投资公路基础设施的费用仅靠相应的费（税）收入来补偿是远远不够的，即使是维持简单再生产也不现实。这种建路者与使用消费者之间的"交换"关系，实际上是一种政府征费（税）的行为，不属于商品交换，因而也不属于商品、价值、价值规律的范畴。其二，收费公路的出现，其背景是由于公路建设严重滞后，依靠政府投入和征费（税）形式筹措的公路建设资金远不能满足公路建设需要而采取的市场经济行为的产物。收费公路的出现吸引了大量的民间资本投入公路建设，其结果一方面极大地促进了公路建设的发展，缓解了政府对公路基础设施投入的压力，弥补了由于政府财力不足造成的资金缺口；另一方面，由于民间资本的引入及市场机制作用的发挥，使收费公路在建设、经营、管理整个过程中必须遵循市场规律。不仅要考虑投入资本的回收还必须使其增值，这是引入私人资本的必然结果。收费公路建成通车后，可使收费公路使用者降低运输成本、缩短运输里程、减少运输拥挤、节约运输时间、增加客货运周转量，从而提高生产和流通的经济效益。按照"谁受益、谁负担"的原则，公路的使用者在缴纳各种费（税）使用不收费公路的同时，还必须为使用收费公路支付车辆通行费，每使用一次收费公路交一次费用。这种"一对一"的关系实质上是一种市场交换关系，而交换的对象则无疑是一种商品，这种商品就是公路通行服务。

因此，公路具有商品的属性，但公路是否作为商品关键是公路的使用价值是否通过市场交换而享有。关于这一点，不收费公路与收费公路之间存在着本质上的区别，主要表现在以下几方面。第一，主体不同。非收费公路的征费（税）主体是政府，收费公路的收费主体是公路经营企业。第二，目的不同。政府征费（税）的目的是取之于民、用之于民，并不以收回投资和增值为目的，侧重于宏观经济效益；收费公路经营公司收费的目的是为了收回投资且获利，更侧重于公司微观效益并以利润最大化为其经营主要目的。第三，性质不同。政府征费（税）属于政府行为，行政性收费体现国家经济管理职能；公路经营公司收费是一种市场经济中的企业行为，体现企业的资本运营职能。第四，交换方式不同。政府征费（税）是一种整体性社会行为；公路经营公司收费是"一对一"的市场交换行为。可见，不收费公路具有商品属性，但不是现实商品。收费公路则具备成为现实商品的一切要素，属提供商品性服务的公路。

在收费公路是否为商品的争论中，有一种观点认为收费公路不是商品的主要原因之一是公路所有权的非交易性。该观点认为，我国现行法律法规不允许公路所有权进行交易，《中华人民共和国土地管理法》规定：我国实行土地的社会主义公有制，即全民所有制和劳动群众集体所有制。国家为了公共利益的需要，可以依法对集体所有的土地实行征用，所征用土地的所有权属于国家，用地单位只能依法取得使用权，而不能取得所有权。因此，在国有土地上建造的公路设施理所当然地归国家所有。所以，只要《中华人民共和国土地管理法》不修改，公路就很难成为商品。此观点不尽合理。第一，尽管土地所有权归国家和劳动群众集体所有，但国家允许土地使用权有偿转让，购买土地使用权后，在土地上投资建筑的房屋或其他设施的所有权在土地使用权期限内是归投资者所有的，只有土地使用权到期（还可以续延），土地及土地上的附着物才可由国家无偿收回。所以，持该观点者混淆了土地所有权与土地附着物所有权的不同概念，用资产所有权代替了资产的其他产权成分。第二，该观点形成的前提是商品的交易必须是商品所有权的交易，不发生所有权交易的对象则不是商品。以这一前提来判断交易对象是否为商品既缺乏理论依据又与现实的市场经济相悖。从产权角度看，商品的产权包括所有权、使用权、收益权等多项权属内容，在商品交易过程中，可以是商品所有权的转移，也可以是在所有权不变的情况下，其他权属的交易。这里，不会因为交换的产权内容不同而改变商品的经济性质。从实践中看，改革开放以来，我国的地产市场、人才市场得到了迅速发展是一个不争的事实。不管是土地一级市场还是二级市场，交易的都不是土地的所有权，那么是否可认为土地市场上交易的就不是商品？若市场交易的不是商品，那又会是什么？另外，人才市场交易的是劳动者的所有权吗？若是的话，劳动者岂不变成可以买卖的奴隶？这种非所有权交易的对象（劳动力）不会因为所有权的非交易性而否认其是商品。所以，不难看出，以收费公路所有权的非交易性而否认其成为商品的理由是不成立的。

三、公路属劳动资料

我们分析公路的商品属性及公路商品的目的并不仅仅在于说明公路是否为商品、是否可以交易，其最终目的是在社会主义市场经济条件下按照价值规律建设、养护、管理和经营收费公路。在保持政府配置公路资源为主及现有公路公益性服务的大前提下，在新建的高速公路及独立大桥、大型隧道等工程中突出其商品性，引进市场机制，遵循市场规律，扩大投资主体，拓宽筹资渠道，进行企业化经营管理等，以良好的公路交通设施来促进整个国民经济持续、稳定、高速发展。为达到这一目的，在肯定收费公路商品性基础上充分认识公路商品的特性，以更好地管理和运营公路商品。公路商品的特性主要表现在以下方面。第一，公路作为社会生产的劳动资料，它主要用于运输生产经营活动，是投资者进行生产经营、取得收益的物质基础。公路在实现自身使用价值的同时更主要的是为其他商品实现使用价值创造必要条件，并成为其他商品价值增值的追加生产过程。正如马克思所说："运输业一方面形成一个独立的生产部门，从而形成生产资本的一个特殊的投资领域。另一方面，它又具有如下的特征：它表现为生产过程在流通过程内的继续，并且为了流通过程而继续。"可见，公路运输业是一个独立的生产部门，公路作为该生产部门的劳动资料存在并发挥作用。第二，公路作为社会生产的劳动资料，一旦被生产出来就具有劳动资料的属性，而其他劳动资料（固定资本）仅是由于它们在生产过程中作为劳动资料执行职能，当它们本身刚从生产过程出来时，绝不是固定资本。例如，一台机器，作为机器制造业者的产品或商品，属于他的商品资本。公路不管是否发生交易，在建成通车后就作为生产资本，在社会生产过程中发挥劳动资料的作用。第三，其他劳动资料，如机器、厂房等固定资产只参加个别的生产过程，为特定的生产活动服务。而公路作为运输业这一追加生产过程的重要构成部分（这一构成部分或作为劳动资料存在都不否认公路作为一个独立行业存在的性质），作为社会再生产不可缺少的物质因素，它同时参加全社会各行各业的生产过程，对整个社会经济的发展起全面推动作用。第四，公路的实物形态包括路基、路面、桥梁、涵洞及附属设施，它以全部价值参加生产过程，并且一经进入生产领域，就不会离开，在长期的生产过程中逐渐完成自身价值的转移。在价值转移过程中，它通常是在既不买、也不卖，不改变所有权的前提下通过使用权的转让，完成交换价值的转移，实现公路的自身价值。

第四节　公路行业经济分析

一、公路行业性质分析

公路行业的性质是研究公路经济学的一个基本问题，也是分析公路经济问题的基本出发点。其研究的实质就是如何界定公路行业的性质，将其归为哪种领域、部门或产业。这关系到如何认识公路交通在社会发展及国民经济中的地位和作用，如何认识公路与公路交通运输业及其他行业的关系，如何研究公路行业内部的经营管理及政府的宏观管制等问题。

目前，对于产业分类，按照不同的理论和标准会形成多种产业分类体系，交通运输业在不同的产业分类法中可能会被列入不同的产业类别或部门。公路行业为公路运输业提供直接的物质条件支撑，在一定程度上可认为是公路运输业的构成部分，它与公路运输共同反映整个公路运输业的发展状况。同时，公路行业又有其自身的特性和发展规律。公路行业的发展直接推动着公路运输业的进步，促进综合运输结构的优化。因此，从产业分类角度分析，公路行业应具有与公路运输业类似的产业性质，应按照这一思路来分析公路行业的性质。由于出发点和目的不同，人们对公路运输业性质的认识也存在一定的差异，对公路行业性质的讨论必然存在分歧。归纳起来，有以下三种说法。

其一，公路行业应属物质生产部门。这种理论的依据来源于马克思《资本论》中的再生产理论。如前所述，马克思认为，运输业属物质生产部门，是物质生产过程在流通领域的延续。以此推论，公路行业也应属于物质生产部门。

其二，公路行业具有服务业特性，应属第三产业。依据三次产业分类理论，第一产业为农业，第二产业为工业，第三产业为服务业。在《现代经济辞典》中对第三产业的解释为："第三产业也被称为服务业，但这是广义的服务业，狭义的服务业是指第三产业中的饮食业、居民生活服务业等。在我国，第三产业包括交通运输业、仓储和邮电业、信息传播等。"第三产业的本质特性体现为服务性，即以服务而非实物形式提供某种使用价值以满足人们需要的经济活动。在这种产业分类中，运输业作为主要为生产服务（也为生活服务）的行业被划入第三产业。

公路行业作为公路运输业的物质基础，既为公路运输业，也为居民个人出行提供直接的通行条件，具有典型的服务性特征，其服务产品就是为整个公路运输提供不同区域、不同结构、不同等级的车辆通行服务，以此参与整个国民经济活动。因此，从公路行业的经济活动领域、过程及方式分析，公路行业具有第三产业的特性。

其三，基础设施论。"基础设施，是指为了使社会经济活动得以正常进行所必需的基本建筑和基本设备，包括公路、铁路、机场等交通基础设施。基础产业指对国民经济和社会发展具有承载作用的产业。它包括能源工业、原材料工业、燃料动力、交通运输以及电力工业等。"长期以来，无论是政府交通主管部门还是理论界，将公路纳入基础设施范畴都是共同的看法。由于公路是一个国家社会、经济活动重要的物质基础，具有显著的社会公益性，将其界定为国家重要的基础设施是毋庸置疑的。要研究的问题是，将公路运输业划为基础产业，那么，为公路运输业提供劳动资料的公路行业能否成为一个专门的产业（相关内容将在后续章节讨论）？若答案是肯定的，那么，公路行业也将划入基础产业。

上述对公路行业性质的分析所依据的是完全不同的理论体系。

物质生产部门的界定遵从的是马克思经济学理论；第三产业或服务业及基础产业的划分是依据由西方经济学原理而产生的现代产业经济学理论。第三产业与基础产业则是分析问题的角度不同。第三产业强调公路交通的服务性功能，基础产业则侧重其为社会经济活动创造共同物质条件的公共性。

二、公路行业经济分析

公路是一国的基础设施，这一提法得到了广泛认可。按照传统的观点，基础设施理应由政府提供，属公共产品，应供人无偿使用。但随着公路交通业的进步与发展，市场机制的作用范围越来越大，公路基础设施作为纯公益性基础设施的观点受到了冲击。如何重新认识和界定公路基础设施的经济特性以及运行机理，则是我们必须研究的一个全新的课题。

依据公共经济学理论，生活中所消耗的各种物品可以分为两大类：一是私人物品；二是公共物品。两类物品的区别在于私人物品消费上的排他性及公共物品消费上的非排他性。公共物品消费上的非排他性使得它被生产出来以后，任何人都可以从中受益，而且并不需要为其支付成本。著名经济学家米尔顿·弗里德曼在他的《价格理论》中这样定义公共物品："我主张将它定义成这样一种物品，它一旦被生产出来，生产者就无法决定谁来得到它。"也就是说，公共物品一旦提供出来，生产者无法排斥那些不为此物品付费的个人，或者排他的成本高到使排他成为不大可能的事。在所有公共物品的例子中，灯塔的事例是经常被经济学家引用的，因此灯塔成了公共物品的代名词。香港著名产权经济学家张五常在其名著《卖橘者言》中曾写道："'灯塔'是经济学上的一个里程碑。一提起这个诗意盎然的例子，经济学者都知道所指的是收费的困难，这种困难令灯塔成为一种非政府亲力亲为不可的服务。"用灯塔的例子来说明收费的困难，实质是认为，作为公共物品的灯塔就不应该收取费用，因为有了灯塔，很多船都可以从灯光中受益，而当每一条船使用灯塔时，都丝毫不会排斥其他的船只共用这座灯塔。也就是说，对社会而言，向多一条船提供灯塔服务的额外费用等于零，即它的边际成本为零。这表明，公共物品的生产具有"外部经济"。

除公共物品外，我们生活中很大一部分需求是通过市场上的购买来实现的，这一部分的需求形成私人物品。私人物品在市场上是排他性消费的。一顶帽子不可能同时戴在两个人的头上。从利益角度看，生产者能够决定谁可以获得这一产品，即谁为此支付了价款，谁就有权消费这一私人物品。因此，私人物品的生产者可以排斥那些不愿为此支付费用的人获得这一产品，从而有效防止"搭便车"现象的发生。这种排他性的消费使私人物品不具有"外部效应"。

对公共物品和私人物品的提供，经济学的分析结论：公共物品必须由政府承担供给者的职责，私人物品由市场提供更为有效。但是，这样的结论是建立在对"纯粹"的或"典型"的公共物品和私人物品分析的基础上。即使这些典型的公共物品，也有"私人"介入的可能性。仍以灯塔为例，科斯在《经济学上的灯塔》一文中对英国早期的灯塔制度进行了研究。截至1820年，英国当时的公营灯塔有24个，私营灯塔有22个。在总共46个灯塔中，有34个是私人投资建造的。科斯研究的结果证明："灯塔的私人收费是可能的，从而表明从穆勒到萨缪尔森以来关于把灯塔看作必须由政府经营的观点或私营灯塔无从收费或无利可图的观点是'枉费心思'的。"当然，这种"公共物品"的私人介入必须要得到政府的特许。这主要是从效率的观点出发，政府的特许可以合理分配社会资源，有效地避免重复投资或重复配置，从而造成过剩和浪费。由上述分析可知，某些公共物品，既可以由政府配置，同时，在一定条件下，通过改变产权配置方式，也可由私人生产者提供；另外，这些物品在由私人或其他性质的生产者配给时，必须得到政府的特许，因为，政府依靠对这类资源的垄断，通过特许达到资源的合理利用和效率的提高。

可见，某些种类的公共物品，存在着私人或其他性质的生产者配给的可能和现实性；另外，公共物品的政府供给还受制于政府配置的能力限度问题。

政府配置公共物品的能力可以从两方面分析。

其一，政府配置公共物品费用的来源主要是税收。税收既是政府财政收入的主要来源，也是调节经济活动的重要经济杠杆。作为经济杠杆，税收对经济调节发挥作用是有一定限制的。同样的，税收作为政府财政收入的主要来源也是有限度的。若过度提高税收，则会给经济发展带来一系列的副作用，限制人们从事经济活动的积极性，这种副作用的结果最终又会反过来降低政府的税收收入。

这就是说，政府靠税收支撑的公共物品的供给具有一定的客观限度。

其二，社会对公共物品的需求是多种多样且具有层次性的，有些需求是基本的，必须由社会予以保障，如环保、国防等。有些公共物品则因财力所限，只能做到有所取舍，留下的缺位依靠市场和私人来弥补。如果不加选择地包揽对所有公共物品的供给将可能使政府税收的税种过多税率过高，从而影响社会经济的正常发展。在不提高税率和不增加税种的情况下，这种无选择地供给公共物品有可能使社会基本公共需求也得不到满足。因此，从政府角度讲，供给公共物品具有一定的客观限度。面对社会对公共物品各个层次、多种多样的需求，政府要想做到全面兼顾并保证供给是很困难的。最起码目前在中国这样的发展中国家，这种愿望是不现实的。现实的做法应该是政府实行有选择的公共物品供给政策，并在做出某种产权特许的基础上，设法使某些公共物品的供给由市场配置。在政府、市场的相互作用下，发挥各自优势，合理配置资源。

因此，我们可以得出结论，对某些种类的公共物品，存在着由非政府部门配置的可能性、现实性和必要性。哪些种类的公共物品在政府做出某些安排的基础上可以由市场供给呢？在此，我们引入公共经济学中准公共物品的概念。

准公共物品介于公共物品和私人物品之间，从经济性质看，准公共物品可以由政府作为公共物品来配置，在一定特许下，也可由私人提供。准公共物品既有公共物品消费上的不排他性，又存在一定程度的消费上的排他性。从供给上讲，这类物品在私人或政府配置之间有密切的替代性。如何来确定公共物品属于纯粹公共物品还是属于准公共物品，可从三个方面分析：第一，这种物品的私人收费是否可行；第二，特定的"交易费用"的合理性或可行性，即为特定交换的顺利进行所需的各种费用支出"合理"，从而使交易的进行有利可图，是可行的；第三，存在政府某种制度上的安排或叫特许，且这种特许的前提是政府对这种物品具有法律上的自然垄断性。同时满足上述三方面条件的公共物品即符合准公共物品的特性。

按上述结论，公路设施是一种典型的准公共物品。国内外的实践也已证明，公路设施从投资建设到运营管理，既可以完全由政府配置供给，也可以由政府授予特许权让私人生产者供给，当然，还可以由政府和私人联合、共同供给。进一步分析可知，公路设施作为准公共物品，其私人的参与必须由政府颁布特许权加以限制，完全依据市场竞争机制会导致线路的重复建设，造成社会资源的浪费。当然，公路设施具有准公共物品的特性并不是指路网中的所有公路。公路设施作为准公共物品主要指收费公路。

将公路设施划分为具有公共物品特性的非收费公路与具有准公共物品特性的收费公路两部分，与前面公路资产属性的划分，即将非收费公路界定为财产性资产，把收费公路界定为资本性资产是一脉相承的。这为我们研究公路资产问题提供了理论依据。

除了公路最基本的公共产品和准公共产品的经济特性外，公路的经济特性还主要表现在以下三个方面。

第一，公路具有规模经济特征。规模经济又称规模报酬变化，指在其他条件不变的情况下，企业内部各种生产要素按相同比例变化时所带来的产量变化。

从公路本身要素投入与产出来看，公路具有明显的规模收益递增特济性。以高速公路车道数与通行能力为例，高速公路从4车道到6车道、6车道到8车道，"投资规模分别增加1.5倍、2倍，但通行能力前者增加2倍，后者增加4倍"。显然，具有明显的规模收益递增特征。根据长期生产过程中规模收益变化的规律，任何产品的生产在一定的技术经济条件下都有一个适度规模问题，超过该规模，将出现规模收益不变，进而出现规模收益递减的现象。"世界银行专家的理论研究表明，规模收益不变的高速公路车道数是双向2、4车道。"

第二，公路具有级差效益特征。公路的级差效益指相同公路运输车辆使用不同等级的公路存在效益上的差别，往往使用高等级公路比使用等级较低的公路具有可以降低运输成本、减少交通拥挤、缩短行驶里程、节约行驶时间等优势，从而提高运输效益。这种效益即为高等级公路的级差效益。

第三，公路在国民经济各产业部门中属于"上游"产业部门。它是指：公路提供的车辆通行服务，是国民经济其他部门开展经济活动的基础支撑条件，也使公路提供服务的价格构成了国民经济其他部门从事相关经济活动的成本。因此，公路行业作为国民经济"上游"部门的特征，一方面说明公路行业的发展状况会直接决定和影响国民经济其他部门的健康发展；另一方面也要求公路行业作为国民经济的"先行官"或先导性基础产业，公路的建设与发展相对于整个国民经济的发展必须具有超前性。

第二章 公路交通建设的社会经济学

第一节 交通基础设施的经济学观点

一、交通运输的部分相关经济学观点

1.亚当·斯密的部分观点

（1）交通运输对一国的经济发展具有重要的作用。在任何一个国家，方便商业的公共工程，如道路、桥梁、通航运河、港口等，在很大程度上对整个社会都有益。

（2）交通基础设施的发展要与经济的发展相适应。在任何一个国家，方便商业的公共工程，如道路、桥梁、通航运河、港口等的建设和维护在社会不同时期所要求的费用也必然不同。任何一个国家修建和维护公路的费用明显地随着国家土地和劳动的增长而增长。

（3）交通基础设施建设和维护并不需要由公共收入来开支，公共工程只要稍加管理，就可以为其自身的费用提供足够的收入（如各项税费），无须对社会的一般收入再增加任何的负担。

2.凯恩斯关于基础设施的观点

凯恩斯在其著作《就业、利息和货币通论》中否定了前人"供给可以创造自身的需求"的观点，认为资本主义不存在自动达到充分就业的均衡机制。因而主张政府干预经济，通过政府的政策特别是增加公共开支的财政政策来刺激消费、增加投资，实现充分就业。凯恩斯所论述的作为财政政策的公共基础设施投资对经济增长的作用与亚当·斯密等早期学者的研究方法和观点截然不同，他从另一个方面说明了基础设施建设对经济增长的重要性。

3. 发展经济学家对交通基础设施的研究观点

发展经济学对基础设施作用研究的贡献主要体现在对基础设施发展战略的研究。其理论关于基础设施对经济增长作用的认识主要集中在基础设施投资与非基础设施投资的先后顺序上。顺序的排列和实际应用归纳起来存在三种类型。第一种类型是以英国早期基础设施发展为典型的基础设施投资超前型，其代表人物为罗森斯坦·罗丹，他的基本观点是基础设施是社会先行资本，在消费品工业建立之前必须大规模地形成不可分割的社会先行资本，即建立起经济基础设施，如电力、交通运输、通信等经济基础设施，对这些部门的投资能够为其他部门创造投资机会。第二种类型是基础设施投资与直接生产发展的同步发展，即基础设施的形成与供给能力与物质生产的发展保持着平衡适应状态，美国即这种模式的典型代表。第三种类型是基础设施滞后于直接生产发展，中国和多数发展中国家都属于这种模式。非平衡增长理论的主要代表人物艾伯特·赫希曼即是这种观点的倡导者。他在 1958 年出版的《经济发展战略》一书中表明，平衡增长对发展中国家无益，各产业部门齐头并进所需要的各种资源正是发展中国家所缺乏的。所以赫希曼认为，在保障最少的直接生产活动所需要的基础设施供给的前提下，由于投资资源或投资能力的限制，应集中资本投资于直接生产性活动，待直接生产性部门发展起来后，再利用这些部门的收入投资于基础设施部门，带动经济增长。赫希曼也同意"对基础设施等公用事业的疏忽将构成经济进步最严重的拖累"这一观点。

4. 交通运输与经济发展关系的理论关系

普遍的理论认为，国民经济增长与交通运输业发展是相互影响的，即交通运输业的发展可以推动国民经济的增长；反之，国民经济的增长也会带动交通运输业的发展。交通运输业产出增长所引起的国民经济的增长效应可以称为"推动效应"，而把国民经济增长所带动的交通运输业产出的增长效应称为"拉动效应"。

从 13 世纪开始，水上运输作为一种新的后勤体系出现，把沿江城市和沿海地区连接起来（中世纪商业行会经济）。16 世纪，航海和海洋运输获得了巨大发展并引入了新的银行系统，这刺激了远至东印度和西印度群岛的贸易。19 世纪中叶，以工业革命为标志，此时蒸汽机的发明产生了崭新的运输方式，从而开始了像北美大陆这样的新市场区域。20 世纪 70 年代，以日益增大的信息量和灵活性为标志，在这一框架内，即时供货系统和原料需要规划发展起来。交通运输与经济发展之间的正面关系，可以划分为直接运输投入效应和包括乘数效应在内的间接效应。良好的运输条件提供了较低的货运成本，因此使广大的市场得到服务并能以广泛范围的活动开拓大规模生产。亨特（Hunter，1965）设想低成本运输和经济发展之间具有因果关系，工业革命之所以取得成功，是由于在它之前先发生了运输技术革命。同样，欧文（Owen，1964）认为，通过改进运输服务扩大国内市场是发展国民经济的先决条件。

总之，交通运输在促进经济发展方面主要有四个作用。首先，它是生产过程中的一种要素投入，使商品和人员能在生产和消费中心之间和内部流动。由于这种流动的大部分是在农村和城市社区之间，它能把货币经济扩展到农业部门。第二，运输条件的改善通过改变要素成本可以改变生产可能性函数，特别是它可以与生产过程密切联系库存水平。第三，流动性被提高，使生产要素尤其是劳动力能转移到他们可以发挥最大生产效用的地方。第四，运输可以增加个人的福利，使他们接触到更大范围的社会设施，还可以提供更好的公共物品，如更大的社会内聚性和更强的国防。

二、基于福利经济学的交通基础设施的国民收入分析

福利经济学研究的核心问题是在资源稀缺的情况下，如何最适度地配置资源，使产出的国民收入（全社会经济福利）达到最大值。

福利经济学中能作为社会经济效益评价理论基础的内容，主要是支付意愿（Willing to Pay）和消费者剩余（Consumer Surplus）理论、资源最优配置理论（帕累托最优及补偿原则）、外部效果和无形效果等。

是否将消费者剩余、外部效果和无形效果纳入费用效益的计算是经济评价与财务评价的一个区别，而利用支付意愿代替市场价格衡量项目效益是经济评价与财务评价的另一个区别。

帕累托最优是指资源的重新配置已经不可能在使其他人的处境不变的条件下使任何一个人的处境变好。潜在帕累托准则构成了项目经济评价费用—效益分析方法的理论基础：如果某项目的实施使社会所得（受益）能补偿社会所失（费用），那么该项目的实施是对社会的一种改进，则项目是可取的。这种费用 - 效益分析方法隐含下述假设：政府有能力借助于财政和货币政策实现公平分配，项目评价只以增长为目标，即以项目对国民收入增长所做贡献的大小作为项目取舍的标准。然而，多年的实践证明，项目产生的效益被不公平地分配于不同地区与阶层

之间；各种社会、行政、制度方面的约束条件也限制了政府通过财政和货币政策实现公平分配的能力。特别是在发展中国家，这种限制作用尤为明显。

消费者剩余是指消费者对某种商品愿意支付的价格与实际购买支付的价格之间的差额，这一概念是由马歇尔提出的。

消费者剩余的存在表明，市场价格反映的只是消费者购买最后一个产品的价格，因而这一价格并不能完全反映消费者购买这些产品为其带来的效用或者消费者的支付意愿。因此，在进行项目国民经济评价时，应重视消费者剩余对项目经济效益的影响。

将消费者剩余理论用于道路运输产品定价，从而科学地进行道路运输系统的配置，对于项目的经济决策具有重要的意义。

经济学中现有的价格理论基本上都是站在供给方的角度对产品进行定价，如成本加成法等，在道路运输领域表现为在既定的公路运输系统中，以运输过程的消耗为基础，确定运输价格，带有浓厚的计划经济的色彩。事实上，在交通系统构成中，消费者的"支付能力"是一个至关重要的概念，它是运输定价需要考虑的一个重要内容，也是公路运输项目规模确定及经济决策需要考虑的一个重要因素。消费者的支付能力是相对于运输产品价格而言的，一个运输消费者对于价格支付的选择，取决于他对该运输产品的价值衡量。他必须综合考虑付出的成本来获取该运输服务是否物有所值，这其中涉及许多相关因素，如消费偏好、对舒适性的要求、经济承受能力、时间价值量的衡量等等。这些衡量标准因人而异，差别很大，但一般都是根据既定约束条件（经济约束、时间约束、可选择的运输方式约束等）按"物有所值"的原则体现出来，考虑花了多少钱、舒适性如何、占用多少时间、能否满足自己的需求等，由此形成运输市场一种新的定价理论——消费者剩余定价理论。相比传统的基于供给方来考虑的定价理论，消费者剩余定价理论是把"产品品质 - 价格 - 消费者利益"有机结合起来定价，更有现实意义。

三、交通基础设施建设对县域经济的影响

由于城市化水平的提高，在当今世界的发达国家和大多数发展中国家，县域的概念已经相对模糊。但是在中国，由于城市化水平相对滞后，县域经济无论是在国民经济还是在区域经济发展中仍然至关重要。连续五届的县域经济竞争力评价结果显示，县域经济与非县域（中心城区）经济存在非常大的差异。

总体上，我国的县域经济还是以农业和农村经济为主体。但随着工业化进程的加快，现阶段要加快县域经济转型必须把重点放在农业和农村之外。这是因为中国农业和农村沉淀了大量剩余劳动力，只有大力推进工业化和城镇化，使农业剩余劳动力较大规模地转入工业部门和城镇，才有充分的余地发展农业和农村经济。当前中国农产品供给由长期短缺变为相对过剩，农村经济发展进入新阶段，为县域经济工业化和生产要素向城镇聚集提供了有利条件。

发展县域经济，促进城镇化水平的提高，交通基础设施建设是先行要素，能源、交通等基础设施是改善硬环境和实现县域经济发展的基础。众多落后现象很大程度上还是归根于地处偏僻、交通不便、商品经济意识淡薄等因素。同时，交通发展也应与城镇化进程相结合。交通基础设施对于国土开发、调整人口分布和城镇布局有导向作用。尤其是公路建设可以和城镇化进程、人口迁移结合起来，加快人口向城镇集聚的过程，形成交通建设过程与城镇化布局良性互动关系。

加快交通基础设施建设是建设社会主义新农村的需要。农村公路建设又是农村交通基础设施建设的重点，对农业现代化和城镇化发展具有举足轻重的作用，是增加农民收入的有效途径，是扩大国内需求、拉动经济增长的重要措施，也是构建便捷、通畅、高效、安全的交通运输体系的重要组成部分。农村公路是农村经济发展、农业结构调整、农民持续增收的重要基础条件。农村公路发展了，可以改善农村运输条件和投资环境，促进农村生产发展；可以增加农民收入，扩大农民就业，促进农民生活宽裕；可以加快农村信息传播和对外交流，改变传统的生产生活方式和思想观念，激发农民自力更生、奋发图强的进取精神，促进乡风文明；可以加快农村城镇化进程，改善村容村貌，促进村容整洁。

四、公路交通对经济空间结构的影响

艾萨德在《区位与空间经济》一书中指出："在经济生活的一切创造革新中，运输工具的革新在促进经济活动和改变工业布局方面，具有最普遍的影响力。"交通运输普遍存在于人类的社会经济活动之中，它为经济活动提供空间联系的环境，是经济空间形态形成和演变的主要条件之一。自然意义上很远的距离可以由于交通的改善而缩短，去这样的地方比那些原本较近，然而交通依旧不便的地方变得更容易。因此，不能只用表面上的长度单位去衡量距离这一概念，从经济内涵上衡量距离的尺度是时间和费用，是人们在克服该距离障碍时所付出的代价。

人类从事交通运输工作，克服空间距离阻隔是一项无时不在、无处不在的任务，但它随着社会经济发展水平的演变，在运送手段和对象、空间范围和运输的规模及强度方面表现不同。全面认识交通运输在区域工业化和城市化过程中的作用，能从时间、空间和结构几个角度更好地解释经济发展与交通运输等基础设施之间的关系，说明经济地理系统空间结构关系改善的条件。

区位的含义是"分布的地区或地点"。区位理论是关于人类经济活动的空间分布及空间相互关系的学说，影响经济区位的因素有很多，包括自然环境方面的地质地形、气候、土地资源、水资源、生物资源和矿产资源等因素；社会政治方面的社会安定、教育水平、法制和政策环境等因素；经济技术方面的劳动力供应量和价格、地价、市场容量、金融信用手段、生产技术工艺及成本等因素；基础设施方面的土地开发利用程度、交通通信条件、能源动力供应、给排水设施因素等。其中，交通通信现在所起的作用越来越大，而且它的作用可以弱化其他因素所产生的作用。

公路作为现代运输基础设施的重要组成部分，是重要的区位因素，其对加大经济空间结构中各个不同方面之间的连接，优化整个经济空间结构的协调性，促进区域经济发展起到巨大的作用。

五、大型交通基础设施建造技术创新的扩散

1. 技术创新扩散的含义

技术创新扩散（Technological Innovation Diffusion）是技术创新大过程中的一个后续子过程，但同时它又是一个完整的、独立的技术与经济相结合的运动过程。一般来说，技术创新的扩散过程开始于技术发明或技术成果的首次商业化应用之时，经过大力推广，普遍采用，直至最后因落后而被淘汰。

对于技术创新扩散概念的理解，目前国内外尚无统一的界定。有关这一概念的表述也各不相同，但本质却是一致的，只是观察和表述的侧重点不同。

技术创新理论的鼻祖熊彼特（Schumpeter）把技术创新的大面积或大规模的模仿视为技术创新扩散。他认为技术创新会使创新者获得垄断利润，这种垄断利润会吸引许多企业纷纷模仿技术创新，这种模仿推动了经济的发展。

美国经济学家斯通曼（P. Stoneman）将一项新技术的广泛应用和推广称为技术扩散。他认为，一项新发明的技术，除非得到广泛的应用和推广，否则它不以

任何形式影响经济。

美国经济学家梅特卡夫（J. Metcalfe）则认为技术创新扩散是一种选择过程，既包括企业对各种不同层次的技术选择，同时也是顾客对企业的选择过程。正是通过这些相互作用的选择过程，技术创新成果才在市场中得到广泛传播，技术创新逐步实现其扩散过程。

清华大学傅家骥教授在其主编的《技术创新——中国企业发展之路》中认为，技术创新扩散是技术创新通过一定渠道在潜在使用者之间传播、采用的过程，并将技术创新扩散理解为：由创新观点扩散、研究与开发技术扩散和技术实施扩散三部分组成。

武春友教授把技术创新扩散理解为商品化了的技术创新成果，通过生产规模的扩展、成果有偿或无偿转移等途径，使技术创新得以再应用或多次再应用，最终达到技术创新对社会经济发展产生相应影响的过程。

技术创新扩散是指商业化的技术创新成果，通过一定的渠道和途径，在潜在采用者之间进行传播、采用和推广，通过采用者之间的扩散、采用者内部的扩散和由二者叠加的扩散，使技术创新得以再应用和多次应用，最终达到促进社会经济发展的过程。技术创新扩散具有以下特点。

（1）技术创新扩散的对象必须是已经实现了商业化的技术创新成果，那些没有被引入商业活动的技术和发明是不能进行技术创新扩散活动的。

（2）技术创新扩散要通过某些渠道才能由技术供给者向采用者传递，这些渠道在一定程度上能影响扩散活动。

（3）技术创新扩散的起点是技术作为一种产品的经济属性，特别是其所包含的商品价值和市场效益

（4）技术创新扩散包括创新信息、观点的扩散和技术实施扩散，创新信息、观点的扩散是技术扩散的前提，技术扩散是创新信息、观点的产物。需求主体只有接受创新信息、观点后，才可能产生采用技术创新的欲望。

2.技术创新扩散主体的构成

技术创新扩散可以看成是技术创新成果从输入到输出、从输出再到输入这样循环的一个市场过程。在此过程中，技术成果的输出首先是由技术创新者提供的，技术创新成果的输入是由创新成果的采用者实现的，而且在创新成果的供给者与采用者之间存在着一定的传播途径或媒介。因此，技术创新扩散行为的主体应该包含供给主体、需求主体和扩散中介。

（1）供给主体。一般来说，技术创新扩散的供给主体可能是企业也可能是科研院所或大专院校，不同的供给主体由于其利益要求、约束条件及自身能力的差异会表现出不同的供给特性。作为技术创新供给者的企业而言，除专门以开发新技术进行有偿转让的科技开发企业外，大多数企业在考虑其技术创新扩散时，将比较自身利用该技术可能产生的效益与有偿转让该技术可能带来的净收益。对于创新企业来讲，当它成功地实现了一项创新后，往往意味着它在有关领域具有较强的垄断力量。如果这种竞争优势带来的收益大于维持该竞争优势的成本和转让该技术所带来的收益，则创新企业将不扩散其创新成果；反之，则扩散此项创新成果。

（2）需求主体。需求主体是技术创新成果的接受方，也可称为潜在采用者。它主要是指企业，但也可以是除企业之外的其他主体，如农村农户、政府机关、事业单位等。从技术创新扩散的整体过程来看，存在着两种性质的需求主体：一种是作为最终用户的需求主体，即技术创新成果的接受方只是利用该成果而不会向其他需求主体扩散；另一种是作为中间用户的需求主体，即技术创新成果的接受方在利用该成果的同时会向其他需求主体扩散。后种需求主体的存在使得技术创新扩散成为一个多级传递的扩散链。

（3）扩散中介。由于企业技术创新扩散的对象是创新后的技术成果或以产品为载体的技术方案等，并且供给主体与需求主体都是以其特定利益来完成扩散的。因此，这一扩散过程除了具备一般商品交易的共同特征外，还有其自身的特性：首先，创新技术的交易价格由其所包含的知识性所决定；其次，供需双方除了一般的买卖关系外，还可能有着相互协作的关系；最后，创新技术的扩散往往需要供需双方共同遵守相应的保密协议，因为一旦创新技术的技术秘密被暴露又得不到相应的专利保护，会给双方带来损失。正是由于技术创新成果扩散具有上述特性，在实际扩散过程中，就存在着各类扩散中介，包括技术中介服务机构及技术市场等。这些扩散中介具有传递信息、促进技术创新主体和采用主体双方接触和联络的作用，并协助他们谈判、最终成交，从而实现技术创新成果的转移。

3. 技术创新扩散的过程

技术创新扩散的过程是一个很重要的问题，分析研究技术创新扩散过程，对快速、高效地实现技术创新扩散有着重要的作用。

技术创新扩散过程是指技术创新通过一定渠道，供给主体向需求主体扩散的过程。扩散始于供给者，也就是向外提供技术创新的主体。随着扩散过程的进行，创新技术逐渐被需求者采用，新的采用者变为潜在的技术创新提供者，供给者数量不断扩大。而潜在采用者中未采用技术创新的主体不断减少，直到这项技术创新因落后而淘汰。在创新扩散的过程中，中介渠道起着连接扩散源和潜在采用者的作用，是技术创新扩散过程必不可少的环节。一项技术创新它的总体扩散过程是这样的：创新由初始供给者向潜在采用者扩散，直到第一个采用者（我们假定为采用者1）出现，此时供给者增加到初始供给者与采用者之和，即对所有的未采用创新者来说，创新的供给者可以是初始供给者，也可以是已经采用了技术创新的采用者1。当第二个采用者（假定为采用者2）出现时，技术创新供给者的数量增加到初始供给者、采用者1和采用者2这三者之和，这时对所有的未采用创新者来说，创新供给者既可以是初始供给者，也可以是采用者1或采用者2。依此类推，直到所有潜在采用者都转变为创新采用者为止。

这个总体扩散过程是由若干个基本的扩散过程组成的，基本扩散过程是指技术创新从供给者出发，经过中介渠道到达第一个创新需求者的过程。在这个基本的创新扩散过程中，首先是创新信息的扩散，创新信息一般包括：该技术创新在技术上已经进入商业化阶段、技术方面的障碍可以克服、采用该技术是有利可图的，甚至是可以获得超额利润的，等等。创新信息通过中介等各种渠道传播到创新需求者，当然需求者也可以主动获取这些创新信息。当信息到达创新的需求者时，就开始了一个决策过程。决策过程受技术创新本身因素、需求者本身素质及扩散环境等多方面因素的影响。这种创新技术一旦被需求者认可，就可进入下一步的创新技术扩散，即供给者和需求者在法律的保证下，达成协议，转移技术创新，包括需求者进行内部的组织结构调整和变革过程、人员的培训、设备的安装与调试、生产制造技术的学习与使用等。

中介在基本的技术创新扩散过程中是一个很重要的环节。在大多数情况下，交流过程不是直接在供给方和采用方之间进行的。有关技术创新的信息和资源能否从供给主体及时、有效地到达潜在采用者，很大程度上取决于中介渠道能否畅通和完备。一些中介方还掌握大量创新扩散信息，同时拥有供方的授权，有权选择创新技术的需方并与之洽谈成交等。

4. 技术创新扩散的 S 形扩散规律

面对创新和首次应用新技术的企业在经济效益和竞争能力等方面占据的优势，其他企业一般可采用三种策略做出反应：第一种是模仿或采用同样的创新；第二种是在企业内部组织技术创新活动，以创造出在技术水平和经济效益等方面均与现有创新类似的替代创新；第三种是创造出超过现有创新的创新。实践表明，大多数企业采取的是第一种策略，因为其风险性和不确定性最小，获得成效所需的时间较短，需要投入的资源也较少。当然，也不排除少数技术力量雄厚、资源丰裕、所面临的生存威胁尚不严重的企业会采取第三种策略。但第二种策略显然是最不可取的。

技术创新需求者在选择第一种策略，即模仿或采用同样创新时，还存在在什么时机实施的问题。采用创新是一项不确定的经济活动，在技术创新刚出现后只有少数具有创新精神并敢于承担风险的企业才敢于采用。同时，对于创新企业来说，为谋求技术、产品的垄断，获取高额利润，在技术创新初期，他们往往设置种种壁垒，阻止技术创新的扩散。所以，在技术创新的前期采用企业数较少。随着采用企业获得高额利润和技术优势，其他企业为了生存和发展也会逐步采用创新。另外随着采用创新成本和技术创新不确定因素的下降，技术创新供给者的增加，更多的企业将采用技术创新，潜在采用者中未采用企业将逐渐减少。因此，技术创新的扩散通常呈现出一定的规律性，即 S 形扩散规律。

5. 技术创新扩散动力机制

在自然界中，物资能够通过介质在一定的空间内进行扩散。例如，在一杯水中滴入红色的水溶液体，红色的液体就会在水中扩散，直至水杯中的任何一滴水所含的红色物质的浓度相等为止。如果我们在滴入红色液体后进行人工搅拌，或者给水加温，这一扩散过程就会加快。但是如果将石子或大米放在一起，即使我们用力搅拌或加热，仍然不能使它们相互扩散。

上述现象告诉我们，物质的扩散是需要条件和动力的。条件是只有两种物质相溶，扩散才能发生。所需的动力则来自两个方面，一是扩散系统内物质的相对浓度差，二是来自外界的力（热力、机械力、电力等）。前者是系统内的动力，后者是系统外的动力。

对于以新技术、新产品等为标志的技术创新扩散系统来说，亦存在着类似于自然界物质扩散的现象。如果一项创新技术能给采用者带来极大的经济效益，那么在没有任何障碍的情况下，这项创新技术就会像红色液体进入水中一样，很快扩散开来。这里所谓的"浓度差"就是技术创新所带来的经济效益，更确切地说，是超额利润率。而如果社会经济系统对这项技术创新进行有力的支持，如采取鼓励技术扩散的政策扶持，就会起到滴入红色液体的水加热那样的效果，使新技术加快扩散。相反，如果采取类似于给水降温的政策，则新技术扩散就会减慢，甚至停止。一种社会经济体制实际上就是技术创新扩散的介质，介质不同，技术创新扩散的速度和程度也不同；在同一介质下，采取的政策不同，即外力不一样，技术创新扩散的速度和程度也不一样。这里我们把技术创新扩散的动力来源、动力结构及其发生作用的方式统称为动力机制。

研究技术创新扩散的动力机制，首先要明确这种动力作用的对象。从技术创新扩散的基本过程来看，技术创新扩散是从技术创新主体出发，经过中介传递到采用技术创新主体。因此，有三个主体作用于技术创新扩散：技术创新供给主体、中介传递主体和技术创新需求主体。技术创新需求主体在技术创新扩散中处于主要地位。只要技术创新已经产生了经济效果，或者市场上有紧迫需求，不管供给主体和中介传递主体的愿望如何，都会促使需求主体产生采用技术创新成果的愿望。他们会通过多种途径采用技术创新，如可以通过正当的贸易方式购进成果，也可以收集情报经过改进而达到仿制的目的。所以，应把技术创新需求主体作为研究技术创新扩散动力的主要对象，深入研究是什么力量推动其采用技术创新成果，使技术创新不断扩散的。

在市场中，技术创新的产生会显出很大的优势：或使生产成本大大降低，或满足新的市场需求，或制造出前所未有的高效率。这些优势会给技术创新的先期采用者带来超额利润，使其竞争能力增强。这样就会使未采用技术创新的同行竞争能力相对减弱，使其产品在市场上处于劣势地位。如果这些未采用主体仍不采用技术创新成果，则终将会在竞争中遭到失败。这就形成了市场竞争的巨大压力，这种压力推动着后续主体不断地采用技术创新。

对一般的经济单位来说，它们的目的是追求利益最大化。在市场中有着许多潜在的或显现的社会需求，当这些社会需求与人们的消费能力、消费观念等相符合时，就转变为现实的市场需求。此时，谁率先采用技术创新，谁就会在市场上取得更大的销售份额并获得超额利润，这时就形成了一种巨大的吸引力，使追求利益最大化的经济单位产生采用技术创新的愿望。因此，市场竞争压力和对利益最大化的追求，使企业等技术创新需求主体不断采用技术创新。它们构成了技术创新扩散系统内的动力。

同时，技术创新扩散是在一定的国家或地区内运行的，任何国家和地区的政府都希望本区域内的技术创新成果能够尽快扩散开来，以促进区域内的技术进步和经济发展。所以，政府往往会通过采取直接或间接的手段来促进技术创新扩散，如法律、经济、行政计划手段等。这些政府作用是技术创新系统外的动力。因此，市场和政府共同作用构成了技术创新扩散的动力机制，推动着技术创新不断地扩散。

六、高速公路对区域经济的影响

1. 高速公路影响区域发展的形态

区域经济学的增长极理论对认识高速公路影响区域发展的形态具有引导作用。增长极理论认为：经济发展不是均衡地发生在地理空间，而是以不同的强度呈点状分布，按不同效应对整个区域发展产生影响的。增长极理论实质是把不平衡发展思想、创新学说以及新古典学关于人力资本流动的观点结合起来转化为地理空间的概念。我们可把沿线区域受高速公路影响的发展形态分为以下四种类型。

（1）潜伏型。沿线区域尚未受到影响，但存在从中心地向远距离场所形成的移动量增加，消费者向域外流出购物的现象。处于此类型的区域可能存在以下问题：缺少合适的高速公路出入口，缺少与高速公路相衔接的次一级路网体系，缺少能带动区域经济发展的核心企业，等等。改变上述条件，就有可能使该区域产生影响效应。

（2）输出型。沿线区域受到的影响尚小，经济活动费用上升，资金短缺，人口流出增加，当地企业发展人手不足，尤其是智力资源不足。处于此类型的区域可能存在以下问题：缺乏利用高速公路的自然资源或对自然资源进行开发加工的能力，没有相应的经济发展规划与措施，本区域资源主要服务于高速公路连接的其他区域，缺少带动区域经济发展的核心企业，等等。

（3）发展型。沿线区域受到高速公路的正面影响很大，外流负面效应小，如本地域无资源，较少有物资资源外流，高速公路沿线出入口的附近地区所受此类影响很大。区域内有带动区域经济发展的核心企业，发展性的企业使该经济圈成为发展极或成长极。

（4）扩散型。沿线区域所受高速公路正面及负面影响都较大，区域经济结构也发生了很大变化。与输出型不同的是，在一定聚集基础上产生的是扩散现象，诸如区域内发生产业的重组转换、迁移等现象。沿线影响区域的四种发展形态对区域经济而言，发展型是较为理想的，它既与高速公路连接的经济节点的劳动力、资源、资本以及产业现状有很大关系，又与经济区的企业、技术、竞争实力以及当地政府的政策有密切的关系。所以，高速公路为沿线经济区带来发展的良好机遇，而沿线经济区能否及时把握好关键因素、充分利用这一机遇也是十分重要的。

2. 高速公路影响区域发展的效应

我们可把高速公路对区域经济的影响划分为若干个发展的时间阶段，这种时间阶段的划分是相对的，因为相对的短期效应、中期效应和长期效应会因区域经济水平不同而有所差别。区域经济发展在不同时间阶段的效应，主要取决于内部及外部条件的变化。

（1）短期影响效应分析。高速公路的短期影响效应突出表现在激活区域的经济交流活动，表现为改变了人流和物流的组织方式，是现有生产要素调整的结果，而这种调节一般不需要较长时间，甚至可以与高速公路开通同时实现。例如，高速运输组织方式中的中高档快速客运、快速货运、快速冷藏货运、集装箱运输、大件运输以及多式联运的滚装运输等相应的车辆投放与运营组织。一般情况下，高速公路创造的短期效应扩大了区域交流圈范围，具体表现在以下几方面：受高速公路时间距离缩短效应的影响，地方农业产品销路扩大，水果等易腐的保鲜产品的交易市场范围扩大；受高速公路改善时空距离的影响，地方商业的购物客和旅游观光客增加，机场、港口、车站直接吸引范围扩大，中转换乘时间缩短，运输服务质量大幅度提高；受高速公路经济距离缩短的影响，地方工业制品输出圈扩大，同时也使原材料、中间产品选择和采购范围扩大，这对增加产品产量和改进质量有十分重要的积极作用；地方人才交流和信息交流被激活；流向外地的通勤者与通学者也增加。

高速公路缩短了时间、空间距离，也使地方开放观念与交流意识增强、行政管理意识也趋于大范围化。从高速公路对区域经济影响的短期效应分析，在高速运输组织方面带来的效果十分明显，尽管对有些区域在一定时期会有些负效应，如有的学者认为，在一些区域其相应的负面效应是消费者域外购物增加；但交流就需要有往来，今日大量的"往"，只是造成暂时或短期的负面效应，但明天大量的"来"会为区域发展奠定坚实的基础，创造出有利条件。

（2）中长期影响效应分析。高速公路对区域经济影响产生的中长期效应主要是由于高速公路使沿线区域的区位优势增加，形成了比较经济优势，从而引发了新的投资，调整了产业结构，产生了发展与增长的新效益。运输定位（包括投入定位和产出定位）是区域选择考虑的重要内容，因此高速公路对区域经济影响效应最主要表现在外来及本地资本投入的选址、迁移等方面。不同产业的发展具有相互联系性和相互影响性，有些产业之间最主要的区位影响关系是协调发展的，但有些产业之间最主要的区位影响是相互排斥的，即相互之间都试图保持一定距离。例如，各区位单位都有自己的市场区时，该产业为市场定位，而市场又分散；或各区位单位都有自己的投入区时，该产业为投入定位，而投入产地又分散。区位因素涉及众多方面，区位因素本身为投资创造各不相同的优势空间结构。由于选址条件所涉及的因素包括劳动力的获得、土地价格、土地利用等内容，这些都会因高速公路在该区域的开通而发生变化。归纳国内外高速公路对区域经济产生的中长期效应，主要体现在以下几方面：从外地来的大宗商业资本输入或输出，使得商业服务水平提高，其相应的负面效益是地方原有商业受到损伤；从外地来的成长性企业的迁入或迁出，重点集中于高新技术产业、加工制造业以及农业等领域，促进区域产业高度化的形成，其相应的负面效应是土地、资本、劳动力等各类生产要素成本上升，有关费用增加；从外地来的大宗观光资本输入或输出，区域资源得到开发，观光客增加，地方原有观光事业受到损伤；促进人口移动，房产业发展，土地升值，住宅供应增加，生活条件改善，就职、就学人口流动方便。

由于高速公路沟通了区域之间的合作通道，时间距离和经济距离缩短，进而引来了外来资本的注入。虽然这些给本地产业带来了冲击，但更重要的是注入了活力。对中长期效应进行分析，发现负面效应会发生变化，甚至会转化为正面效应，这是与外界交流的必然结果。

3. 高速公路影响区域的范围

影响范围与高速公路线路存在着相互依赖的关系。高速公路线路是其影响范围内的经济节点进行运输联系的基础，是影响范围内经济活动的必要条件。影响范围内的生产力布局及其地域结合情况，又通过货流和客流对高速公路线路的现状与发展远景起决定作用。

影响范围也有现状和远景之分。现状影响范围是现有高速公路线路已形成的影响范围，主要由经济地理勘察来确定。首先对既有路线的运量进行研究，进而调查流量空间动态，然后找出流量的起点与终点，最后把那些通过该线的经济节点在地理上连成一片，即得现状影响范围。远景影响范围是未来影响范围，其划定除了要进行经济的地理勘察外，往往辅以经济分析和计算。首先调查可能被设计路影响的地区的远景生产与交通布局情况，由此推测其可能产生流量的规模与方向，根据经济节点、线路和流量的分布，找出合理的运输联系方案，最后把倾向于设计路线的经济节点在地理上连成一片并确定其界线，即得远景影响范围。

在空间上，高速公路的影响范围可以通过高速公路的影响区来明确。高速公路的影响区包括直接影响区、联合影响区和间接影响区。

（1）直接影响区。它是指所有与该高速公路线路有直接运输联系的经济节点（包括厂矿、乡镇、中转机构等）及其空间地域组成的完整地带。这些经济节点物资的全部或局部调入或调出，都经过该高速公路线路及其沿线枢纽。该高速公路线路直接影响区内的运输联系，就运输和装卸而言，均不与其他相连的同一等级高速公路线路发生关系。

（2）联合影响区。它是指与该高速公路线路相联系的其他同级高速公路线路的直接影响区，其中的物资利用该高速公路线路联运，并在该高速公路线路沿线枢纽装卸，则其他高速公路线路的直接影响区，称为该高速公路线路的联合影响区。该高速公路线路联合影响区内的运输联系是指只有部分运输距离和装卸环节之一经过该高速公路线路，其余运输距离则由其他高速公路线路完成。

（3）间接影响区。它是指另外两个同级高速公路线路直接影响区的经济节点互有运输联系，虽由该高速公路线路通过，但不在该高速公路线路沿线枢纽装卸，则其他二线的直接影响区被称为该高速公路线路的间接影响区。该高速公路线路间接影响区内的运输联系是指只有部分运输距离经过该高速公路线路，而物资的装卸与该高速公路线路无关。

高速公路的各类影响区域具有一定的等级序列。联合及间接影响区都是对各条相同技术等级高速公路线路而言的，至于干线在其支线上的联合或间接影响区，则仍是干线的直接影响区。显然，与干线相连的支线的全部影响区属于干线的直接影响区。高速公路的影响范围有其产生与形成过程，当高速公路建成通车后，随着高速公路为其沿线及周边区域服务功能的发挥和影响作用的扩大，影响范围有一个由小到大的过程。

第二节　交通运输系统及高速公路的经济特征分析

一、交通运输系统的经济特征分析

交通运输产业是国民经济大系统中的一个重要组成部分，同时也有其自身的内部结构。其按产业要素的经济性质划分，包括交通运输基础设施和运输服务两大部分。其经济特征可以概括为外部性、公共物品特征、自然垄断三点。

1. 外部性

外部性（Externality）也称外部效应或溢出效应。按照经济学定义：当生产或消费对其他人产生附带的成本或效益时，外部性或外部效应就发生了，即成本或效益被施加于他人身上，然而施加这种影响的人却没有为此付出代价或获得报酬。确切地说，外部效应是一个经济主体的行为对另一个经济主体的福利所产生的效果，而这种效果并没有在货币或市场交易中反映出来。交通运输的外部性问题比较复杂，受到多方关注。简单地讲，就是交通运输对运输基础设施供给者或运输主体获得的社会效益不能货币化。我国交通运输具有较显著的外部性特征，其一般现象包括正外部性和负外部性两个方面。

（1）正外部性，又称为外部收益或外部经济，是指一个经济主体的活动使得与该活动无直接关系的他人或社会不需付出代价而获得经济利益的现象。企业在生产活动中所得收益为私人收益，但其活动还可能对社会产生额外的利益，此时社会收益就会大于私人收益。如某林业企业从其林业活动中得到私人收益，但该企业的植树造林优化了环境、保护了生态体系统的平衡，为居民提供了良好的生活条件，社会从该企业的活动中得到了额外的收益。此时，社会的收益就大于私人收益。这样，该企业产生了正外部性。

（2）负外部性，又称为外部经济或外部成本，是指一个经济主体的活动使得与该活动无直接关系的他人或社会蒙受经济损失而未给予补偿的现象。企业为进行生产，就必须支付一定的成本或付出一定的代价，这就是私人成本。但企业在生产过程中还可能对社会造成一定的有害影响，如环境污染，社会就必须要拿出一定的资金对污染进行治理。所以，对社会来说，其支付的成本就不仅包括企业的私人成本，还包括社会治理环境污染的费用。显然，此时的私人成本是小于社会成本的。这时，该企业的活动就产生了负外部性。

2. 公共物品特征

公共产品是主要由政府提供，供全社会共同享用或受益的物品，但不需要或不能让这些居民（受益者）按市场方式分担其费用或成本的产品。竞争的市场不可能自发地提供公共产品，而公共产品往往是增进社会福利所不可或缺的，需要政府供给，如城市基础设施、国防、教育等。

一般而言，公共物品有两个基本特征，即非排他性和非竞争性。非排他性是指公共物品一旦被生产出来，生产者就无法排斥那些没有为此物品付费的人，或者排他的成本太高以致排他成为不可能的事情。非竞争性是指每个人对公共物品的消费不会造成其他人消费的减少。兼具竞争性和排他性的物品是私人物品，介于公共物品和私人物品之间的被称为准公共物品，具有局部非竞争性和局部非排他性。准公共物品有两个消费特征：一是具有拥挤性，在一定的容量范围内，使用者之间无竞争性，但达到某一临界点后，容纳或供应一个追加的消费者的成本将大于零，此时，表现为竞争性和非排他性；二是具有局部的排他性，此时通常存在某种技术可以排除某人的使用。

3. 自然垄断

在自然垄断理论发展的历史中，许多传统的经济学家如克拉克、沃尔森等也都是从规模经济的角度来定义自然垄断的，即在平均成本随产出量下降的情况下，产生自然垄断的原因是规模经济。然而许多在现实中处于自然垄断地位的厂商，其成本却随着产量的增加不断提高，即已经处于规模不经济阶段。这就意味着，自然垄断并不一定必然存在规模经济。

从我国交通运输产业发展的过程和作用分析，可总结出其一般具备以下技术经济特征。

（1）规模经济和范围经济效应非常显著，如运输线路利用能力大。

（2）网络经济性。交通运输产业属网络型产业，在提供服务时形成网络系统，其自身形成功能性整体。

（3）关联经济（Economics of Sequence）效应显著。交通运输产业要求形成完整统一的网络和网络间互联互通，并且系列工序之间在技术上是连接的。

（4）固定成本比重大且沉没性高。交通运输基础设施如轨道、桥梁、公路、站场等一方面耗资巨大，使用寿命较长，折旧需要很长时间，固定成本所占比重很大；另一方面，其专用性极强，一旦弃用，残值很低，也很难再有其他用途，所以沉没性很高。

（5）普遍服务性。交通运输产业的"产品"是公众所需要的基本服务，需要保证所提供服务的稳定性、质量的可靠性和可信赖性等。

二、高速公路的经济特征分析

高速公路的社会性、公益性和特殊的商品性，是我国高速公路的本质和在社会经济活动中所起作用的高度概括，也是决定我国高速公路经济特征的根本原因。从经济意义角度来看，高速公路具有以下主要经济特征。

1. 可经营性

由于政府财政资金的不足，我国的高速公路大都是通过政府贷款或通过发行债券、私人集资、合资等方式筹措资金而修建的。其建成投入运营后，按照相关法规，要求收取车辆运营费以收回投资（或偿还银行贷款）及维持公司养护费用，并积累资金滚动发展。所以各种经济实体的介入形成了多元化投资主体，因此高速公路又具有一定的可经营性，但必须是一种受政府管制的特许经营。随着人们对高速公路准公用物品属性的进一步认识，可以对高速公路营运管理相关业务进行开拓。

2. 技术经济寿命的长期性

高速公路技术标准高、配套设施全、建设规模大，需要投入巨额资金，属资本密集型产业。与同类地区普通公路相比，我国每公里高速公路的造价为一、二级公路的 3 ~ 5 倍甚至更多，单位距离凝聚的建设资金远远高于普通公路。高速公路建设是一个复杂的系统工程，涉及面广，一个项目从立项、评估、勘察设计到开工建设、竣工验收、投入运营的周期一般需要 4 ~ 5 a，甚至更长，使高速公路的投资回收期比较长，导致高速公路项目的投资风险增大。

3. 带状影响与效益显著

高速公路呈现为长距离的带状形态，它对区域经济发展的带动或影响也表现为促进沿线两侧一定范围内的产业兴起、经济增长和社会进步。也就是说，高速公路对区域经济的影响是以高速公路为轴线，以结点城市为辐射源，按点轴扩散方式完成的。我国高速公路的经济效益除了表现为投资者直接的经济收益外，还表现为对社会提供的社会效益，即间接的经济效益，其具体主要有：运输成本的节约、运输时间的缩短、交通事故的降低、拥挤堵车现象的减少等。另外还表现在对区域经济的推动作用，如投资环境的改善、沿线土地的开发和升值、市场流通环境的改善等等。根据我国规划，在大城市间、省际、经济区域间，将逐步形成 400 ~ 500 km 当日往返、800 ~ 1 000 km 当日到达的现代高等级公路网。初步测算，这个规划目标实现后，每年可节约燃油十分之一，直接经济效益 400 亿 ~ 500 亿元，间接经济效益 2 000 亿元左右。

4. 价值一体与资产凝固性

高速公路的使用价值具有不可分割性，即高速公路建设一般应达到最低规模，连接区域间的交通节点；运营期间，道路使用者车辆行驶必须在固定出入口间的区段上完成，高速公路具有价值一体的经济特征。高速公路与所占土地具有不可分割性（价值依赖性），一旦建成就不能移动。因此，从存量资本的流动性来看，高速公路并不能像有些机械设备那样可以转移以实现物质资本的流动。因而，高速公路资产具有很强的凝固性。

三、交通基础设施经济性评价范围

"系统分析"（System Analysis）一词最早是在 20 世纪 30 年代提出的。当时以管理为主要应用对象。到了 40 年代，由于它的应用获得成功，得到了进一步的发展。以后的几十年，无论是研究大系统的问题，还是建立复杂的新系统，都广泛应用了系统分析的方法。

客观事物，特别是复杂的事物，在发展过程中的因果关系往往难于用直觉或一般数理方法做出本质的描述。在事务管理中，由于事物本身具有的模糊性或不稳定性，以及对外界不确定性因素对它的影响等，故而在大多数情况下往往不可能仅利用某一个专业领域内原有的专业知识就可直接预示出未来事物演变的结果。

为了适应事物发展的需要，产生了一种采用系统思想和技巧的分析方法——系统分析，其应用范围主要如下。

（1）宏观的国家整体系统分析。分析一个国家的经济结构和它的总生产、总消费、总投资、总进口、总劳动力、总人口等之间的关系，了解国家发展过程中在社会、经济、环境等方面可能会出现的问题，为政府制定有关发展战略和政策提供科学的信息。

（2）部门系统分析。以各主要生产部门的经济活动为主，分析它们之间的种种关系。

（3）地区系统分析。在全国宏观经济分析和部门系统分析的基础上，进行地区经济系统分析。

（4）企业的系统分析。使企业活动适应其战略目标和环境变化的要求。

（5）一项工程的系统分析。通过论证和规划，筛选出各种可行的工程方案并加以排序。

系统分析是一种决策辅助技术。它采用系统方法对所研究的问题提出各种可行方案和替代方案，并进行比较、评价和协调。交通基础设施的社会经济影响系统分析的目的正是在于总结评价已建交通基础设施的社会经济效益，从而辅助高层决策人员更有效地控制和利用资源，完善我国的交通基础设施建设。

系统评价是系统分析过程中的一个作业活动步骤，系统评价是系统分析和决策活动的结合点，系统评价提供的结论是决策者进行决策的基础和依据。因此，系统评价在系统应用研究中占有重要地位。

按照系统分析的过程，系统评价可以理解为：根据明确的系统目标、结构和系统属性，用有效的标准测定出系统的性质和状态的活动。系统评价的目的是描述系统状态或方案效果，为决策提供相关信息。有效的系统评价为决策者做出正确的决策提供了科学的依据。

四、公路交通基础设施经济性评价的内容

交通运输是国民经济的命脉，是物质生产活动和商品流通的支柱，也是国民经济现代化的重要组成部分和必要条件。高度发达的交通运输是一个国家经济繁荣、国防巩固、人民生活富裕的重要前提。而公路交通是运输体系的重要组成部分。由于公路运输系统的内涵和构成，公路运输在综合交通运输系统中占有重要的地位。

从涉及交通运输的经济学可以看出，有许多经济学家对交通运输都有表述。交通基础设施的分析也应从系统的角度去思考问题。而且，交通基础设施的兴建在传统的定价理论下，以既定的运输供给为基础，分析运输市场的发展空间，使得公路运输项目的建设和系统的配置带有一定程度的计划和行政色彩。在以消费者剩余为指导的定价理论下，在运输需求分析的基础上进行项目的经济可行性论证更加科学。

作为社会经济效益评价理论基础的内容，基于福利经济学的交通基础设施评价的核心问题是在资源稀缺的情况下，如何最适度地配置资源，使交通基础设施产出的国民收入（全社会经济福利）实现最大化。

从交通基础设施建设和建成的情况来看，交通基础建设对县域经济有很大的影响。对于公路交通而言，公路交通的兴建是重要的区位因素，其对加大经济空间结构中各个不同方面之间的连接，优化整个经济空间结构的协调性，促进区域经济发展起到巨大的作用。在高速公路修建之初到建成通车之后，高速公路沿线及周边区域的服务功能和影响作用不断地得到扩展，使得高速公路经济性评价跨越的时空也必然要随之相应延伸。

从国外交通运输发展历程和我国的经济实践来看，交通运输系统及高速公路的经济特征及其经济性评价也因为贯穿于交通运输基础设施的建设、运营以及运输服务全过程而不同于一般商品，它并不完全依靠市场调节，而常由政府在其中发挥主导作用。因而，作为社会经济系统的子系统，交通运输系统经济特征不仅表现在交通运输基础设施的建设运营、产业组织和制度安排具有经济特征，还表现在交通运输系统具有显著的外部性。

所有这些特性说明大型交通基础设施的经济性评价十分复杂，所以必须考虑其产生、形成和通车运营的全过程。除此之外，还要分析大型交通基础设施的社会经济效益、对区域经济的影响和建设施工技术创新带来的扩散效益。

第三节 高速公路的社会经济影响及其特点

一、高速公路的社会经济影响

公路的建设为国家和区域带来了较大的经济效益，尤其是高速公路的修建，更是会产生十分显著的社会效益和影响。这主要体现在以下几个方面。

1. 完善公路网，促进综合运输网络衔接

高速公路的建设完善了我国的公路骨干网络，并通过优化路网为国民经济建设提供了更为有力的运输条件。同时高速公路亦对与之衔接道路等级的提升起到了明显的诱导作用，其快速发展直接促使了衔接路网等级的提升，从整体上完善了我国公路网的布局和优化，在量的方面带动了我国公路建设的迅猛发展。不仅如此，由于高速公路的建设提升了公路运输的质量，公路与铁路、水运等运输方式有机配合，各种运输方式在更高水平上实现紧密衔接，对强化铁路枢纽、港口集疏运能力和扩大航空港覆盖面发挥了重要作用。高速公路的发展，为其他运输方式得以充分发挥优势提供了重要的支撑平台，将各运输方式组成的交通网络系统连接成为一个有机整体，促进了整个综合运输网的合理衔接。

2. 加速产业布局由点轴型向网络化发展

高速公路等交通基础设施通过连接沿线地区各产业点并形成轴线而促使其两侧地区的生产和生活条件得到改善，从而吸引其周边地区的人口、产业向轴线两侧聚集，并产生出新的增长点。因此，高速公路沿线往往成为地区经济布局与发展的热点区域。在高速公路建设的推动下，其影响区域产业布局模式的基本形态是由点轴布局模式向网络布局模式发展。在高速公路建设初期，路段所连接的"点"（中心城市）是区域产业发展的核心，作为轴的高速公路是区域发展所依托的重要交通基础设施，区域的主导产业和新兴产业将向轴线两侧、特别是高速公路的出入口和互通式立交附近集聚，并形成新的经济增长点。随着区域经济增长点的增多和高速公路通道与区域网络的逐步形成，资金、技术等各种要素在区域间的流通更加迅速、频繁，高速公路影响区域的产业布局开始逐步向网络化布局模式方向发展，区域经济也呈现出一体化发展的趋势。

3. 促进资源开发利用

（1）促进自然资源开发利用。

交通条件对自然资源利用具有重要的影响，对自然资源开发利用的效益表现为创造了一些本来不存在的产品的生产。在无项目时，由于交通不便，大规模开发区域内的矿产资源也许并不能带来可观的经济效益，因为资源的运输较为困难，运费太高，价值不大，或者根本就运不出去，资源就没有价值，进行小规模生产在技术上又不合理。在有项目时，由于运力的提高，使区域内矿产资源的价值大大提高，从而使大规模开发成为可能，如煤等矿产资源。地区具有某种自然资源就意味着它有发展相关经济活动的潜能，这种潜能一旦被开发就会产生开发效益，促进地区经济的发展。

自然资源具有的这种潜能转化为经济效益受多种因素的影响，既有宏观政策因素，也有交通、技术等微观条件因素。高速公路项目的建成使用为自然资源的开发提供了运输服务支持，为经济潜能转化为经济效益提供了保障。而且交通条件的改善降低了生产部门产品和原材料的运输成本，生产部门在获利时有可能增加对自然资源的需求，使自然资源的开发力度加大。因此，高速公路项目的建成使用不仅为自然资源开发提供了保障，而且提高了自然资源的开发力度。

（2）促进土地资源开发利用。

土地作为生产资料的重要组成部分，因其数量资源的稀缺性、自然属性和社会属性的不同，在使用价值上存着很大的差异。与一般的等级公路比较，高速公路建设用地量较大，但其通行能力更大，并且随着高速公路网络的形成和连续运输距离的延长，其运输能力的优势发挥将更加明显。因此，发展高速公路从总体上看，对土地的集约利用效果显著。据测算，每公里高速公路的土地占用面积为一般二级公路的 2 ~ 3 倍，但通过能力为其 5 ~ 7 倍，在提供相同路网通行能力的条件下，修建高速公路的土地占用量仅为一般公路的 50% 左右。若修建通行能力同量的普通公路，平均每公里需多占用土地是高速公路的 2 倍左右。与此同时，高速公路的建设加速了沿线地区土地资源的开发利用，促使沿线地区形成区位优势，能够引导沿线土地利用方式发生相应的改变，优化了农业和工商业的土地利用结构，提高了它们的综合经济效益。

（3）促进旅游资源开发利用。

旅游资源的开发效益与自然资源的开发效益相似，由于地理位置的不可移动性，交通条件的优劣便成为影响旅游业发展的重要因素。交通闭塞的地方，即使旅游资源十分丰富，也不可能形成规模旅游产业。随着生活节奏的加快和交通工具的便捷化，人们对旅游产品选择的依据已经从对距离的思考转化为对时间的思考，旅游者都希望能快捷、舒适地到达目的地，在相同的时间内游览到更多的景点，得到最大的需求满足。高速公路的建成使用不仅提高了旅游资源的可达性，而且由于高速公路提高了车辆的运行速度，从而缩短了旅客的在途时间，提高了旅行的舒适性、方便性和连续性。这样，游客出游的可能性增加，增强人们的旅游意向；高速公路为旅游业的发展插上了腾飞的翅膀，使旅游资源开发向深度、广度拓展。

4. 提升沿线地区区位优势、促进土地增值

高速公路作为快速、便捷、安全的交通方式，对区域投资环境的改善和区域经济的发展具有巨大的促进作用。高速公路的建设，为直接影响或辐射地区创造了优越的交通条件，能够提升沿线地区的区位优势，增强城市的辐射与吸引能力，增强人员、信息的对外交流与联系，便于借助有利的政策环境、丰富的资源

来实现投资环境改善目的，从而给外商提供了良好的投资条件，为经济区域的招商引资创造良好的平台，加快了沿线地区改革开放步伐，带动了招商引资和经济建设，促进了地区间的经济合作与协同发展，使沿线地区在各项经济投入加大的条件下，达到增加产值和收入的发展目标，获得了超常的经济增长效益。

高速公路建成后，改变了出入口地段及沿线的土地利用模式，带动了区域的发展，给区域的土地价值带来显著的增值效应。高速公路之所以能对沿线特别是出入口附近的土地价值产生增值影响，主要原因是高速公路为出入口地段及沿线的土地提供了高通达性，使区域的对外交通条件大大改善，提升了区域的相对区位优势，增强了区域对资金、技术、人才等生产要素的吸引力。随着一些企业的建立，各种生活、商业、娱乐等设施也会集聚到附近，随着这些基础设施的完善必将促进区域土地的高密度开发，带来土地价值增值。

5. 对沿线产业结构的影响

（1）对工业发展的影响。

高速公路在建设期间，耗费大量的建筑材料（如钢材、水泥、沥青、木材等），因为相关产业的净产值增加，这些部门不断扩大，这些部门对自身的中间投入需求也相应增加，因而引起社会总产值增加，从而促进了第二产业相关部门的发展。另外，工业是国家经济的支柱，其生存与发展除了内在原因外，还有一些外部条件，如必要的能源、原材料、良好的基础设施和便捷的交通等。高速公路和普通公路相比，由于其能降低运输成本、缩短运输时间，从而使高速公路的道口成为工业园区的优势区位，促进产业布局的相对集中。有关资料表明，日本新建工厂有 40% 定位在高速公路道口处 10 km 的范围内，50% 定位在高速公路道口处 20 km 范围内。国内资料表明，一条高速公路建成通车 3 ~ 5a 内，其两端的城市沿高速公路走向延伸发展，在各个道口附近形成卫星城镇式经济开发区。

（2）对农业发展的影响。

高速公路的建设，调整了农业生产结构和农产品结构，加速了农产品现代化的步伐。高速公路缩短了农产品储运的时间，加速了农产品的流通周转，保证了农用物资和救灾物资的及时调入，从而使农业生产结构得以不断调整和优化，引导农民进入市场，按市场需要发展和开发利用当地劳动力资源和自然资源，扩大多种经营的规模和范围，加速产业分工步伐，进一步推进了农业的规模经营和集约生产，促使农村经济向集团化、合作化、商品化、社会化和优质、高产、高效的现代农业发展。

（3）对第三产业发展的影响。

高速公路加强了沿线城市与周围地区的联系，缩短了它们之间的时空距离，使城市的服务半径扩大，从而带动了旅游业、商业、交通运输业、房地产业、娱乐业等第三产业的发展。

（4）对高新技术产业发展的影响。

高速公路的不断建设，推动了沿线区域高新技术产业的发展。由于高速公路快速安全、经济、舒适的特点，而适宜建立以商流、物流、信息流和资金流为标准的现代流通业。由于高科技产业的发展需选择快速的信息通道，安全高效的物流通道，低成本的生产基地、劳动力资源、土地资源、运输条件等，以此建立高科技产品的组装基地，确保产品的高时效性，以最快的方式运送到客户手中。如美国加利福尼亚州硅谷高技术产业带、波士顿 128 公路高技术产业带、英国苏格兰电子工业中心等都是沿高速公路发展起来的。

（5）促进产业结构合理化。

按照配第 - 克拉克定律，产业结构变动的总趋势为：第一产业的就业比重大幅度下降，从最不发达国家的 80% 下降到最发达国家的 7% ~ 8%；第二产业的就业比重在第一转换期明显上升，与人均 GDP 同步增长，进入第二个转换期，即就业比重在接近 40% ~ 50% 时开始稳定下来；第三产业就业比重则呈持续增长态势。

公路建成后，将消除资源的空间距离和时间距离，有利于改善区域内产业间的资源配置，对原先相对不合理的产业结构进行有关变量的调整，理顺结构，使资源的配置更加合理，利用效率更高。同时，使不同产业之间的相互作用变得协调，使产业之间的相互作用产生一种不同于各产业能力之和的整体能力。

（6）促进产业结构高度化。

产业结构随着需求结构的变化向更高一级演进的过程，实际上就是产业结构的知识集约化和经济服务化，使得产业具有更高的附加价值。公路兴建后，沿线地区将会随着科技发展和分工深化，产业结构不断向深加工化、高附加值化发展，从而更充分有效地利用资源，更好地满足社会发展需求。

（7）对人口和就业的影响。

高速公路的建设对于区域的经济结构起着显著的影响作用，导致第一产业的比重下降，第二、三产业比重逐渐提高，三大产业结构向最优比例发展，带动了区域人口职业结构的变化。第二、三产业从业人口比重增加，传统农业人口比重下降，这种影响提升了区域的人力资源质量。因为第二、三产业要求人力资源具有较高的文化、科学和技术素养，迫使劳动力人口加强学习，提高素质，可以更好地掌握先进的科学技术，提高劳动生产率，增强责任心和事业心，进而增强区域经济发展的内在动力。高速公路的建成使用促使农村工业化进程加快，工业化结构比重上升，从而提高就业水平。高速公路产业带将带动乡镇企业的发展和壮大，推动两端和沿线出入口附近中小城市的发展，带动一批新的城市群体出现，对社会服务产生新的要求，这些都需要大量的人力、物力，从而引导农村剩余劳动力向这些方面转移。与农业相比，工业、服务业将吸纳更多的劳动力，提供更多的就业机会。

6. 改善投资环境

高速公路促进外向型经济的发展与固定资产投资的增加。便利的交通运输为经济发展创造了良好的投资环境和条件，实现了资源配置合理化，实现了物流、信息流的畅通无阻，促进了沿线地区外向型经济的蓬勃发展，增强了地区对资本的吸收能力。外来资本的引入，将引起大规模的基础设施、工业设施建设和技术改造，促进固定资产投资增加。高速公路使人们的活动范围迅速扩大，市场半径、经济规模、经济效益成倍扩大。高速公路项目的建成使用，改善了沿线的交通条件，拉近了大众城市、交通枢纽、工业中心的时空距离，为企业的发展提供了良好的投资环境。各类开发区、工业园等选择临路而建，则可以证明公路建设项目对区域投资增长的贡献。

7. 加速城镇化发展

高速公路的发展能够促进城镇规划和布局的合理化。城镇规划和布局的合理性是城镇可持续发展的重要前提。而城镇合理规划与建设的前提是要与交通发展规划相衔接。我国农村城镇化发展存在规划滞后、布局分散的问题，城镇地域、规模偏小，城镇发展没有与交通发展规划紧密联系。高速公路建设项目的建成通车，可以使沿线城镇纳入高速公路影响区，获取高速公路的巨大交通运输优势，成为高速公路经济带的一部分。高速公路经济带内的城镇可以摆脱在规划和建设中不利因素的束缚，依赖优越的交通条件加快发展。高速公路沿线的小城镇，可以利用高速公路的辐射和带动作用，发展成为中心城镇，为城镇等级规模的提高以及带动其他城镇的发展奠定基础。

高速公路的发展有利于强化城镇经济发展基础，增强城镇发展动力，提高农村城镇化水平。我国城市化滞后于工业化发展的根本原因在于工业布局的分散割裂了城市化和工业化的联系。高速公路的发展有利于农村工业集聚，实现乡镇企业和小城镇两大战略的有机结合。高速公路经过的城镇可以根据需要开辟工业园区，以优惠的政策引导乡镇企业的集聚；乡镇企业的集聚又有利于企业获取集聚效益和规模效益，实现企业的进一步扩张。同时，能够有效吸纳农村剩余劳动力，为乡镇建设积累经济基础。

农村工业所致的人口汇集和经济实力的提升，也为小城镇第三产业的发展增加了动力。城镇人口增多为第三产业提供了发展空间，社会服务体系随着经济的发展不断完善，而第三产业的兴旺发达正是城镇产业结构合理化、高级化的表现，也是城市经济实力提高的表现，对城镇的进一步发展起到推动作用。

8.改善人民生活、维持社会稳定

高速公路建设带来的沿线交通条件改善、经济高速增长和产业迅速发展，为人民物质生活水平、精神生活水平的提高，以及消费水平与消费结构的提升打下了良好基础，并为沿线地区创造了更多的人口就业机会，在促进沿线加大开发、开放力度的同时，对城乡社会进步、经济发展环境带来了巨大的冲击。资金、资源、信息、技术和人才等生产要素的加速流通，推动着人们思想观念的转变和更新，使居民的时空观念、市场意识、开放意识、竞争意识不断增强，更能满足和适应社会进步的需要。欠发达地区、边远地区和少数民族地区高速公路的建设，对于加强这些地区与外界的社会经济、文化交流，改变贫穷落后的面貌，弥合地区差距，协调地区间发展，实施开发式扶贫，增进民族团结和维护社会安定等也都具有重要的意义。以高速公路为主体的快速高效运输体系的建设，不仅是现代战争背景下国防现代化的必要条件，也是抵御自然灾害的重要支持保障条件，对于支持国家安全战略，保证国家长治久安和社会稳定具有重要意义。

二、高速公路对社会经济影响的特点

高速公路项目属于交通基础设施项目，其对沿线区域社会经济影响具有如下特点。

1.广泛性和宏观性

高速公路的建成通车将对区域内的社会经济产生广泛而深远的影响，包括土地利用、就业、地方社区发展、生产力布局、扶贫、技术进步等方面。而且，高速公路产业带的效益多发生于沿线地区非运输领域的产业或部门，往往具有隐含或无形的表现形式。因此，高速公路项目的社会经济效益具有广泛性和宏观性。

2. 长期性

高速公路建设项目属于基础设施项目，由于其具备投资大、工程量大、周期长、配套多等项目特征，因此高速公路建设项目的社会效益需要在若干年后才能体现出来。尤其是公路项目在促进地区资源的聚集、开发和重新配置方面，为国民经济及人民生活带来的影响具有滞后性。

3. 间接性

高速公路属于交通基础设施，由于提供的运输服务给使用者带来许多直接经济效益，如降低运输成本、缩短里程、减少拥挤、节约旅客在途时间和节约货物在途时间等。而且，公路还将带来许多间接相关的社会经济效益，这些对社会经济整体发展所产生的影响，是通过公路与国民经济各部门和社会再生产各环节之间的技术经济联系和交互作用来实现的，其中间环节处于主导地位。

4. 区域性

公路建设项目影响着沿线区域的社会经济发展，公路在空间上通常只表现为一条线，而其对社会经济发展的影响作用，则是以此为中心呈放射状向周围地区辐射的。因此，在进行高速公路建设项目的社会经济效益评价时，合理划分评价区域的范围就显得非常重要，范围过大或过小，均会影响评价的准确性。

5. 难以定量化

公路建设项目对社会经济的影响涉及多个方面，大多属于潜在效益或无形效益，难以定量。

第三章　公路交通设施对区域经济的影响

第一节　区域经济概述

一、区域经济的概念与特点

区域经济是指由空间资源组成的地区经济集合体，是国民经济的重要组成部分，起着连接地区经济与国民经济的桥梁作用。区域经济是以地理共同性、资源或经济结构的相似性组成的经济关系，是依据经济的自然联系而构成的经济层次，是在市场的作用下，以分工、交换、协作方式形成的联系相对紧密的生产要素与企业群体。其基本特点包括以下几点。

（1）系统性。区域经济是国民经济的组成部分，各级区域经济都是国民经济大系统的子系统，包含着物质生产领域各部门，社会再生产运动的各环节，社会生活的各方面。区域经济内部的经济结构和社会结构体系完整，具有系统性。

（2）开放性。区域经济是一个开放的经济体系。建立区域分工基础上的商品交换使得区域之间的经济联系频繁而密切。在实物形态上，区域之间广泛存在着产品调入调出的投入产出联系；在价值形态上，区域与区域之间通过相互投资和贸易发生资金转移。因此区域经济是一个开放度较高的经济系统。

（3）动态性。区域经济中各构成要素的水平与变化速度均处于动态变化之中。作为一个开放的系统，必然是动态的，开放性与动态性互相影响，互为推动，在开放中变化，在变化中开放。

（4）不平衡性。历史、地理、自然等原因造成的多方面的区域差别，使地区间贸易、工业、农业、基础设施、交通条件、人力资源、科技水平等形成了很大的差异性，从而造成区域间经济的不平衡。

（5）层次性。区域经济的构成具有层次性与梯度性，作为区域层次的划分，其自身具有很多的阶层。一般来说，县域经济可以作为区域经济的最基本层次单位，也是在具有区域经济的系统构成各要素的前提下，可以划分的最基本层次。

（6）自适应性与自组织性。区域经济是一个开放且具有自身调节能力的复杂经济系统。其具有的调节能力可以使其适应外界以及自身的变化，并且可以通过自身内部诸要素的相互协调与整合来进行有效的组织，从而使其达到最优化的配置。

二、区域经济的系统特征

"系统"（System）来自古希腊语，原意是指事物中共性部分和每一事物应占据的位置，也就是部分组成整体的意思。现代系统科学的奠基人贝塔朗菲认为系统是"相互作用的诸要素的综合体"。我国采用的是钱学森提出的概念：系统是由相互作用和相互依赖的若干组成部分（要素）结合而成的、具有特定功能的有机整体。系统的基本属性特征有两点：首先，系统必须由两个或两个以上的要素（部分、元素、环节等）所组成；其次，系统的各要素之间、要素与整体之间以及整体与环境之间存在着一定的有机联系，从而在系统的内部和外部形成一定的结构或秩序。

区域经济系统，是指人们各类经济活动在不同地域范围内的有机组合。区域经济的系统特征主要表现以下方面。

1. 区域经济是一个开放的系统

区域经济是社会经济系统中的一个子系统，与外部环境发生着各种形式的交流，如物质、人员、资金、信息等等。一个孤立的系统是熵增的，熵趋向于极大值，此时系统达到最无序的平衡态。

2. 区域经济是非线性系统

自然界、人类社会以及社会经济系统，从本质上讲都是非线性的。20世纪60年代以来，以协同论、突变论、耗散结构理论为代表的非线性系统理论逐步兴起，并在自然科学领域得到显著发展，其前沿是孤子理论、混沌理论和分形理论。非线性系统理论揭示了自然的复杂性，也真实地反映了现实中各类系统的真实问题，但与此同时，非线性系统也表现出比线性系统更为复杂的特性。区域经济内诸多因素、诸多变量之间存在着复杂的关系，区域经济即为一个非线性系统。

区域经济系统的非线性关系并非只是直观所理解的经济变量间的非线性函数关系，更本质的表现是个体的不可叠加性、时间上的不可逆性和空间上的有限性等。

3.区域经济系统具有正反馈机制

区域经济系统具有耗散性，开放系统和非平衡态是形成耗散结构的一个外部条件，而具有非线性的正反馈机制则是内部条件。正反馈是把系统末端某些输出量送回始端，从而使系统末端再次输出的量的变化趋势增强，是一种自我放大的机制。处于平衡态和近平衡态（线性区）的系统总是趋向于无序，使系统跃出平衡态需要动力驱使，正反馈就是使系统跃出平衡区的内在机制，同时也是产生奇异吸引子的必要条件。系统的稳定性取决于正反馈机制与耗散因素的相对强弱，当正反馈机制较弱而系统内部的耗散性较强时，来自外部的影响将被耗散掉，此时，系统是稳定的。当正反馈起到支配作用时，系统将跃出原先的稳定状态进入耗散状态。因此，正反馈是驱动系统远离平衡的动力，是系统产生耗散性的重要原因。同时，正反馈也是系统产生"序"的原因。

4.区域经济系统具有长记忆性

历史信息对于区域经济的活动具有长期影响。区域经济内部要素的波动具有混沌特性，对于初始值的敏感性是混沌的一个重要特征，这与长记忆性具有一定的相似性，它们都验证了区域经济系统的非线性特性。因此，既要考虑区域经济活动的短期相关关系，又要考虑长期的、滞后的影响。

5.区域经济系统具有动态特性

区域经济系统是一直处于变化和演进过程中的。系统内的各个子系统都在随着时间的推移发生变化，而且子系统的相互关系也在演变。这种动态的变化是连续不断的，量变的积累会产生质变，有时也会发生飞跃式突变。这是区域经济系统的升级，理想的情况下，这会是一个系统开发过程，是一个促使区域经济跃上新水平的能动过程。

6.区域经济系统具有整体特性

区域经济系统由诸多要素和子系统共同组成，它是一个有机整体，其功能的实现有赖于各子系统功能的发挥及子系统间的相互协调和配合。任何一个要素或子系统功能的减弱和紊乱都会损害甚至破坏区域经济系统的整体功能。区域经济系统的整体功能具有非线性加入的特性，即在相互协调、配合得当时，整体功能发挥较大；配合失调时，整体功能发挥较差。

三、区域经济发展理论

从区域经济学的观点来看，区域是按一定标准划分的连续的有限空间范围，是具有自然、经济或社会特征的某一方面或几方面的同质性的地域单位。区域经济则是指由空间资源组成的地区经济集合体。区域经济是几个地区的有机结合，并不是简单的累加，而是一个经济系统，具有系统的特征。区域经济发展不仅指经济总量的增长还包括经济结构和社会结构甚至政治结构的变化。区域经济的发展理论包括早期的区位论、增长极理论、梯度推移理论和辐射理论。

1. 区位论

区位理论最早由德国经济学家杜能提出，主要用于确定经营生产活动的最佳位置，主要应用于考虑运输费用和距离市场远近的农作物生产布局。韦伯继承了杜能的观点，认为运输费用决定着工业区位的基本方向，理想的工业区位是运距和运量最小的地点，韦伯又增加了劳动力费用因素与聚集因素，他把这些综合因素所决定的最小生产成本作为厂商选择最优区位的标准，后来又发展成以利润最大化为目标。综上所述，一个区域必须具备了有利发展经济的条件，才能把资本和生产力吸引过来。在利润的驱动下，形成产业布局和相对聚集，这样区位才能体现出优势，才能更好地发展。

2. 增长极理论

增长极理论最早由法国经济学家佩鲁提出。他认为在一个发展时期内，一个区域内不是所有点的经济发展速度都一样；而是那些能够带动经济发展的主导产业都会分布在某些中心，从而形成增长极，对其他地方产生扩散，能够有效地带动其他地区发展。增长极理论其实是区位论的延伸。

3. 梯度推移理论

梯度推移理论源于由美国人弗农首创的工业生产生命循环阶段论，主要论点包括：区域经济的好坏取决于产业结构的优劣，结构的优劣又取决于地区经济部门，特别是主导产业部门所处的阶段；创新活动一般源于高梯度地区，然后随时间推移由高梯度地区向低梯度地区扩散；梯度转移主要通过多层次城市系统扩展开来。迈达尔对梯度发展的动态效应进行了研究，提出了"累积因果论"。根据这种理论，在地区经济发展中有三种效应在同时起作用，这就是极化效应、扩展效应和回程效应。它们共同制约着地区生产分布的集中与分散。极化效应作用的结果会使生产进一步向条件好的高梯度地区集中；扩展效应会促使生产向其周围的低梯度地区扩散；回程效应的作用则是会削弱低梯度地区、促进高梯度地区进一步发展。这三种力量综合作用的结果会不断扩大发达地区与不发达地区之间的差别。

4.辐射理论

辐射是一个物理概念，是指能量高的物体向低能量物体通过媒介传递能量的过程，传递过程是双向的。经济学中的辐射是指经济发展水平和现代化水平高的地区与经济水平和现代化程度相对较低的地区进行资本、人才、技术、市场信息等的流动和思想观念、思维方式、生活习惯等方面的传播。两者之间是彼此的辐射，既有利于后者现代化水平和经济水平的提高，也有利于前者的进一步发展。两者之间距离的缩小和扩大，主要取决于辐射媒介。这里的媒介主要指道路、交通和信息。它们所决定的市场一体化水平直接决定辐射的有效性。当地区之间的市场一体化水平较高，市场分割现象不显著时，地区之间的经济交易和其他交流就会高效率地进行。辐射理论具有很强的实践意义，主要表现在经济发展和现代化战略的制定、经济资源的流动和优化配置、市场信息的传播、思想观念等非经济因素的扩散等方面。其中经济发展和现代化战略的制定，主要解决的问题就是道路、交通的规划问题。

第二节　交通基础设施与区域经济

一、交通基础设施与区域经济系统结构的构成

交通运输等基础设施是国民经济的基础产业，也是区域经济发展的基本条件。交通基础设施的发展水平和结构优化程度将对区域经济的发展产生推动或阻碍作用；区域经济的进一步发展也会对交通基础设施提出更高的要求。事实上，交通基础设施和区域经济组成了一个多要素、多层次的复杂大系统，两者的相互依存和相互制约决定着交通基础设施 - 区域经济系统的运行过程和演进方向。如区域经济子系统所进行的各种物资资料生产、流通分配和消费活动等必须以交通运输等基础设施为纽带，并制约于交通基础设施的容量；交通运输等基础设施改

建、扩建或新建的资金又来源于经济发展所带来的效益。

交通基础设施与区域经济系统除直接作用外，还通过资源、环境或社会等间接地给对方造成影响。交通基础设施本身就是一项非常重要的资源，对经济的发展起着基础性的作用。然而交通基础设施的建设对资源尤其是不可再生的土地资源的消耗是非常大的，可以说，交通基础设施的发展水平是受制于地区土地等资源的可利用程度的。

环境是人类生存和发展的各种活动的载体，是人类生存和发展的基础条件。交通运输是国民经济的重要组成部分，在带来巨大经济利益的同时，也对生态环境造成了日益严重的威胁，如交通事故的增加、污染及气候变化等。事实上，人类运输活动的总量有一个不应该超越的临界值，该临界值从环境方面决定了人类自身的长期和持续发展不至于被破坏。这同时也就决定了作为交通运输系统重要组成部分的交通基础设施的规模也有一个不应超越的临界值。

社会系统主要包括政策体制、法律道德、文化教育、医疗卫生、社会保障等因素。社会系统要求人的认识能力、行动能力、决策能力适应总体发展水平。因此，社会的就业状况、科技水平、生活水平、公众参与程度等对交通基础设施的建设及区域经济发展存在着一定的影响。

二、交通基础设施与区域经济系统的基本特征

交通基础设施与区域经济构成了一个多层次、多要素的复杂系统，其基本特征主要表现在以下几个方面。

大系统性。交通基础设施建设与区域经济的协调发展是一个大系统问题，其本身是由各相关部分组成的整体，这些部分在系统运行过程中相互制约并相互影响。实践证明，交通基础设施建设与区域经济必须协调发展。

复杂性。交通基础设施系统与区域经济系统都是由多种因素组成的复杂系统，系统的发展变化受多种因素的影响和制约，两者之间的协调发展涉及更多因素，且相互交叉影响，更具复杂性。

整体性。整体性是系统的首要特征，结构与功能是系统整体性的两个基本方面，一般来说，功能是以结构为基础的。因此，在进行交通基础设施建设与区域经济协调发展分析时，需要从整体上分析系统结构是否合理，系统功能的发挥是否正常。

动态性。交通基础设施与区域经济系统及其构成的子系统都不是静止不动的，而是按照一定的方式运动着的。因而，交通基础设施建设与区域经济协调发展也具有动态性，建立两者之间有序的良性循环过程，是实现协调发展的必要手段。

交通基础设施建设作为推动经济发展的重要方式之一，是实现地区经济、社会发展的基础条件和基础因素。它能够提高人们获取收入的能力，并增加新的就业机会，增强地区自我发展的能力。因此，加强交通基础设施建设的意义不仅仅是增加了有限的道路里程，而是会对某一地区的产业发展、经济结构、低收入人群收入和生活方式、教育、医疗保健、社会稳定发展等多方面产生积极的影响。从这个意义上讲，交通基础设施建设对各地区，尤其是经济欠发达地区的影响是多方面的。

交通基础设施与经济增长的关系包括两方面：对经济增长的作用以及对经济增长的制约。

从交通基础设施投资到经济增长，其间有以下传导机制。第一，部分交通基础产业其产出构成国民经济的一部分。第二，交通基础设施的主要效用在其功能方面。国民经济的增长是由劳动力、资本、土地等最终生产要素的贡献支撑的。交通基础设施作为生产要素的一种具体形式，客观上容纳这些最终要素，对整个经济增长起着不可代替的作用。第三，交通基础设施的投资通过乘数作用直接刺激国民经济的增长，其传导过程为一般的投资原理。第四，从反馈角度看，交通基础设施将以一定的灵敏度根据经济增长的感应，不断进行动态调整，以达到与国民经济发展的协调。

另外，交通基础设施还制约着经济增长，如果交通基础设施的规模、空间布局或者内部结构不合理，则会对经济增长产生制约作用。从整个社会看，基础设施发展不足严重制约着国民经济的发展，成为经济增长的瓶颈；从一个地区来看，基础设施发展不足已成为地区经济发展落后的直接原因。没有完备的基础设施，不可能形成良好的投资环境，也不可能促进地区经济的快速增长。

三、交通基础设施与区域经济相互作用的类型

交通基础设施与区域经济系统实际上还受诸如资源、环境、社会等因素的影响，共同构成一个结构更复杂、相互关系更微妙的大系统。要想非常清楚地把

握这些因素之间的关系是非常困难的，因而下面只对其直接相互作用关系进行论述。

根据交通基础设施子系统与区域经济子系统的相互作用类型的性质可以将其分为两类。

（1）正作用，指子系统 a 的发展对子系统 b 发展的促进和保障作用。

（2）负作用，指子系统 a 的发展对子系统 b 发展的制约和阻碍作用。

根据相互作用的强弱可以将交通基础设施 - 区域经济系统间的相互作用分为以下两类。

（1）弱相互作用，指正作用和负作用都很弱的交通基础设施 - 区域经济系统。这正如运输化理论中所说的工业革命发生以前的整个"前运输化阶段"，在这个阶段里经济从整体上看对运输的依赖性有限，地区间的经济活动相对隔绝。因此，交通基础设施 - 区域经济系统是弱相互作用型的。

（2）强相互作用，指正作用或负作用均较强的交通基础设施 - 区域经济系统。它可进一步分为协调型、滞后型与过度型。

协调型是指交通基础设施作为区域经济发展的基础既不严重滞后，也不过分超前，而是与区域内其他产业部门保持适当的比例关系，相互作用，共同促进区域经济的健康发展。

滞后型是指由于交通基础设施建设投资严重不足，或出现了投资方向的决策性失误，因而导致国民经济发展受到严重制约，经济效益低下，即交通基础设施成为制约区域经济迅速发展的瓶颈。

过度型是指由于对交通基础设施的过度投资而导致了对其他产业部门投资的减少，并且交通基础设施的过分超前破坏了产业间正常的张力，并最终制约了区域经济的发展。

四、交通基础设施与区域经济的相互作用机制

交通基础设施与区域经济构成了一个复杂的大系统，两个子系统之间的作用是相互的，任何一个子系统的变化都会对另一个子系统产生影响。

1. 交通基础设施建设对区域经济的影响

交通基础设施是地区生产力布局及区域经济开发的重要组成部分。交通基础设施建设会对其所在地区的经济社会发展及环境产生重大而深刻的影响。这种影

响表现在以下几个方面。

（1）提高可达性，改变区位优势格局。交通基础设施尤其是交通干线的建设对沿线地区最重要的影响是提高沿线各个地区、城市的可达性，使其经济地理位置，尤其是交通地理位置变化，从而改变区域或地点的区位优势，促进区域发展。区域或地点可达性的提高往往意味着该地区或地点的易于接近性和易于联系性变好，对外联系的运输条件变好，可通达更远的地区，使运距缩短，运时减少，运费降低，方便程度提高。所有这些必然使区域经济增长加快，利于进行空间扩散，这对交通运输极为落后地区的开发极为重要。

（2）交通基础设施是区域经济空间发展的集聚轴。带状经济与交通基础设施的空间作用密切相关，交通设施发挥了纽带作用。陆大道先生认为，交通运输基础设施的存在产生接触优势，引起空间不平衡和物质能量交换的频繁，导致新城镇的城市和发展成为产业带和发展轴线。

（3）交通基础设施直接影响国内市场及企业的竞争能力。交通基础设施的完善对促进区域基础产业发展和提升竞争能力具有显著作用，从而影响与这些企业相关联的区域的发展。在交通基础设施体系不断完善的过程中，如果一个企业或地区不能获得良好的交通基础设施服务，远离市场或消费区，就会降低这些行业或地区的竞争能力，从而导致其在发展过程中处于劣势；而那些获得良好交通基础设施服务的企业或地区，在经济发展中可能具有更多的机会，或导致新的生产企业的成长。

（4）交通基础设施建设对区域产业的关联效应产生影响。产业间的联系强度从"投入—产出"的角度来看表现为"流量"的大小，即各种"物质流""资金流""信息流"等等。各种形式的"流量"是以一定的基础设施为载体进行空间位移的。区域交通基础设施的不断完善将使各种形式的"流量"更利于流动，从而加强区域产业间的联系强度，产生更大的关联度。

（5）交通基础设施建设投资的乘数效应。交通基础设施是国民经济基础产业，对经济的发展产生基础性和引导性的作用。对交通基础设施的建设一般都投资巨大，因而容易产生投资的"乘数效应"，加速区域经济的发展。另外，一个区域在一定时期内可用于投资的资金总是有限的，而交通基础设施建设除了投资大外，其建设期、投资回收期较长，并且投资具有"不可分性"。因此，如果不处理好交通基础设施投资与其他产业部门间的比例关系，对区域经济同样会产生非常不利的影响。

2. 城市经济发展对交通基础设施的影响

城市经济的发展对交通基础设施建设的影响主要体现在以下几个方面。

（1）市场需求的影响。经济发展的一个显著特征就是市场需求扩大，门槛距离增加，区域内各经济单元的交流更加频繁。因此，随着区域经济的进一步发展，其对交通基础设施也会提出更高的要求，这在一定程度上将诱导交通基础设施不断完善，以满足对其日益增长的需求。

（2）资金供给的影响。随着区域经济的发展，其可用于投资的各种形式的资金会逐渐增加，能分配给交通基础设施建设的资金也会增加，因而能加快交通基础设施建设的步伐。

（3）技术供给的影响。经济的发展将促进区域内分工的发展，这又导致了原有技术的改进或是新技术的创新。交通基础设施是一个技术含量较高的产业，随着技术难关的突破，对交通基础设施建设将产生积极影响。

（4）制度供给的影响。随着经济的发展，市场机制将会得到进一步的完善，并为满足实际的需要产生一系列新的制度安排。例如，为解决交通基础设施投资资金不足的问题，BOT 方式、转让经营权方式、国际投资证券方式也被逐步引进，并取得了相当成效。

总之，交通基础设施建设与区域经济发展两者的作用是相互的，构成反馈环。当它们在规模、结构与功能等方面相互适应时，就可以形成相互促进的正反馈环，使双方协调发展，共同向更高水平演化；但如果不能相互适应，两者间任何一方的发展都将制约于另外一方，从而形成相互制约的负反馈环，阻碍交通基础设施与区域经济大系统向更高层次的协调发展。

第三节　高速公路对区域经济的影响

一、特大公路建设项目对区域经济的影响

1. 特大公路建设项目在综合运输体系中的作用

近年来的统计数据表明，公路交通所承担的客货运量和周转量在整个运输体系中的比重一直呈上升趋势。公路完成的运输量在各种运输方式中是增加最快的

一种，同时铁路却呈较大幅度的下降趋势。第二次世界大战后，经济发达国家十分重视发展高速公路，完成了以高速公路为主干的现代化公路网的建设。高速公路已不再是互不连接的分散线路，而且国际化高速公路交通干线网，这大大增加了高速公路在运输中的作用。由于高速公路设计速度高，通行能力大，实行全封闭，安全性能大大加强，又可充分利用各种先进监控管理设施，因而大大降低了运输成本。在日本，约有50%的载货汽车利用高速公路；在美国，汽车完成的车公里中，高速公路上的比重约为46%。相关数据充分显示，高速公路在整个综合运输体系中占有重要地位。我国高速公路正处于发展的黄金时期，其在综合运输体系中的作用是巨大的。

2. 特大公路建设项目可能改变其所在区域的功能与发展条件

伴随着公路项目的建设，所在区域的交通、能源供应条件等首先得到相应的发展，其他有利于投资建设的环境条件也会相应而生，如有专业技能的劳动力供给、生活及服务设施的改善等。特大公路建设项目改变了区域交通状况，提高了区域基础设施水平，改善了交通环境，从而改善了区域的投资需求，也增强了土地的区位优势。经济学的稀缺性规律说明，在一个国家、区域的一定历史发展阶段及经济技术水平下，人类可以利用的土地资源数量是有限的。一般情况下，土地的价格是由它的使用价值来确定的，土地价格围绕着价值上下波动。土地使用价值由于其自然属性和社会属性的不同，在价格上反映出很大差距，这一点尤其在城市或高速公路两侧一定区域内得到更加明显的体现。从经济学角度出发，级差地租理论是，距离城市越近的土地地租越高，其使用价值越大。从自然角度出发，土地是不可移动的，但是如果从社会经济角度评价时，土地是可以"移动"的，即由于与社会经济客体相对位置改变而产生相对意义上的空间位移。高速公路的修建，使一块土地由远离交通线、枢纽线及空间可达性差变得交通便利、空间可达性大大增强，新城市、工厂的建立，使附近土地产生空间位移，从而促使土地使用价值大幅度提升。

3. 特大公路建设项目可能改变所在区域的产业结构

所谓产业结构，是指经济结构中第一产业、第二产业、第三产业的比例关系。区域产业结构不是一成不变的，而是不断发展变化的，这是一个永无止境的动态过程。根据区域产业结构变动导向理论，区域产业结构变动在宏观上是沿某一个方向发展演进的。导向选择的基本依据，一是区域自然资源状况及其基本特点；二是区域所处的发展阶段及其发展水平，包括已有产业结构的特点和存在的问题；三是全国地域分工的需要。产业结构变动有三个基本导向，即技术导向、结构导向和资源导向。世界各国经济发展过程都证明：在国家或区域经济发展过程中，产业结构总处于动态演变之中，虽然不同国家和地区的产业特点和产业组成各不相同，但产业结构演变都遵循着普遍的规律。按照配第 - 克拉克定律，产业结构变动总的趋势为：第一产业的就业比重大幅度下降，从最不发达国家的80%下降到最发达国家的7% ~ 8%；第二产业的就业比重在第一转换期明显上升，与人均GDP同步增长，进入第二个转换期，即就业比重在接近40% ~ 50%时开始稳定下来；第三产业就业比重则呈持续增长态势。

随着经济的发展和人均国民收入的提高，劳动力将逐渐由第一产业向第二产业随后向第三产业转移；从国民经济各产业部门对生产要素的需要程度或密集程度而言，劳动密集型产业逐步向资金、技术密集型产业发展。技术密集型产业的规模和水平反映了一个国家科学技术水平和社会经济现代化程度，代表了一个国家和区域的经济实力。在世界各国公路发展经历传统建设—高速公路及主干线公路建设—高等级公路网的逐步完善的过程中，各国经济产业结构基本遵循了这一发展规律。

在一个原有基础比较薄弱的地区，特大公路建设项目的建设可能建立起一套全新的经济结构，通过国家强制性布置产业，迅速推进地方经济的成长与进步。在原有经济基础较好、经济实力较强的地区，特大公路建设项目所在区域可能会分离成某城市的卫星城、大功能区或新城区，促进城市规模迅速扩大，从而改变原有经济结构，推动经济发展。

特大公路建设项目的建设加大了信息流、物流和人流的流动强度，对于区域技术密集产业、知识密集产业的发展有极大的推动作用，并且会大大提高技术产业在整个产业结构中的比重。同时，还可以利用新兴技术改造原有传统产业，提高其素质，为区域发展注入新的活力。最终促进自然资源开发和加工制造业协调发展。

特大公路建成后，将会引起沿线地区产业结构的变化，促使其进一步优化，朝着合理化、高度化的方向发展，最终达到优化产业结构的目的。优化的过程主要表现如下：特大公路建成后，将消除资源的空间距离和时间距离，有利于改善区域内产业间的资源配置，对原先相对不合理的产业结构进行有关变量的调整，理顺结构，使资源的配置更加合理，利用效率更高。同时，使不同产业之间的相互作用变得协调，从而产生一种不同于各产业能力之和的整体能力。

产业结构随着需求结构的变化向更高一级演进的过程，实际上就是产业结构的知识集约化和经济服务化，使得产业具有更高的附加价值。高速公路兴建后，沿线地区的产业结构将会随着科技发展和分工细化，不断向深加工化、高附加值化的方向发展，从而更充分有效地利用资源，更好地满足社会发展的需求。

4. 特大公路建设项目可以促进经济空间结构合理化

经济空间结构是指社会经济客体在空间中相互作用所形成的空间集聚程度和集聚形态。从区域经济学角度而言，它包括多种类型的经济客体，如农业、工业、城镇居民点、公路和通信设施、文化及商业供应设施等。在这个空间中不断发生着商品生产、原料和成品的运输、信息的传播、商品的销售等。其中每一种客体及其相互间产生的运动现象都形成一种空间势态，它们在整体中的结合关系便产生一种多重空间。在空间结构的各经济客体中，特大公路及通信设施担负着空间产品的运输交流与信息交流任务，对区域经济空间结构的合理运动起着润滑和枢纽作用。如果缺乏特大公路及基础设施，区域的经济空间就无法进行运转，其他多种类型的经济客体就不能正常实现其功能，区域经济就不能发展。

特大公路与社会经济客体达到最佳空间吻合时，就能最大限度地发挥特大公路的区域经济组织作用，促进区域经济的发展。一般而言，当某个区域或者区域间修建某条特大公路项目时，在端点的城市或者区域，由于公路交通促进物资交流，必然加快该城市（区域）经济空间内以城市（区域）为中心的迅速发展，即"点-圈"经济空间结构模式的产生。同时在特大公路两侧，由于受公路的影响，物资、信息流动速度加快，必然产生带状的经济发展区域（特大公路产业带），随着特大公路项目波及效应的传递，最终产生"点-轴-圈"空间经济结构模式。这两种模式的建立及其运作效率与城市发展潜力有着极其密切的关系，都不同程度地体现了社会经济空间组织的有效形式和合理化发展趋势。

5. 特大公路建设项目可以促进区域城市化水平的提高

基础设施现代化是城市现代化的重要内容之一。城市现代化的指标体系包括经济发展指标、基础设施指标、人口素质与生活水平指标、环境质量指标。其中，人均铺路面积是基础设施指标之一，是衡量城市交通设施的基础性指标。早在二三十年前，伦敦、纽约的人均铺路面积已经分别达到 26.4 m² 和 28 m²。目前，我国发达城市人均铺路面积只有 10 m² 左右，现代化水平定为人均 15 m²。

特大公路建设项目有利于区域内大城市的健康发展。能否保持大城市持续发展的关键问题在于如何突破影响城市发展的限制性因素，实现资源要素在空间上的有效配置，使其在物质的基础上得以继续发展和提高。从区域发展的角度看，建设高等级公路网、大力发展城市群是解决大城市现代化和效益问题的最佳途径。多个城市在公路网的串联下所形成的城市群必将拓宽原有十分局促的自然环境空间，使大城市在一个更宽阔的社会环境空间中获得新的发展和更高的效益。

公路建设项目对区域城镇化水平的影响也体现在推动小城镇快速发展上。由于第一、二产业产出率远低于第三产业，从经济成本角度考虑，当外部交通条件有所改善时，将自动向小城镇转移。公路建设项目将极大地提高小城镇间交通优位效益和资源优位效益，促进小城镇的发展。交通条件的改善相对缩小了生产居住和流通的空间范围，扩大了人们的社会往来，形成以大城市为核心、诸小城镇分工协作相互补充的整合体，其整体集散效益、规模效益和专业化效益均大为提高，从而保证整个区域经济持续增长。公路建设项目将大城市和小城镇连成一体，既能发挥大城市增长的惯性作用，又能发挥小城镇增量变动的主推作用，充分体现大城市和小城镇的互补性，体现区域经济协作发展的高效性。

6.特大公路建设项目也可能为所在区域带来负面影响

特大公路建设项目对所在区域带来的负面影响主要表现在耕地减少、环境污染、人与环境关系紧张、历史文化遗产遭到破坏、区域经济遭受冲击、地方原有优势被削弱等。这些影响有的是直接的，会立即表现出来，有些则是间接的，会缓慢地表现出来。

二、高速公路交通经济带

1.高速公路交通经济带的含义

高速公路交通经济带（Traffic Economic Belt of Expressway，TEB）是以高速公路作为运输通道和交通干线，并以此为发展轴，以轴上或其吸引范围内的大中城市为依托，以发达的产业，特别是第二、第三产业为主体，逐步形成的产业和城市高度发达的集聚地带。这个集聚地带是一个由产业、人口、资源、信息、城镇、客货流量等形成的带状空间经济组织系统。拥有高速公路的区域，通过建立不同等级的高速公路交通经济带实现生产力和社会的有序、协调、持续发展，以达到其空间组织的合理化。高速公路交通经济带的性质主要体现在其是一个发育成熟的社会经济有机体，也存在着进化、新陈代谢、变异、衰老等过程。

高速公路交通经济带的形成需要三大基本要素：高速公路作为交通干线或者

运输通道；以商贸业为主的第三产业；高速公路沿线分布的经济中心和城市。三大构成要素相辅相成，三者之间的相互促进及关系的演变是高速公路交通经济带的基本发展规律。发达的高速公路交通经济带的形成、经济实力的增强、延伸都是在这三大要素的相互促进中实现的。在这里需要提一下第二个条件，第三产业特别是金融业、商贸业和信息业是高速公路交通经济带的主要构成内容，合理的产业结构及其演进和升级是该地带得以形成的重要因素，是推进交通经济带发展演化以至向外延伸的动力。另外，第三个条件也很重要，城市是人口和产业依托的基础，区位重要的城市首先成长为经济带的经济中心和副中心。主副经济中心的形成是高速公路交通经济带形成的空间标志之一；沿线形成一系列各具特色、分工不同而又有紧密联系的城市，是经济带走向成熟的另一个空间标志。

2. 高速公路交通经济带的演进

高速公路交通经济带是一个时代产物，广泛出现于工业化社会后期和信息化社会初期。随着科技的进步，现代产业不断向新的形态跃进；随着产业在空间上的集聚与扩散运动的增强，经济带将会出现解体、分化、变形、兼并或重组，发展趋向是若干个相同类型或者不同类型的高速公路交通经济带纵横交织形成巨型网络。

高速公路交通经济带是一个经济和社会逐步发展、不断更新、日臻完善的特殊空间系统。它的演进表现为产业的空间再组织、产业结构的调整和升级、城镇体系格局的动态变化过程，大致可以分为五个阶段。

（1）启动期：据点开发阶段。新型产业或新的生产方式兴起或者被引入本区域，增长极开始发展壮大，工业的发展以集聚为主，农村人口流向少数城市。

（2）雏形期：从据点开发向沿线开发迈进，积聚与扩散同时并进。经济中心初具规模，沿线开发形成若干新兴工业城镇，城市化进程开始加快。

（3）形成期：经济主副中心相继形成强大的经济实体，产业结构高级化，对于沿线以及周围地区的带动作用增强，产业扩散继续进行，高速公路沿线大规模开发，形成一系列工商业发达的城市，城市化达到较高水平。

（4）延伸—连接期：以既有经济带为基础，沿交通集散线路向两侧区域扩散较低层次的产业，或者沿着干线与纵深的工业城市建立紧密联系，或者与原来分布较远、内在联系不密切的区段进一步融合。

（5）发达的经济带进入后工业化时期：向更高的产业结构发展，成为高新技术产业的研究、试制基地，产业带作为区域产业主体的相对地位下降，但是在金融、信息通信、研发教育、商贸等方面的功能继续保持主体地位。

高速公路交通经济带的空间演进过程具有突变性、渐变性和跨越性，并且三者之间相互交叉存在。突变性是高速公路交通经济带兴起时以及发展时的突出特点，经济的先行、新技术的出现都会首先在一个区位条件十分有利的地点生根，这个地点就是生长极，在发展以后则称为增长极。渐变性是高速公路交通经济带常表现出来的发展过程，不断从增长极向外扩散产业，逐步形成高速公路沿线产业密集带，进而集聚扩散形成经济带。

3. 高速公路交通经济带的形成机理

高速公路交通经济带是一个复杂而特殊的带状区域经济系统，它的形成是其构成要素之间相互作用的结果，并且缺一不可。

（1）高速公路是形成高速公路交通经济带的前提条件。高速公路是高速公路交通经济带内产业活动和布局的先决条件，高速公路的走向决定了高速公路交通经济带的空间分布范围和走向；高速公路的运输能力决定着高速公路交通经济带内部及对外联系的能力、强度及本身实力。可以说，高速公路是影响高速公路交通经济带空间结构和组织格局的重要因素，是高速公路交通经济带形成的"触发器"及存在和发育的前提。高速公路的建设会逐渐使周边主要经济活动向高速公路干线集聚，使沿线地区不断壮大的交通联系逐步转化为稳固而牢靠的经济联系，促进沿线经济带的形成。同时，高速公路建成后，运输成本的下降为高速公路交通经济带空间服务范围的扩大和产业的集聚、扩散提供了可能。随着高速公路基础设施网络的不断完善、运输技术的进步以及运输组织的现代化，高速公路沿线的空间优势得到了强化，为高速公路交通经济带的形成提供了有利条件。

（2）大中城市是高速公路交通经济带发展的依托。城市是具有中心性能的区域焦点，作为区域发展的中心而存在，其中心作用越强，就越能带动区域经济向更高水平和更大规模发展。区域中心城市不断向同级或次级城市输出大量产品、信息、技术等，输入原材料、人口和资金等；同时区域中心城市对次级城市产生吸引力，使次级城市产生向区域中心城市的向心力，使同规模的城市在区域内形成一个复杂的紧密联系的综合体，促进其他城市及区域的发展。高速公路交通经济带的纵深发展客观上要求能推动增长中心的发展。

（3）自然资源是高速公路交通经济带发展的物质基础。自然资源是高速公路交通经济带形成和演化的最重要条件之一。煤炭、铁矿、石油、天然气、重要非金属资源等自然资源的分布、数量、开发利用条件及地域组合影响着高速公路交通经济带的发展特征和空间形态。从长远来看，自然资源的丰富程度和可开发程度是高速公路交通经济带增长的最终限制。

（4）区位是高速公路交通经济带及其经济中心形成的关键因素。高速公路网络在逐步发展与完善的过程中产生许多适合某些经济产业发展的优势空间区位，这些区位对高速公路交通经济带内部经济中心的形成与发展具有重要作用。高速公路干线等形成的优越经济地理位置对高速公路交通经济带的形成和发展具有决定意义，往往意味着在宏观区位经济中有优先发展的可能性，与其他地域有良好的联系和经济协作条件，能方便地获得经济发展所需的大量原料、燃料供应和信息，有广阔和便捷的市场，易于输入与输出。对于高速公路交通经济带的形成与发展而言，凭借交通枢纽地位形成优势区位更具有重大意义。

（5）技术进步影响高速公路交通经济带空间形态的形成。首先，技术进步引起运输费用的降低，费用的降低提高了产品的市场竞争能力，吸引产业向区位优越的地点或交通沿线集聚，逐步形成一定集聚规模的高速公路交通经济带，这一影响被地理学家称为费用-空间收敛效应（Cost-Space Convergence）；其次，车辆行驶速度的提高改变了时间与空间的关系，以高速公路为基本纽带，加强了产业在经济活动中的相互联系，这种影响被称为时间-空间收敛效应（Time-Space Convergence），高速公路交通经济带在地域范围上的扩展和空间联系距离的延伸都与此效应有直接联系；再次，技术进步使高速公路通过能力扩大化和载运工具大型化成为可能，这就大大加强了经济个体的空间活动能力，提高了企业间的联系强度，此影响被称为成本收敛-流量扩张效应（Cost Convergence Flow Expand），这也是高速公路交通经济带发展的基础。

4.高速公路交通经济带的空间构成模式

（1）经济中心成长或转移模式。经济中心是指在一个特定的区域范围内，在国民经济中居于主导地位，并与区域内其他城镇以及乡村联系密切、对其发展具有重大影响的城市。经济中心应当具备区域交通中心、商贸中心、工业中心、物资集散中心、金融中心、科研中心、信息中心的职能，并且应当具有非常强的经济吸引力和辐射力。经济中心可以包括一个主中心和一个或多个副中心。经济中心的成长模式有两种类型：一种是一极化类型模式，就是经济主中心的地位和经济实力不断增强，始终保持着其主导地位，并且不断强化，保持着一极化的地位；另一种是主中心转移类型模式，就是经济中心发生位移，或者主中心和副中心互换，这是由很复杂的内外部原因造成的。经济中心转移模式又称为经济主副中心互换转移模式，其经济中心转移、主副中心互换的基本机理有以下几个方面：首先，区位条件变迁引起城市在区域中的地位发生变化，引起经济中心的变迁；其次，城市对外交通条件的改善和变化，使其在综合交通网络中的地位提高或者下降，对城市有重要影响；最后，产业结构不断升级，资源配置不断优化。

（2）工业波模式。工业波是指工业自生长点沿着高速公路的轴线扩散及再集聚的动态过程。不同工业部门的工业波由于影响因素、形成机理的区别而有很大差异。新技术及生产方式兴起或引入，首先在最有利的地点形成生长点。随着生长点的发展壮大，工业波沿着高速公路逐步向外扩散，形成新的生长点。工业波的形成机理主要有以下几个方面：一是工业的成长与集聚；二是工业的扩散，包括扩张扩散（工业向生长点周围的扩散）、等级扩散（沿高速公路轴线的扩散，并形成次一级工业生长点，沿支路轴线形成工业点）、再布局扩散（沿高速公路轴线大跨度扩散）、网络扩散等，沿高速公路轴线形成疏密不同、分工有别、联系紧密的工业基地或工业点；三是工业类型的不同对运输需求程度的差异很大，多种工业的集聚、扩散形成发达的高速公路交通经济带。工业波在空间上的扩散形成和加强了产业的地域分工，在工业波扩散过程中，增长极与新生长点相互之间在资金、技术、原材料供应等方面保持着密切的联系。

第四章　公路经营权市场

第一节　市场、市场体系与市场机制

一、市场、市场体系

市场的含义具有狭义和广义之分。狭义的市场概念是指商品交换的场所和地点。随着社会经济的发展，市场的内涵也在不断地丰富和发展。一方面，商品的种类和内涵越来越丰富，商品不再仅指有形商品，也包括无形的信息、技术、服务等内容，整个社会商品化程度不断扩大；另一方面，交换和交易的形式也在不断变化，出现了网络交易等形式，它已经不是简单的面对面的商品交换，而是一种交易关系的建立。在此情况下，人们对市场的认识也不断深入，已经不再简单地把市场看作是商品交换的场所和地点，而是把市场看作是一种交换关系。因此，广义的市场概念是指商品交换关系的总和。

刘树成主编的《现代经济辞典》中，对市场体系的解释为："各个领域、各个方面、各个层次相互联系的市场的整体构成。"可见，市场体系的内涵十分广泛，它是各种市场相互联系、相互制约的有机统一体。市场体系可按不同的标准划分：按市场交易客体的存在形态，把市场体系分为有形市场（商品市场）和无形市场（劳务市场）；按市场交易客体所处领域，把市场体系分为消费品市场（最终产品市场）、生产要素市场、金融市场、房地产市场、产权市场。市场体系在一国经济发展中发挥着十分重要的作用，一个健全、发达、完整的市场体系可实现资源有序流动和高效配置。因此，市场体系应是一个集开放性、统一性、有序性和竞争性为一体的完整系统。

二、市场机制

市场机制是经济机制的一种，或者说是经济机制的一部分。市场机制也称市场运行机制或市场调节机制，指在市场经济中，各经济行为主体和利益主体，国民经济各环节及各方面，都以市场作为相互联结的渠道，遵从价值规律和等价交换，以此调节资源配置与利益分配。市场机制也被人们称为"看不见的手"。简单地说，市场机制就是在市场竞争过程中由于供求关系变化引起价格波动，价格的变动反过来调节供求关系的机制。可见，市场机制就是通过竞争、供求、价格等的变化来推动经济的运行和实现资源的配置。因此，政府必须对经济发展实施适度的宏观调控，用政府这只"看得见的手"来校正市场失灵，保证国民经济的协调和可持续发展。

三、市场机制的构成要素

市场机制的构成要素主要包括供求、价格、竞争、风险等内容。

1. 供求

市场供求关系是市场机制的一个基本构成要素。供求关系是生产与消费的关系在市场经济中的表现形式。生产与消费是一切社会存在的物质前提，也是社会经济运行的基本内容。社会经济的调节归根结底是协调生产与消费之间的关系。在市场经济中生产与消费分别表现为供给与需求。因此，供给与需求是构成市场机制的要素之一。

2. 价格

价格是市场机制的另一个要素，价格是商品与货币的交换比例，商品价格是商品价值的货币表现。对于商品的价值决定问题，现代西方经济学和马克思政治经济学有不同的认识。西方经济学认为商品的价值主要是由商品的"效用"决定的，即由商品所能够带给消费者的满足程度决定；马克思政治经济学则认为商品的价值由社会平均劳动时间决定。尽管西方经济学和马克思政治经济学对价值的决定认识不同，但都认为价格以价值为基础，但又受供求的影响和调节。当某种商品供不应求时，这种商品的价格就会上涨；如果供过于求，其价格就要下跌。商品价格就是这样随着供求关系的变化围绕着价值上下波动的。反过来，价格的高低变化也影响和调节着供求的增减并使供求逐渐趋于平衡。正是这样，价格才成为市场机制的信息传导器。

3. 竞争

竞争构成市场机制的又一要素。竞争是市场主体为获得各自的经济利益而进行的相互博弈，是商品的生产者及经营者之间展开的相互角逐，同时也是市场供求两种力量对立统一的矛盾运动。价值规律所包含的商品生产者的平等权利是市场竞争的基础。由于社会分工，商品生产者之间的利益是相互对立的，是市场把彼此分割开来的商品生产者联系在一起的。在市场上，所有的商品生产者都处于同等社会地位，因而具有平等地实现自己经济利益的权利，而商品生产者的平等权利，只能通过等价交换实现。另一方面，市场上的买卖双方之间，生产同一种产品的企业之间的利益，在一定程度上是一种此消彼长的关系，其利益实现程度的大小，须依据各自行为的优劣而定，而这种优劣的比较，又是由购买者的"货币选票"决定的。所以竞争就是在这种利益既平等又矛盾的济基础上产生的社会选择机制。

4. 风险

市场机制还有一个要素是风险。所谓风险是指在市场经济条件下，经济主体在参与市场竞争和经营过程中，由于未来结果的不确定性所面临的盈利、亏损乃至破产的可能性。

市场风险的存在可以归结为两个主要原因，一个是市场信息的不完全性，另一个是市场主体的非完全理性。信息数量巨大、存在方式多样，而且信息是流动、变化和以非实体形式存在的，因而在信息的获得和使用上不可能是完全和充分的，只能获得有限的信息，在信息的拥有上不可能做到完全、准确、及时，这就是市场信息的不完全性所在。另一方面，市场主体也不可能是完全理性的，因为每一个人的知识、能力以及精力都是有限的，在决策和行为过程中，每个人都不可能做到完全正确、完全理性。经济主体往往由于信息的不充分、不及时、不准确或者不真实而出现经营和决策的失误，再加上人们不可能对经济活动进行完全的控制，在经营中就存在着失败的可能。

市场经济中，由于主体间的相互竞争和环境的不断变化，经营业绩的不确定性或者说风险是经常存在和大量出现的。特别是那些创新活动，由于超越了常规的经营方式和经营范围，在信息的获得和理性决策上就面临更大的不确定性，其风险也就更大。但是，一项成功的创新可能带来的收益特别丰厚，而按常规生产和经营的企业则只能得到平均利润或更低的收益乃至亏损。因此，在市场上风险与收益是对应的，高收益往往伴随着高风险，低风险一般只能获得低收益。这种风险与收益对称的机制，一方面迫使市场主体在做决策时对收益和风险进行权衡，不盲目冒险；另一方面，又鼓励着那些富有冒险精神的企业家大胆创新、开拓进取，推动社会经济快速发展。

综上所述，在市场机制发挥作用的过程中，供求、价格、竞争和风险等要素总是同时存在并相互影响，以此发挥市场机制对社会经济运行的调节作用。

第二节 公路经营权市场

一、公路经营权及公路经营权市场的内涵

《公路经营权有偿转让管理办法》（以下简称《管理办法》）第五条规定："公路经营权是依托在公路实物资产上的无形资产，是指经省级以上人民政府批准，对已建成通车公路设施允许收取车辆通行费的收费权和由交通部门投资建成的公路沿线规定区域内服务设施的经营权。"由此可见，公路经营权包括两部分，即公路收费权和公路附属设施经营权，其中最主要的就是公路收费权。

依据《中华人民共和国公路法》第五十九条和《中华人民共和国公路管理条例》（以下简称《条例》）第十条的相关规定，公路收费权是针对特定等级和规模的公路而言的，依据收费公路投资主体的不同，收费公路可分为政府还贷公路和经营性公路。鉴于此，公路收费权内涵可以界定为：公路经营组织（国内外经济组织）或非经营组织（政府）获得的对其经营或管理的公路收取过往车辆通行费的权利。公路收费权是依法获得的权利，其根本来源是政府的授权，它属于行政特许的范畴。公路收费权具有两种行使方式：一是政府部门直接行使；二是国内外经济组织依法受让或自行依法建设获得而行使。

按照《管理办法》相关规定，收费公路附属设施经营权也属于收费公路经营权的构成部分。收费公路附属设施经营权主要是指收费公路沿线规定区域内的饮食、加油、车辆维修、商店、广告等服务设施的经营权。

从广义角度分析，所谓市场就是一种交换关系，那么公路经营权市场就是以公路收费权和附属设施经营权为交易对象的交换关系。《管理办法》第六条规定：

"转让公路经营权是由省级交通主管部门授权所属的公路经营公司（简称'转让方'），将经批准的规定范围内的全部或部分公路经营权，在一定期限内转让给具有法人资格的境内、境外单位经营的一种特许行为。"由于《管理办法》规定公路经营权的转让方是"省级交通主管部门授权所属的公路经营公司"，同时在《管理办法》的第二十六条规定"公路经营权转让以后，转让方在转让期内不得收回公路经营权；受让方不得以任何理由再将公路经营权转让给第三方"。由此可见，现阶段公路经营权转让实际上是一种政府行为，即政府部门授权所属的公路经营公司和国内外经济组织之间的公路经营权转让行为。

二、公路经营权市场的产生

在世界公路发展史上，车辆通行费制度发挥了重要作用。早在中世纪时期，车辆收费制度就曾在欧洲产生并逐渐流行起来，被广泛地应用于为公路桥梁建设筹措资金。到 19 世纪，铁路的较快发展及公路成本上升等诸多原因，使得公路收费制度在英国、澳大利亚等国家缓慢衰退。但在 20 世纪，由于公路建设资金相对短缺，公路收费制度又得以重新发展。据统计，目前全世界共有 20 多个国家建设有收费公路，其中主要包括中国、美国、英国、日本、法国、澳大利亚、意大利、阿根廷、墨西哥、西班牙等国家。美国的公路规模较大且具有代表性。美国第一条收费公路出现在 1792 年。20 世纪 50 年代，美国的收费公路发展处于繁荣时期，此后，随着国家高速公路网的形成及收费公路收费期限的先后届满，美国收费公路的数量大幅度减少。直到 20 世纪 90 年代，由于已有高速公路普遍接近使用年限，需要投入巨额资金进行技术改造和大修。在政府的积极支持下，收费公路的发展又进入一个高峰时期，这一时期公路收费的主要目的是筹措公路养护及技术改造资金。到目前为止，美国仍是世界上收费公路最多的国家。

在我国，"收费还贷"政策的实施，在很大程度上缓解了公路建设资金不足的压力，极大地促进了我国高等级公路建设。但由于公路建设速度增长迅速，建设资金短缺的矛盾使筹资压力依然存在，建设资金匮乏仍然是困扰各地公路建设的一个主要问题。尽管通过公路收费可以逐步收回投资，将之再用于公路建设，形成公路建设资金的循环，在一定程度上解决公路资金短缺问题，但收回投资需要较长的时间，在一定的期限内资金仍然沉淀在项目之中，建设资金得不到快速循环，无法有效地解决资金短缺问题。另外，巨额银行贷款也使公路行业债务风险加大。为了解决这些问题，考虑到经营公路可收回投资并有合理回报的收费机制，对社会资金特别是外商资金有一定的吸引力的实际，借鉴国外公路经营权转让的经验，理论界提出了转让公路经营权的思路，并逐步开始了公路经营权转让的探索和实践。我国收费公路经营权转让始于"八五"中期，经过多年的实践与探索，取得了很多成功的经验，出现了一些典型的案例。据中华人民共和国交通运输部规划研究院的调查，较早利用公路经营权转让方式引进外资的项目有 10 多个，较为典型的有四川的成渝高速公路、山东的济青高速公路、陕西的西临高速公路等。公路经营权的成功转让盘活了大量沉淀资产，拓宽了交通建设资金渠道，加快了公路建设步伐。

在公路收费制度的支持下，目前公路建设资金已经从依靠交通规费发展到银行贷款、债券融资、股票融资、收费经营权有偿转让和利用外资等多种渠道，形成了"国家投资、地方筹资、社会集资、利用外资"的投融资体制。在具体方式上，除公路收费权转让外，还有股份制、BOT（建设—经营—转让）、合资、上市公司等公路及公路附属设施的经营方式，在实践中都取得了巨大的成功。在积极引入民营资本缓解公路建设资金短缺的同时，也使我国的公路经营权市场迅速建立并不断完善。

三、公路经营权市场的特征

1. 公路经营权市场的主要目的是筹集公路建设资金

"贷款修路，收费还贷"政策的实施，有力地促进了我国公路建设事业的大发展，但是由于国民经济的快速增长，公路交通需求持续增加，各地公路交通建设任务比较重，建设资金短缺与筹资压力依然存在。在此背景下产生的公路经营权市场，其主要目的就是为了盘活存量资产，引入多元资金，从而为公路交通事业的发展带来更多、更安全的建设资金。

2. 公路经营权市场是政府主导的市场

按照《管理办法》的相关规定，目前公路经营权的转让方只能是省级交通主管部门授权所属的公路经营公司，同时规定公路经营权转让以后，受让方不得以任何理由再将公路经营权转让给第三方。由此可见，现阶段公路经营权转让市场实际上是政府主导的市场。

3. 公路经营权市场的需求者是国内外经济组织

从公路经营权转让过程中的受让方即需求者角度来看，其需求者是国内外经济组织，而非政府部门。从实践中看，公路经营权转让市场形成初期，公路经营权转让主要针对的是国外经济组织。但随着公路经营权市场规模的不断扩大和规范、公路行业投资收益的稳定性及上升空间的显现，受让公路经营权的国内经济组织逐渐增多。收费公路已成为国内外经济组织投资的热点行业之一。

4. 公路经营权市场是无形资产交易市场

公路经营权市场上的交易客体是公路收费权和附属设施经营权。不论公路收费权还是公路附属设施经营权，都属于无形资产。因此，公路经营权市场是无形资产交易市场。

5. 公路经营权市场是政府特许经营市场

公路经营权的转让属于国家对基础设施经营的特别许可，公路经营权转让的范围、价值评估、审批、收益使用、养护、转让期限等方面，均受到国家法律法规的规范和调整。

第三节　公路经营权市场结构

一、市场结构

从经济学角度分析，市场结构是指众多供给方的市场竞争关系。按照供给方数目、产品差别程度、个别厂商控制价格程度、厂商进入产业难易程度等因素，市场可以分为完全竞争、完全垄断、垄断竞争以及寡头垄断四种形式。

二、公路经营权市场结构

从公路经营权的特征可以看出，由于目前公路经营权供给主体只能由政府部门担任，而且就实际情况看，两地之间不可能同时存在并行的两条以上的收费公路，因此公路经营权市场是一个完全垄断的市场结构。这里需要明确的问题是，尽管各省（市、区）的交通主管部门都可以成为公路经营权市场的供给者，但是绝非意味着公路经营权的市场结构是非完全垄断，其原因是不同供给主体提供的收费公路不具有同质性和替代性，因而也就不具有竞争性。

在分析了公路经营权市场结构之后，再来分析一下容易与其混淆的公路通行权市场结构问题。

三、公路通行权市场结构

由于公路的特殊性，公路通行权市场一般由横向市场和纵向市场两个方面组成。对一条收费公路的运营者来讲，其横向市场是指替代或与其并行的公路线路，而纵向市场是指相互连接的公路路段或路线。一般而言，收费公路的横向通行权市场具有垄断性，收费公路的纵向通行权市场具有相互依存性。

1.收费公路的横向通行权市场垄断性分析

（1）收费公路所提供的通行服务具有技术上的垄断性。按照中华人民共和国交通运输部颁发的《公路工程技术标准》，不同等级的公路具有特定的技术设计规范，使用不同等级的公路即享受不同的通行服务水平。从效益角度看，不同等级公路之间对使用者存在级差效益。各等级公路设计、建设的技术标准都是由政府垄断制定、强制实施的。任何公路供给方在建设公路基础设施时必须符合相应的公路工程技术标准。也就是说，公路供给方在提供公路通行服务时，其所提供的产品从技术标准上讲是由政府垄断的，因此收费公路所提供的通行服务具有技术上的垄断性。

（2）收费公路所提供的通行服务具有自然垄断性。各国的公路网规划都是政府职能，政府在制订公路网规划时考虑的一个重点是发挥公路网的整体功能并避免资源浪费。因此，两地之间在满足公路通行能力的前提下一般不存在竞争性收费公路。就特定公路项目看，公路所提供的通行服务产品往往是唯一的；公路通行服务的需求方从自身效益考虑一般也没有可供选择的替代产品。因此收费公路所提供的服务具有自然垄断性。

（3）收费公路所提供的服务具有行政垄断性。由于收费公路的特殊性，政府一般情况下对收费公路服务领域普遍实施严格管制，绝大多数情况下由政府垄断经营。另外，在引进民间资本时普遍实行政府特许制，政府特许本身也是一种行政垄断，具有限制竞争的功能。因此收费公路所提供的服务具有行政垄断性。

2.收费公路的纵向通行权市场相互依存性分析

收费公路纵向通行权市场相互依存性，是因为收费公路建成以后就不能改变用途以及收费公路服务供应链的固化而形成的。收费公路的相互依存性主要表现在其经营上的互相依赖、相互制约以及利益上的相互影响。相互依赖是指相连路段的经营者在吸引交通量上相互依赖，共同拥有全部或部分公路使用者，因此导致他们在利益上相互依赖、相互制约。另外，对于相连路段的不同经营者而言，如果其中某一路段收费标准提高或路况变差，将会导致交通量下降，从而直接影响相连收费路段的经营利益。

第四节　公路经营权市场运行

公路经营权市场运行是指公路经营权如何在供给者和需求者之间进行转让。公路经营权市场运行涉及转让公路经营权的组织管理、公路经营权转让范围及期限的确定、公路经营权资产价值的评估、转让公路经营权的审批、公路经营权收益的使用等具体行为。对上述行为，《中华人民共和国公路法》《公路经营权有偿转让管理办法》(以下简称《管理办法》) 及《收费公路管理条例》(以下简称《条例》) 中都有原则规定。

一、转让公路经营权的组织管理

对于转让公路经营权的组织管理，目前我国是按照收费公路的投资来源分别进行的。《管理办法》第七条规定："对含有中央车辆购置附加费或中央财政性资金投资建成的公路及国道公路经营权的转让，由省级交通主管部门报交通部审批；全部由地方规费或地方财政性资金投资及自筹资金等建成的省道以下公路经营权的转让，由省级交通主管部门报省级人民政府审批，并负责办理向交通部报备事宜。"第八条规定："交通部负责由部批准公路经营权转让中所涉及国务院有关部门的协调工作；省级交通主管部门负责由交通部和省级人民政府批准范围内的公路经营权转让中涉及省内有关部门的协调工作。"

二、公路经营权转让范围及期限

对于公路经营权的转让范围，《条例》第十八条规定："建设收费公路，应当符合下列技术等级和规模：(一) 高速公路连续里程 30 km 以上。但是，城市市区至本地机场的高速公路除外。（二）一级公路连续里程 50 km 以上。（三）二车道的独立桥梁、隧道，长度 800 m 以上；四车道的独立桥梁、隧道，长度 500 m 以上。技术等级为二级以下（含二级）的公路不得收费。但是，在国家确定的中西部省（自治区、直辖市）建设的二级公路，其连续里程 60 km 以上的，经依法批准，可以收取车辆通行费。"同时《条例》第十四条规定："收费公路的收费期限，由省（自治区、直辖市）人民政府按照下列标准审查批准：（一）政府还贷公路的收费期限，按照用收费偿还贷款、偿还有偿集资款的原则确定，最长不得超过 15 年。国家确定的中西部省（自治区、直辖市）的政府还贷公路收费期限，最长不得超过 20 年。（二）经营性公路的收费期限，按照收回投资并有合理回报的原则确定，最长不得超过 25 年。国家确定的中西部省、自治区、直辖市的经营性公路收费期限，最长不得超过 30 年。"对转让经营性公路收费权取得合理回报的确定。《管理办法》第十一条规定："转让公路经营权中的车辆通行收费权，应坚持以投资预测回收期加上合理年限盈利期（合理年限盈利期一般不得超过投资预测回收期的 50%）为基准的原则，最多不得超过 30 年；转让公路经营权中的服务设施的经营权应按国家的有关规定办理。"

三、公路经营权资产价值的评估

《管理办法》第十六条规定："确定公路经营权资产的重置全价，应参照国际通用的评估方法，即采用收益现值法与重置成本法相结合的方法进行。"同时，第十七条规定："被转让经营权的公路竣工决算属商业秘密，不得向受让方透露。经国有资产管理部门确认的公路经营权资产的评估价值，应作为公路经营权转让成交价格作价的依据。转让公路经营权的实际成交价不得低于评估确认价值。"同时《公路法》第六十一条规定："前款规定的公路收费权出让的最低成交价，以国有资产评估机构评估的价值为依据确定。"

四、转让公路经营权的审批

按照我国现行法规，未经批准，任何单位和部门不得转让公路经营权。《公路法》第六十一条规定："本法第五十六条第一款第一项规定的公路中的国道收费权的转让，必须经国务院交通主管部门批准；国道以外的其他公路收费权的转让，必须经省、自治区、直辖市人民政府批准，并报国务院交通主管部门备案。"

关于审批应准备的材料,《管理办法》第十八条明确规定:"申报公路经营权转让时,应由转让方提供以下文件、资料及相关证明:1. 转让公路经营权可行性研究报告;2. 受让方从业实力的情况说明;3. 转让、受让双方签订的公路经营权转让的协议书;4. 经国有资产管理部门核准的公路经营权资产价值评估确认结果通知书;5. 金融机构或会计师事务所等中介机构提供的受让方资金信用证明;6. 受让方法人执照副本;7. 其他相关文件、资料。"

关于审批程序,《管理办法》第十九条规定:"转让方通过省级交通主管部门,对申报公路经营权转让所报材料进行审查后,按本《管理办法》第七条规定的审批权限,分别报交通部和省级人民政府审查批准。"同时第二十条、第二十一分别规定:"转让、受让双方应按照转让公路经营权的批准文件,签订转让公路经营权的合同,并将合同副本分别送交通部和省级人民政府备案。""转让公路经营权的受让方如系外商,在获得批准转让的文件后,还应按我国规定的外商投资企业审批权限和程序,在中华人民共和国境内设立外商投资企业。"

五、公路经营权转让收益的使用

对于政府部门通过转让经营权所获得的收益使用,《条例》第二十三条规定:"转让政府还贷公路权益的收入,必须缴入国库,除用于偿还贷款和有偿集资款外,必须用于公路建设。"同时,《管理办法》也在第二十三条至二十五条规定:"转让方获得的转让公路经营权收入,首先用于偿还被转让公路经营权的公路建设贷款和开发新的公路建设项目。任何单位不得将转让公路经营权的收益用于与公路建设无关的其他项目。"鼓励受让方将获得的公路经营权的收益,直接投资我国新的公路建设项目。凡含有中央车辆购置附加费或中央财政性资金投资建成的公路转让经营权后,原中央投资及按投资额分得的收入,仍属中央的权益,由交通部委托相应的投资机构持有。经交通部同意继续用于该地区的公路建设,或由交通部统筹安排其他公路建设项目。

第五节 公路需求与公路供给分析

一、需求与供给

在现代经济学中，需求和供给是两个基本概念，这两个概念都与价格密切相关。

所谓需求，"是指在某一特定时期内，对应于某一商品的各种价格，人们愿意而且能够购买的消费数量"。根据定义，如果消费者对某种商品只有购买欲望而没有购买能力，就不能算作需求；同样，仅有购买能力而没有购买欲望，也不能算作需求。需求必须是指既有购买欲望又有购买能力的有效需求。一种商品的需求数量由许多因素决定，其中主要因素有该商品的价格、消费者的收入水平、替代商品的价格、消费者的偏好和消费者对该商品的价格预期等。

所谓供给，"是生产者（厂商）在一定时期和一定价沽水平下愿意而且能够提供的某种商品的数量"。根据定义，如果生产者对某种商品只有提供出售的愿望，而没有提供出售的能力，则不能形成有效供给；同样，有生产能力而没有出售欲望，也不能算作供给。供给是生产能力和出售欲望的统一。一种商品的供给数量取决于多种因素的影响，其中主要的因素有该商品的价格、生产成本、生产的技术水平、替代商品的价格和生产者对未来的预期等。

二、公共产品需求与供给理论

1. 公共产品理论

公共产品是那些可供人们享用受益而不需要或不能让这些受益者按市场方式分担费用或成本的产品，它是用来满足人类公共需求的产品。消费中的非竞争性和技术上的非排他性是公共产品两个最基本的特征。非竞争性是指一旦公共产品被提供，增加一个消费者不会减少其他消费者的受益，也不会增加社会成本，即新增消费者的边际成本为零。非排他性是指难以排除或无法排除他人从公共产品中获得好处。

2. 公共产品供给理论

对于私人产品，经济主体按利益最大化原则和实际需求做出生产或消费的决策，只要预期可以获利，就会生产和提供该种产品，因而市场机制能有效地解决私人产品的供给问题。但对于那些不具有排他性和竞争性的公共产品，市场机制则无法使供给和需求达到有效的平衡。灯塔就是个很好的例子，修建费用高昂的灯塔可使通过此航道的船都能获益，但收费困难，因此各船主都希望修建灯塔，但又不愿出资修建，即使一个拥有很多条船的大船主也要先比较其建立灯塔的成本与收益，仅在收益大于成本时设置数量有限的灯塔，其结果便导致供给的不足。这种效率损失意味着公共产品领域资源配置的市场失灵，因而必须由政府这一公共机构来承担，这也成了市场经济条件下政府的基本职能。为何政府能够解决市场失灵问题、提供公共产品呢？答案在于政府有其自身的优势。政府干预主义代表者斯蒂格利茨认为，与其他组织相比，政府具有以下两个显著特性。

（1）政府代表着全体成员的利益，具有普遍性。个人对其所居住的国家是很难选择的，并且只要生活在特定的国家里，他们就在这个国家的管辖范围内。基于此，政府可以被看作一个对全体成员具有普遍性的组织。恰恰因为这种普遍性，政府便成了公共利益的代表者，其经济职能也是达到政府目标和维护公共利益，而绝不是为某些特定的组织或个人的目标和利益，这与以利润最大化为首要目标的私人部门明显不同。对于服务于大众、符合公共利益的公共产品，私人企业无法进行有效供给，它只能由代表公共利益的政府来提供，公共产品先天便与政府紧密联系在一起，成为政府的职责之一。另外，政府基于其普遍性，通过公共选择的政治过程，可以较客观地表达公众的偏好，从而能够实现公共产品供给的相对有效性和全局性。

（2）政府拥有其他组织所不具备的对全体社会成员的强制力。全体社会成员是强制性地隶属于某个国家，这就赋予了政府一种其他私人部门所不具备的强制力。政府代表大众的利益对各成员采取强制措施，在该框架内，政府可以对一些公民及其机构进行管制或要求义务参加、征税等，于是政府在提供公共产品时，便可以通过公共税收使作为群众的消费者支付生产的成本；当发生消费拥挤时，政府便可以利用法定的强制力设置排他措施，因而政府的参与保证了公共产品供给的相对有效性。另外，政府作为一个公开解决市场问题的全社会集体性组织，因其具有其他组织所不可能具备的社会强制力，从而也可以节省大量的社会交易成本，使公共产品的供给更加合理有效。

不难发现，上述理论对公共产品供给的分析是将公共产品作为一个抽象的整体，甚至假设它为理想的纯公共产品而进行的，这与现实中公共产品类型的多样性大相径庭。在前文分析中，根据产品的竞争性和排他性，可以将产品分为私人产品、纯公共产品、俱乐部产品及公共资源四种。一般来讲，产品的供给者大致可以分为政府、市场、志愿者、家庭。很显然，对于不同产品，具有强制力的政府和具有奉献精神的志愿者适合提供所有产品，家庭或个人仅仅可能提供满足自给自足的私人产品，而市场则可以提供私人产品或俱乐部产品。

三、公路需求与公路供给分析

1. 公路需求影响因素分析

公路需求具有派生性和层次性两大特征。派生性是指公路需求基于客货运输需求而产生；层次性是指客货运输对公路需求是非均衡的，其原因是客货运输需求具有层次性，导致需要不同等级规模的公路来满足不同层次的客货运输需求。从实践角度分析，公路需求影响因素较为复杂，主要包括国民经济发展、区域经济增长、产业结构布局及变迁、交通区位状况、人口总量、城市化水平、综合运输等诸多因素。

（1）国民经济发展。国民经济发展水平是影响公路需求的重要因素。按照一般经济规律分析，在经济繁荣时期，消费增加，生产扩大，运输需求随之旺盛，进而引发公路交通需求的持续增长；在经济衰退或萧条时期，消费减少，生产下降，运输需求随之萎缩，从而引发公路交通需求的持续下降。但是据发达国家的统计资料显示，国民经济发展水平和运输需求增长并非总是呈正相关，"在人均 GDP 达到 4 000 美元之前，运输需求将随着国民经济发展持续保持高速增长，但在人均 GDP 达到 4 000 美元之后，运输需求的增长速度会有所减缓"。目前，我国人均 GDP 只有 1 000 美元左右，与运输需求增长趋势明显减缓的临界点 4 000 美元还相差甚远。这说明在今后较长时期内，随着我国国民经济持续快速增长和经济总量的不断扩大，必将带动全社会人流、物流总量的升级，促使全社会运输总需求量的不断增长，进而引发对公路需求的不断增加。

（2）区域经济增长。从区域经济角度分析，交通运输发展与区域经济增长相互影响、交替推拉。一方面交通运输将各经济区域通过运输联系在一起，是各区域经济赖以实现相互之间运输联系的必要基础条件。交通运输状况决定着各经济区域之间运输联系的数量、强度、速度及旅客与货物的流向，对各区域的经济发展、社会进步产生积极的影响，并促进资源的合理配置。与此同时，随着各区域的经济增长，必然引发其经济结构、社会分工、地区分工以及生产的专业化程度的变化，这种变化要求交通运输与其相适应，以保证经济发展的顺利进行。而交通运输需求的变化，必然导致包括公路在内的各种交通基础设施需求的相应变化。

（3）产业结构变迁。从产业结构与交通运输的关系来看，不同的产业结构对交通运输的需求，无论在量还是质上都有较大的差别，因此随着产业结构的变化，运输需求结构必然发生变化。发达国家的发展过程和历史统计数据表明，在工业化初期，能源特别是煤炭和钢铁原材料的产量及消耗量大幅度增长的时候，特别需要增加铁路和水运的能力，以满足对煤炭、矿石、钢铁、粮食这些大宗货物的长距离调运。在工业化过程中，生产高附加值工业品和消费品的轻工业在工业中所占比重上升，所运货物的平均价值明显增大，它们的平均体积和重量却在减少，导致货物运输量对国民生产总值的弹性系数下降。在工业化中期和后工业化时期，第三产业的增长速度大大超过第一产业和第二产业，客运方面人员流动频繁，出行次数增加，货运方面小批量、高附加值、高时效的货物增加，这些都对交通运输提出了舒适、快速、直达的要求。由于公路运输是满足这些要求的最佳运输方式，因而随着产业结构的变迁，经济社会必然对公路运输和公路基础设施产生更大的需求。

（4）区位状况。对于特定区域而言，交通区位决定其区域产品的运距和运费等方面条件。交通区位优越与否在很大程度上影响到区域内产品成本大小，有时甚至是区域内各种产业兴衰和结构变迁的关键因素。虽然决定区域交通区位的基本因素是自然地理环境，但是可以通过基础设施建设改善特定区域的交通区位，因而交通区位也是影响公路基础设施需求的关键因素。

（5）人口、城市化水平。人是社会活动的主体，是生产力中最活跃的因素，交通运输需求最终是满足人的生活目的。人口总量的增长必然会引起交通需求的增加，同时年龄构成、文化素质、意识观念等指标对交通需求也会产生重大影响。有调查显示，经济发达程度、交通发达程度、人口集中度和生活水平往往是沿着大中城市、地级市、县级市和县城、乡镇、农村等五个层次依次向下排列的，层次越靠前，人均出行次数就越高，交通需求就越旺盛。据中华人民共和国交通运输部统计资料显示，"目前我国人均出行次数为 13 人次 /a、出行距离 1130 km，仅为发达国家的 1/10 左右；就公路交通而言，目前的人均出行次数为 12 人次 /a、出行距离 526 km，仅为发达国家的 1/10 ～ 1/20。"我国人口基数大，目前的生活水平还比较低，未来的交通需求增长潜力巨大。

城市化是工业化过程中的重要现象，是区域经济发展的又一重要特征。区域经济发展在空间结构上由中心城市、经济腹地、交通运输网络构成。在这三大要素中，中心城市及其城镇体系是区域经济发展的关键因素，因为城市及城镇体系集中了整个区域最先进、最主要的经济资源，不仅对经济腹地具有绝对的辐射作用，而且这种辐射作用的强弱直接影响到联结两者间的交通运输网络功能的强弱。

一般来讲，区域经济发展水平与其城市化水平存在对应关系。在时间发展方向上，城市的产生和发展与经济发展水平密切相关，特定的生产力条件和经济发展水平决定着城市化的发展程度。在空间方向上，由于各个区域经济发展水平不同，它所对应的城市化水平也会不同。因此，不同区域城市化的发展速度也反过来显示着区域经济增长与发展的速度，进而对公路发展产生不同的影响。

（6）综合运输。对于特定经济区域而言，完整的交通运输体系由铁路、公路、航空、水运、管道等多种运输方式构成，不同的运输方式承担各自的运输任务，相互联系又相互补充，发挥各自的优势，形成综合运输体系，构成社会经济系统中的一个子系统。在综合运输体系中，公路运输有其独到特点和突出的优越性。公路运输可以完成其他运输方式的客货集散与联系，承担铁路、水路、航空、管道等固定线路场站之外的延伸和补充运输任务，可深入城镇、乡村、厂矿、港口、机场、车站等各个角落，独立实现"门到门"的直达运输，是一种点、线、面相结合的运输方式。从实践中看，一个区域早期的运输结构会对该地区今后的交通运输发展产生一定的影响，因此区域内的公路基础设施的发展必然会受到现有的综合运输状况的影响与制约。

2. 公路供给影响因素

一般认为，普通公路属于纯公共物品，而高等级公路属于准公共物品。对于普通公路，由于具有非排他性和非竞争性，因此其供给主体只能由政府部门担当。对于高等级收费公路，由于具有有限非竞争性和局部排他性，属于准公共物品中的"俱乐部物品"，因此高等级公路的供给可以引入市场机制，供给主体可以是政府，也可以是企业，供给方式可以采取收费还贷、特许经营、影子收费等多种方式。影响公路供给的因素比较复杂，一般认为主要因素有国家政策偏好、公路建设资金保障情况、土地资源供求状况等。

（1）国家政策因素。一个国家或地区在一定时期内的公路供给总量，在很大程度上取决于国家公路基础设施建设政策的偏好。纵观国内外的公路发展实践，对于特定时期内的公路建设规模和结构，许多国家都根据本国的发展战略和社会需求制订了公路建设中长期发展规划。以我国高速公路建设为例，2004年12月，经国务院审议通过，中华人民共和国交通运输部出台了《国家高速公路网规划》。根据这一规划，截止到2030年，国家高速公路网将构成由中心城市向外放射，以及横连东西、纵贯南北的公路交通大通道，其中包括7条首都放射线、9条南北纵向线和18条东西横向线，简称为"7918"网，总规模约为8.5万km。

（2）建设资金保障情况。公路基础设施建设属于资金密集型经济活动，公路发展规划能否顺利实施，在很大程度上取决于建设资金是否充分。以高速公路建设为例，自"八五"以来，为解决建设资金不足的问题，在国家投融资体制改革政策的指导下，高速公路建设建立并坚持了"国家投资、地方筹资、社会融资、利用外资"和"贷款修路、收费还贷、滚动发展"的投融资机制，筹资方式由单纯依靠政府投资，逐步发展到政策筹资和社会融资；从单一的公路规费、专项基金发展到利用银行贷款，向社会发行债券、股票和有偿转让公路收费权以及利用外资等多元化、多样化的格局，有效地缓解了高速公路建设资金不足的状况，推动了全国高速公路建设的快速发展。

（3）土地资源供求状况。公路建设需要占用大量的土地，因此对一个国家或地区而言，其土地资源的供求状况也是影响公路建设规模的关键因素。以宝天（宝鸡—天水）高速公路建设为例："宝天高速宝鸡段全长40 km，双向四车道，路基宽度24.5 m，全线总占地面积约2 418亩。"依此比例推算，建成8.5万km国家高速公路网，至少需要占用土地5 138 250亩，即342 550公顷。目前，"我国国土面积9 602 716万公顷，占世界陆地面积的1/15，居世界第3位，但人均占有土地只占世界人均数的29%，居世界第120位。全国人均土地、人均耕地、人均占有林地和人均草地分别为12.6亩、1.59亩、1.6和3.8亩""人均耕地面积只有世界人均量的1/4、美国的1/7、印度的1/2；人均草地面积不到世界人均量的1/2；人均林地面积为世界人均量的1/8"。由上述资料可以看出，目前我国人口与土地资源的矛盾十分突出，这将在一定程度上影响公路基础设施的建设规模。

3.公路供需适应性分析

综观国内外公路发展实践，其发展进程有三种选择模式。第一，滞后型发展模式，即公路建设滞后于因社会经济增长而产生的公路需求，形成国民经济发展的"瓶颈"，进而制约国民经济的进一步增长。第二，适度超前型发展模式，即公路建设适度超前于因经济发展而产生的公路需求，运输能力有一定的过剩，从而为国民经济的进一步增长预留空间。第三，适应型发展模式，即公路建设与因社会经济发展而产生的公路需求保持同步增长，运输能力基本适应经济发展的需要，达到公路建设规模即能够满足经济增长的需求，同时又不至于造成社会资源的闲置和浪费。鉴于我国实际情况，目前公路发展战略应采用适应型发展战略，以保证公路建设适应国民经济发展的需要。在此基础上进一步向适度超前的模式转变，为社会经济进步创造一个宽松的公路交通基础设施环境。

（1）公路供需适应性的内涵。

公路交通系统是一个多目标、多层次、多因素的系统，因此在研究公路需求与公路供给问题时，不能简单套用经济学中的理论，片面追求供求平衡，而应该进行供需适应性分析。鉴于在公路供给和公路需求双方矛盾中，供给处于首要地位，因此所谓公路供需适应性，就是指公路供给诸要素（如规模、布局、结构等）对因社会经济增长而产生的公路需求的适应程度或满足程度。

（2）公路供需适应性定性分析。

①公路发展与国民经济相适应，也就是说公路投资力度要与国民经济实力和财政收入水平相适应；公路建设速度要与国民经济增长速度保持一致；公路等级结构要与国民经济发展阶段及社会交通需求适应。

②公路发展与区域经济发展相适应，即区域公路网的结构和布局要与特定区域的产业结构、产品结构、资源状况以及区位状态相适应。公路网的建设应符合区域经济和社会的发展战略，能够引导生产力在地域上进行合理的展开与分布。另外，区域公路的布局和发展还要从促进区域产业结构升级的角度出发，起到引导和促进区域经济发展的作用。

③公路发展与综合运输体系的发展相适应。公路发展和规划应考虑与铁路、航空、水路、管道等其他运输方式的衔接与配合，公路建设必须跳出自身单独发展的思维模式，服从建立综合运输体系的整体要求，进而实现交通运输供给满足零距离换乘、无缝连接和一体化服务的要求。

④公路发展与人口规模及结构、城市化水平相适应。公路及其网络的建设必须与特定区域人口的分布、城镇、农副业产业基地和大型厂矿的布局、经济带的趋向相适应。

⑤公路系统内部相互协调，即公路网的建设与发展要与站场的发展相适应；

路网本身的规模及等级结构必须合理，要能够保证路网负荷的整体适应性。

综上所述，公路建设与经济发展适应性所涵盖的内容十分广泛，实现适应性是公路建设与发展需要达到的终极目标。在资金和土地资源有限的情况下，目标的实现需要一个渐进的过程，在这一过程中，需要不断认识公路建设与经济发展的共生机制，科学地规划公路网的规模、结构和布局，合理安排公路建设的各个阶段及发展重点，使其发展更趋合理。

第五章　公路经营企业

第一节　企业理论与企业制度

一、企业的定义及其特点

企业是社会经济活动中涉及最多的名词之一，但对什么是企业存在不完全相同的解释。

就其本质看，可认为企业是指依法设立的，从事生产、流通等经济活动，以盈利为目的，独立核算、自主经营、自负盈亏的经济组织。在我国社会主义市场经济条件下，企业所具有的特点主要有以下几个方面。

1. 依法设立

所谓的依法设立，就是指企业设立的基本条件和成立过程的整个步骤必须要符合法律法规的要求。我国分别制定了《中华人民共和国个人独资企业法》《中华人民共和国合伙企业法》《中华人民共和国全民所有制工业企业法》《中华人民共和国公司法》等法律，对不同类型企业的设立都进行了规范。

2. 以营利为目的

以营利为目的是企业最鲜明的特点，企业任何的生产经营活动，其目的都是为了在合法经营的前提下获得利润。与此相对的是一些非营利组织（如学校、社会公益组织等），虽然它们在正常的运作中也需要对活动的参与者或服务的享受者收费，但并不以营利为目的，这些组织不能被称为企业。

3. 独立核算、自负盈亏

企业要单独计算成本费用，以收抵支，计算盈亏，对经济业务做出全面反应和控制，并独自享有生产经营成功带来的利润，承担经营失败带来的风险。

4. 从事一定的生产经营活动

无论是从事生产性行业还是从事服务性行业，企业必须从事一定的生产经营活动以获得相应的收入。不从事生产、交易、服务等活动的经济单位，不能称为企业。

二、企业理论

企业理论是研究企业本质、促进企业发展而形成的一系列理论体系。随着社会生产力的发展、科学技术的进步，企业规模越来越大、组织机构越来越复杂，面临的问题也越来越多。诸多经济学家、管理学家对企业面临问题的探索和研究，推动了企业理论不断的演进，逐渐形成了不同流派的经典的企业理论。

1. 古典企业理论

古典企业理论也称劳动分工理论，形成于 18 世纪后期，代表人物是亚当·斯密。当时，作为最早完成工业化的国家，英国出现了现代企业的雏形——手工业工厂，市场经济也初步建立，企业在国民经济增长中的作用日益突出。此时，经济学家开始对企业问题进行思考、探索，并提出了许多独到的见解。亚当·斯密在《国富论》一书中主要论述了企业内的劳动分工理论。他认为劳动生产力的极大改善以及劳动技能、熟练程度和判断力的提高，都是劳动分工的结果。

劳动分工理论强调企业生产过程中的劳动分工，认为分工是劳动生产率提高的重要条件，并认为企业是一个将土地、劳动力、技术、资本等生产要素的投入转化为产出，从而增加社会财富的生产单位。

2. 新古典企业理论

随着经济理论的发展，以庇古、萨缪尔森、阿罗、德布鲁为代表的经济学家逐渐形成了新古典经济学理论，其中对企业的认识是对古典企业理论的延续和发展。新古典企业理论首先把企业看成是一个生产单位，不断将投入的生产要素转化为产出；其次是把企业作为一个市场竞济争的主体。它在三个假设（理性经济人假设、信息完全假设、完全竞争假设）的基础上对企业和企业的发展分别做出了解释。

新古典理论对企业的理解集中体现在生产理论上，仅仅把企业简单地归结为投入产出的技术性关系，在这种条件下研究生产的最有效问题，即在投入一定的情况下怎样使产出最大或者在产出一定的情况下怎样使投入最小。

新古典理论对企业发展的解释主要体现在两个观点上。①规模经济的要求促进了横向一体化。规模经济包括规模经济报酬递增、规模经济报酬不变、规模经济报酬递减三种情况。对规模经济报酬递增原因的解释主要有：第一，产量足够大，在工人中间可以进行更细的分工，可以采用机器设备来提高效率；第二，有些生产，增加投资引起的产出上升远远大于成本上升的幅度；第三，有些固定成本只有当规模扩大到一定程度才会发生，其平均成本随生产规模的扩大而下降。规模经济报酬递增为企业横向一体化，为同类间的兼并、合并提供了动力支持。②技术相互依赖和市场缺陷要求纵向一体化。技术相互依赖论是指在生产过程中有些技术是紧密相连的，因此进行纵向一体化，由同一企业进行生产经营是技术经济的要求；市场缺陷论是指由于市场中存在一些"缺陷"（主要指垄断、寡头等非完全竞争模式），实行纵向一体化可以改善经济效益，提高生产者生产经营的利润。

3. 现代企业理论

现代企业理论起源于科斯（Ronald H. Coase）1937年发表的《企业的性质》一文，该理论主要建立在对传统企业理论基本假设的否定或修正的基础上，以有限理性和不确定性、机会主义和小数条件、信息压缩为基本假设。由于其符合人的本性，得到了快速发展，逐渐代替传统企业理论成了主流企业理论。现代企业理论以契约为分析出发点，进行企业组织以及各种生产要素之间相关关系的研究，主要包括交易成本理论、产权理论、委托代理理论。

1. 交易成本理论

交易成本理论以科斯为代表，基本观点为：交易成本的存在是企业产生的根本原因。其中的"交易成本"是指通过市场机制交易所支付的成本，交易如果通过组织并允许以"权威"（指企业内部的行政和管理）方式来组织（内部化），也是要支付费用的，而如果一笔交易通过"权威"方式来组织耗费的交易费用小于通过市场机制花费的费用，则应实行"内部化"。在这种理论下，企业可以看作对市场的替代，企业的扩张过程就是"内部化"不断加强的过程，当企业内部管理成本小于市场交易成本时，企业扩张将无限进行。

在此基础上，有关经济学家对交易成本理论进行了发展。杨小凯和黄有光建立了关于企业的一般均衡的契约模型，他们认为，企业作为促进劳动分工的一种形式，与自给经济相比或许会使交易费用上升，但只要劳动分工经济收益的增加超过交易费用的增加，企业就会出现。

总之，从交易成本理论来看，企业产生的原因就是一体化产生的原因，一体化过程就是交易活动内部化的过程。

2. 产权理论

产权理论基本观点如下：①经济学的本质就是对稀缺资源的产权问题进行研究，社会稀缺资源的配置就是对使用资源权利的分配，这些权利包括使用权、收益权和转让权；②商品的买卖实质上是一组权利的交换，资源配置中的外部性问题乃至市场失灵主要是产权界定不清所致；③在交易成本为正的情况下，人们在怎样的产权组织制度上交易，对资源配置的有效性有着重要影响，在产权给定的情况下，资源配置的方式有三种形式——一是企业制度，二是市场制度，三是政府管制，采取何种组织形式主要取决于产权的清晰程度；④产权是一种社会工具，其主要功能在于引导人们在更大程度上将外部性内部化，当外部性内部化的收益大于内部化的成本时，新的产权关系就会产生。

产权理论运用于企业分析时主要集中于两个层面：一是将产权结构视为外生变量来讨论不同契约的安排所产生的结果，通过这些结果的比较来取舍企业组织形式；二是将产权结构本身视为内生变量来揭示产权结构变迁的基本原因、动力和方向。

3. 代理理论

两权分离（所有权和经营权分离）是现代企业的一个重要特征，由此必然产生委托代理关系。由于所有者和经营者利益存在一定的差异，且生产经营过程两者之间信息不对称，因此，经营者行为有可能违背所有者利益和要求，从而出现代理问题。在现代社会，代理问题在企业管理中所占的位置也越加重要，如何有效解决代理问题已成为决定企业能否生存的一个关键因素。代理理论就是在这一背景下产生和发展的。

对代理理论做出开拓性贡献的有威尔森、威廉姆斯、罗斯、哈特等人。该理论首先认为经营者有自己的利益，在日常经营活动中追求的是自我利益最大化；其次放弃了完全信息的假设，认为所有者和经营者的信息是不对称的。

代理理论认为信息不对称和有限理性会引起四类委托代理问题：信号传递、信息甄别、隐藏知识和隐藏行动，最终形成逆向选择和道德风险等问题，也使代理人的机会主义行为变得越来越多。委托代理中，委托人为了减少信息不对称所引起的逆向选择和道德风险而对代理人进行选择，并对代理人的行为进行监督，由此必然产生识别和监督费用；同时，为了使代理人的目标和企业目标一致，更好地发挥代理人的才干，委托人必须设计一套激励机制，也必然需要一定的费用，两者共同构成了代理成本的内容。

针对委托代理中的逆向选择和道德风险，代理理论提出建立相应的激励机制和约束机制。通过经营者个人收入激励、职位消费激励、精神激励等措施促使代理人的个人目标和企业目标趋于一致；通过契约和审计、内部制度约束、市场约束等监督机制促使经营者减少机会主义行为，降低道德风险。

4.企业能力理论

与前述企业理论不同，企业能力理论侧重于从企业内部发掘能促使企业成功的因素，属于企业经营管理的范畴。

（1）企业能力理论形成的背景。

①市场竞争环境的变化。随着社会经济的发展，短缺经济时代结束，卖方市场转为买方市场，企业面临的竞争逐渐加剧。在这种情况下，企业的核心专长逐渐成为企业可持续发展的决定因素，企业也从外部市场的竞争转为内部核心能力的竞争。

②信息技术的发展。电子信息技术的发展和在企业经营管理中的深入应用，极大地提高了企业的生产和运作效率，成为企业经营管理有力的支持系统，改变了传统的经营理念，对企业组织行为产生了深远的影响。

③知识经济的发展。信息技术的发展使得企业在生产活动中逐渐将知识作为一种重要的生产要素，知识逐渐成为企业竞争优势的可靠保障。知识经济的发展对企业能力、企业组织形式和经营战略产生了巨大影响。

（2）能力理论的主要论点。

在众多的能力理论中，以20世纪80年代沃纳菲尔特的"企业资源基础论"为主；而20世纪90年代哈默和普拉哈拉德的"核心专长论"则是企业能力理论新发展的代表。企业能力理论的主要观点如下：

①能力是企业拥有的智力资本，是企业创新的源泉；

②能力决定企业的边界，企业的经营战略和发展规模取决于企业自身的能力，能力所及就是企业的边界；

③能力决定企业的竞争优势和经营绩效；

④企业内外部环境的变化要求能力必须被持续不断地培育、开发、运用和扬弃，形成正反馈的增强机制。

三、企业制度

1. 企业制度的含义

企业制度是指在一定的历史条件下所形成的企业经济关系，包括企业经济运行和发展中的一些重要规定、规程和行动准则。在市场经济体制下，企业制度是指以产权制度为基础的企业组织和管理制度，其实质是企业内在运行规律的外在形式。企业制度主要由以下几个方面的内容构成。

（1）企业的产权制度。企业的产权制度是指企业的财产制度。在企业的一切经济关系中，决定性的是财产关系，因此，产权制度是企业制度的核心，它决定了企业财产的组织形式和经营机制。企业产权制度的发展经历了三种形态，即业主制产权制度、合伙制产权制度和公司制产权制度。其中公司制产权制度是一种现代企业产权制度，所有权和经营权分离是其重要特征，在明确财产主体的基础上再明确财产运营主体。

（2）企业的组织制度。企业组织制度即企业组织结构（组织形式），是企业财产高效运营的组织保障。随着企业制度的不断演变和发展，企业组织形式也在不断发展和变化，传统的企业组织形式有直线制、职能制、直线职能制、直线职能参谋制等；现代企业组织形式有事业部制、矩阵制、多维立体制、控股型组织结构等。其中最基本、最普遍的是直线职能制和事业部制两种。

（3）企业的管理制度。企业管理制度主要是指为保障组织有效运行和组织目标实现而在企业内部设立的一系列的具体的规章制度，包括领导制度、人事制度、薪酬制度、培训制度、计划管理制度、财务制度、成本管理制度等。

2. 我国企业制度的演变

由于我国社会分工较早，早期的生产技术发展也较快。在殷商时期，已有了业主制企业最原始最简单的形式；到了周朝，私营手工业逐渐转化为官营手工业；春秋战国时期出现了生产规模较大的矿业开采、冶炼和铸造合股企业。但由于封建社会实行"重农轻商"政策，导致商品经济发展极为缓慢，早期的业主制企业、合伙制企业也无法进一步发展，这种情形一直延续到清朝后期。鸦片战争之后，殖民侵略者不仅在政治上奴役我国，也在经济上进行掠夺，外国资本开始大举侵入，在我国建立了第一批现代公司；与此同时，清政府的洋务派和民族工商业者也纷纷模拟西方公司的形式创办了企业。此后，北洋政府和国民政府在我国也投资兴建了一批公司，但由于当时处于半殖民地半封建社会，社会动荡不安，公司的发展受到了限制。

中华人民共和国成立、社会主义制度建立之后，1956 年完成了对资本主义工商业的改造，私营公司通过公私合营方式改为公营公司，国家按行业归口等原则组建了一批工业公司，并通过这些公司对企业进行集中管理。从本质上来看，这些公司仍属于行政性公司，而不是独立的法人。

四、现代企业制度

1. 现代企业制度的内涵

现代企业制度是指在市场经济条件下，以规范和完善的法人制度为主体，以股份有限公司和有限责任公司为主要形式，以两权分离、有限责任和股权可转让为基本特征的企业制度。对于现代企业制度应从以下几个方面理解其内涵。

（1）现代企业制度强调"现代"两字。这主要是指以市场机制为主要的资源配置方式。从这个意义上来看，现代企业制度与市场经济是密不可分的，是市场经济的重要组成部分。

（2）企业制度以产权制度为核心。公司制产权制度是市场经济体制下的主流企业产权制度，因此，公司制即现代企业制度的核心，有限责任公司和股份有限公司是其主要形式。

（3）1993 年 11 月，中国共产党第十四届三中全会提出的"产权清晰、权责明确、政企分开、管理科学"明确地表达了现代企业制度的特征。

（4）现代企业制度是企业的一种基本制度，不同行业、不同规模、不同性质的企业在具体的管理制度上不能强求一致，应符合自身特点。

2. 现代企业制度的内容

企业制度主要由企业产权制度、企业组织制度和企业管理制度三部分内容构成。现代企业制度是适应市场经济体制要求的先进的企业制度，在构成内容上的先进性也有着相应的表征。

（1）现代企业法人制度。

现代企业制度赋予了企业特殊的法人地位，明确了企业法人有限责任的法律特征，即企业以独立的法人财产为限承担民事责任和财产责任，而不涉及投资者的其他财产。企业法人制度把原来的自然人产权制度转变为法人产权制度，进一步明晰了产权关系，解决了出资者的所有权和企业财产权的关系，为公司制企业的发展扫清了障碍。

（2）现代企业组织制度。

现代企业制度形成了由股东会、董事会、监事会、经理层组成的组织机构、决策机构、执行机构和监督机构，各机构之间相互独立、权责明确、相互制衡。这种法人治理结构明确了各方的权责利关系，既保证了经营者的自由度，又不至于使投资者失去对经营者的控制，较好地促进了企业生产经营活动的高效运转。

（3）现代企业管理制度。

"管理科学"是现代企业管理制度最鲜明的特点，就是适应时代发展的要求，积极运用现代科学技术知识和管理方法，对企业的领导制度、人事制度、薪酬制度、培训制度、计划管理制度、财务制度、成本管理制度等进行有效的规范，以实现资源的最优配置，创造最佳的经济效益，从而适应市场经济发展的客观规律，谋求企业的长远发展。

3. 现代企业制度的特征

对于现代企业制度的特征，不同专家学者观点不尽相同。其中有周叔莲的十特征观点、杨启先和洪武的五特征观点、孙效良的四特征观点、吴敬琏和赵林如的两特征观点、宋养琰的一特征观点等，此处不一一赘述。虽然这些观点各有差异，但是它们一致认为现代企业制度最根本的特征是企业法人制度。

4. 现代企业制度下企业的类型

现代企业制度下，市场经济国家中的企业一般分为个体企业、合伙制企业和公司制企业三种类型。我国在实践中的做法亦如此。

（1）个体企业。

个体企业是指由个人单独出资设立、企业归个人所有和控制，不具备法人资格的企业。其法律特征主要有以下几种：①投资主体是单一的自然人，企业不具有法人资格；②投资者对企业拥有完全的控制权，独立享有企业的收益；③企业财产和投资者其他财产紧密联系，不可分离，当经营亏损、资不抵债时，投资者应以自有的其他财产抵偿债务。

个体企业在企业制度和企业结构上具有一定的优势：①个体企业的设立、变更和解散的程序非常简单；②企业规模小、结构层次简单，信息反馈和信息流通速度快，对需求变化和环境变化的决策应变能力较强；③投资者拥有完全的产权，经营灵活，可以自由转让。但是这类企业资本来源单一，难以进行规模经营；规模小就会导致抗风险能力较差；同时投资者和企业财产不可分割，企业亏损时，投资者必须以自己所有的财产承担全部债务。

（2）合伙制企业。

合伙制企业是指由两个或两个以上的合伙人通过订立合伙协议，共同出资、共同经营、共享利润和共担风险，并对企业承担无限连带责任的企业。其法律特征主要有以下几种：①企业不具有法人资格；②企业建立在合伙协议的基础上，合伙协议规定合伙人各自的权利和义务；③所有合伙人共同承担企业的经营风险，并对企业的债务承担无限连带责任。

合伙制企业具有的优势如下：①企业的设立、变更和解散的手续比较简单；②与个体企业相比，资金来源较为充裕，企业信誉大大提高；③能发挥合伙人各自的优势。但是合伙制企业的所有权和经营权结合在一起，合伙人承担无限连带责任，无法适应大规模生产经营和现代化生产经营的要求；同时一旦合伙人在经营决策上发生重大分歧，合伙企业往往会成为牺牲品。

（3）公司制企业。

公司制企业是指由两个或两个以上出资者集资，依照法定条件和法定程序设立，在法律上具有独立人格的法人企业。各国国情不同，公司制企业的种类也有所不同。在欧美国家，按照债务责任和是否分为等额股份，公司制企业分为无限责任公司、有限责任公司、股份有限公司、两合公司和股份两合公司。根据《中华人民共和国公司法》规定，我国公司制企业主要有两种表现形式：有限责任公司和股份有限公司。

①有限责任公司。有限责任公司是指由一定人数的股东组成，公司股东以其出资额为限对公司承担责任，公司以其全部资产为限对其债务承担责任的公司。其主要特点如下：股东人数有一定下限和上限；股东出资转让具有严格的限制。《中华人民共和国公司法》规定：股东要向公司股东以外的其他人转让其拥有的股份，一般要经全体股东的半数同意，并且其他股东有优先购买权；有限责任公司要求的注册资本底线较低，设立、变更和解散的程序较为简单；公司组织结构的设置具有灵活性，可根据企业规模进行。

有限责任公司的上述特点决定了其对中小规模企业的适应性。这种形式可以享受法人资格带来的好处，内部结构明确简单。因此，有限责任公司是现代公司制的主要组织形式。

②股份有限公司。股份有限公司是指由一定人数以上的股东组成，全部资本

划分为等额股份，股东以其持有的股份数额为限对公司承担责任，公司以其全部资产为限对企业债务承担责任的公司，又称股份公司。其主要特点如下：对最低注册资本要求较高，设立、变更、解散的程序较为复杂；公司把资本做了细小等额的划分，股东以其持有的股份对企业承担有限责任，公司以其全部资本对外承担责任；公司的财务信息应依法对外披露；公司的股东不能退股，但可以在二级市场上随时让渡股份；公司的组织结构比较明确和严格，有完备的组织形式。

股份公司可以有效地扩展资金来源，为企业发展筹集大规模资金提供了可能，比较适用于具有一定规模，对资金需求量较大，成长性较快的企业。

第二节　公路经营、养护企业

公路企业是公路基础设施市场化、社会化进程的产物。和一般企业相比，公路企业在经营对象、经营期限、经营目的、资金来源、运作方式等方面都有其特殊性。公路企业的发展对推动我国公路交通的持续健康发展有着非常重要的作用。

一、公路经营、养护企业定义

广义上来讲，从事公路相关生产经营活动的企业都是公路企业，按其从事的生产经营活动划分，主要包括公路施工企业、公路经营企业和公路养护企业三大类。由于公路基础设施的经济特性，我国公路工程建设市场放开的比较早，而经营、养护市场放开的时间比较晚。在公路投融资市场化、养护运行机制市场化不断发展的今天，研究公路经营企业和养护企业更有现实意义。因此，本章仅对公路经营企业和公路养护企业进行研究，对公路施工企业不再专门阐述。

公路养护企业是指依法成立的，以公路养护为主营业务，独立核算、自主经营、自负盈亏的法人实体。在原来"管养一体化"环境下，公路养护由公路管理部门负责，而随着公路养护市场化的发展，成立了专业公路养护企业，以养护企业作为公路养护市场的主体，通过竞争优化资源配置，提高公路养护效率。

二、公路经营企业

1. 公路经营企业的产生

我国公路经营企业是在各省（市）高速公路投融资体制改革和管理体制改革的背景下产生的。

为了适应高速公路投融资体制的变化，各省市纷纷进行了高速公路管理体制改革，其中组建高速公路经营企业是重要内容之一。经过事业型高速公路管理局的企业集团化改造，现已基本呈现出以国有公路集团公司为主体，高速公路管理局、非国有公司和上市公司多种模式并存的发展态势。

另外，公路特许经营制度也对公路经营企业的产生提出了要求。按照《中华人民共和国公路法》规定，国内外经济组织受让某条公路一定期限的收费权或通过投资修建高等级公路而获得一定期限内的收费权，必须要依法成立开发、经营公路的企业。该规定从另一个层面促进了公路经营企业的产生和发展。

自 20 世纪 80 年代广东省率先通过组建公路经营企业进行公路运营管理的有益尝试以来，公路经营企业迅速发展，目前除了西藏、新疆等少数省（市）以外，我国绝大多数省、自治区、直辖市，都组建了公路经营企业。

2. 公路经营企业的种类

公路经营企业按照营利与否划分，有非营利性质的企业（经营收费还贷公路）和以营利为目的的企业（投资开发经营性公路）两种；按照《中华人民共和国公司法》中公司制企业的分类形式，可以分为有限责任公司和股份有限公司两种，其中股份有限公司又分为上市公司和非上市公司。

3. 公路经营企业的特点

公路基础设施是准公共产品，与一般商品相比具有特殊性。因此，以路桥收费为主营业务的公路经营企业具有自身鲜明的经营特点。

（1）特许经营。特许经营是公路经营企业最鲜明的特点。公路是准公共产品，其规划、建设一般要纳入政府计划；交易条件与自由竞争的市场相差甚远，交易手段和交易方式带有很强的行政色彩。就目前来看，公路经营企业对公路的经营是一种国家特许经营行为，企业得到国家特别的行政许可，在一定时期内从事公路收费经营活动。

所谓公路特许经营，是由政府授予特许经营公司，在一定期限内享有公路经营或管理的特许权；在经营期内，公司通过收取车辆通行费和综合开发经营，回收投资并获取效益；经营期限届满，国家无偿收回公路。特许经营的公路所有权仍属国家，特许经营公司只在一定期限享有公路经营权。

（2）经营期限的有限性。公路经营企业以公路经营权为主要资产，而《收费公路管理条例》第十四条规定，政府还贷公路的收费期限，最长不得超过15年，国家确定的中西部地区最长不得超过20年；经营性公路的收费期限，最长不得超过25年，国家确定的中西部地区最长不得超过30年。经营期限的有限性使得企业的成长性受到一定的制约。

（3）公司经营兼具宏观经济和微观利益双重目标。高等级公路是典型的准公共产品，具有基础设施属性和社会公益性。企业作为一个以盈利为目的的经济组织，要追求一定的经济利益。因此，公路经营企业兼有宏观经济和微观利益双重目标，既要获取一定的经济利益，又必须兼顾社会利益和公众利益，不能仅以经济利益最大化为目标。

（4）资产规模的庞大性。公路经营企业以公路经营权为主要资产，而公路经营企业主要通过投资建设或受让方式获取公路经营权。高等级公路投资成本巨大，因此，建造一条高速公路动辄需要几十亿、几百亿的资金。通过受让方式获取公路经营权所付出的代价也是巨大的。企业获取公路经营权之后，公路经营权便成为企业资产的主要构成内容，因此，公路经营企业拥有庞大的资产规模。

（5）经营上的区域垄断性。公路经营企业以路桥收费为主要经营业务，由于收费公路本身具有自然垄断性，一般两个城市（节点）之间不会有并行的收费公路存在。加之政府为实现公共政策目标，也会对收费公路实行进入规制，以促使社会资源得到充分利用，同时保护已存在的公路经营企业收回成本并取得合理回报。所以公路经营企业的路桥收费经营具有垄断性，在和公路使用者的博弈中处于优势地位。

（6）业务结构单一，现金流量大。公路经营企业以路桥收费为主要经营业务，虽然有些企业也同时进行公路服务区经营、广告经营等，但总体来看业务结构仍然比较单一。尽管业务结构单一，但公路经营企业现金流量比较大，每天都要收取几十万乃至几百万的通行费，企业现金流量管理和资本运营具有明显的特点。

4. 公路经营企业的业务范围

公路经营企业注册的业务范围比较广，有些企业的注册业务有工程建设、路桥收费、汽车租赁、汽车维修、道路运输等；还有些注册了和公路交通关系不甚紧密的建筑机械、金属材料、建筑材料、房地产开发、高新技术开发等业务。就目前公路经营企业经营的实践来看，收取车辆通行费仍是主营业务，有的公路经营企业也同时受让了收费公路沿线服务区的经营权和路边广告开发经营权，从事服务区经营和广告经营。

在现实中，由于公路收费权的期限是有限的，有限的收费年限与企业经营的永续性形成矛盾。许多公路经营企业和行业内的很多专家、学者都考虑到这一问题，纷纷把公路经营企业的可持续发展当成一个重要课题进行探索和研究，得出的重要结论之一就是多元化经营战略是公路经营企业可持续发展的主要途径。考虑到公路经营企业现金流量大的特点，一些公路经营企业为了实现可持续发展，纷纷尝试多元化公经营策略，逐步开展了旅游、客货运（物流）等和公路交通相关或相近的业务，甚至有的公路经营企业为了获取更多利润，从事了房地产开发等一些与公路交通关系不甚紧密的业务。

5. 公路经营企业的产权结构和组织结构

公路经营企业的种类不同，产权结构也不相同，企业组织结构也存在差别。经营收费还贷公路的国有高速公路公司是一元化的产权结构，出资者只有一个，就是国家。国务院国有资产监督管理委员会依据《中华人民共和国公司法》和《企业国有资产监督管理暂行条例》的要求，行使高速公路国有资产出资人权利，履行出资人义务，并由省级交通主管部门实施行业管理。国有高速公路公司是大型国有独资企业，负责承建高速公路收费还贷项目的资金筹措；负责建设项目招投标和项目管理；负责建成路段通行费的收取及还贷；负责高速公路养护，维护高速公路国有资产运营安全等。

以经营性公路收费经营权为主要资产的非国有高速公路有限责任公司，其产权结构具有多样性，既有一元化的，也有多元化的。单个经济组织独自通过投资建设或受让方式获取公路经营权的，该公路经营企业的产权结构就是一元化产权结构；多个经济组织联合组成经营企业，通过投资建设或受让方式获取公路经营权的，就构成多元化产权结构。其中还有一种特殊的形式，即国内外经济组织仅购买高速公路部分经营权，与高速公路管理部门（一般委托给下属国有高速公路公司进行管理）共同组建公路经营公司，这种公路经营企业可以认为是国有资产参股的多元化产权结构。

高速公路股份有限公司是指由若干个经济组织依照《中华人民共和国公司法》等法律、法规的规定，共同发起设立的公路公司。高速公路股份有限公司是典型的多元化产权结构，符合市场经济对产权制度的要求，是收费公路市场化发展的最终方向。

高速公路经营企业一般实行直线职能制的组织结构，国有高速公路公司设立党委会，对董事会工作起指导和监督作用；高速公路股份有限公司中股东大会是最高权力机构，董事会是执行机构，组织结构比较完善。

6.国有公路经营企业的"营利性"

在高速公路管理体制改革的过程中，国内不少省市都组建了国有高速公路集团公司，为促进高等级公路的发展做出了重要贡献。

（1）《收费公路管理条例》第十一条规定，建设和管理政府还贷公路，应当按照政事分开的原则，依法设立专门的不以营利为目的的法人组织，成立国有公路经营企业。国有公路经营企业作为法人进行贷款建设收费还贷公路，解决了政府贷款"名不正，言不顺"的问题。

（2）在进行高速公路经营权转让中，为了和受让方形成对等的权利主体，需要成立一个法人组织，而企业是法人组织的最主要形式。成立国有公路经营企业后，政府将拥有的收费还贷公路委托给国有公路经营企业进行转让，促进了转让的顺利进行。

（3）尽管收费还贷公路不以营利为目的，在偿还贷款本息之后应终止收费，但按照政事分开的原则成立国有公路经营企业，进行企业化管理，有利于提高管理水平和运营效率。

就目前的实践而言，由原来的高速公路管理局改制的国有高速公路集团公司从事的都是收费还贷公路的投资、运营，而收费还贷公路的非营利性使得目前行业内对国有公路经营企业定性为"非营利性"的经济组织。我们认为这种认识在一定程度上阻碍了我国公路建设市场化的发展。国有公路经营企业也具有营利性。

（1）从理论上来讲，企业是以营利为目的的经济组织，公路经营企业符合企业的基本特征，虽然公路具有一定的社会公益性，但是和其他企业一样，获利性才是公路经营企业的本质属性，否则它就不能被称为企业。

（2）从实践上来看，目前还没有国有公路集团公司进行经营性公路经营的；但是有受省交通主管部门委托，以参股等方式和其他经济组织联合组建公司进行经营性公路的经营的，且获得的收益按照股权比例分配，这也是营利的一种形式；此外，一些国有公路经营企业拥有公路上市公司的股份，甚至是控股股东，每年获取的红利也构成了国有公路经营企业的收益。

（3）《收费公路管理条例》对经营性公路的定义是："国内外经济组织投资建设或者依照《公路法》的规定受让政府还贷公路收费权的公路。"国有公路经营企业能不能经营经营性公路，关键在于"国内外经济组织"是否包含国有公路经营企业。我们认为国有公路经营企业是独立的法人，有营利的要求，应该可以和其他经济组织进行竞争，参与到经营性公路的经营管理中，以获取适当的利润。

（4）国有公路经营企业以路桥开发经营为主营业务，也可以从事相关业务经营——即便收费还贷公路不具有营利性，企业也可以通过其他业务方式获得利润，以维持企业的发展。

三、公路养护企业

1. 公路养护企业的产生——公路养护市场化运作

公路养护企业是伴随着公路养护市场化进程逐步产生和发展的。随着高速公路事业的蓬勃发展，高速公路建设体制和管理体制改革逐步深入，市场机制作用不断加强。但养护体制改革明显滞后，造成养护单位市场意识淡薄、竞争意识不强，导致公路养护成本较高、养护效率低下、养护技术落后、养护机械化程度不高等一系列问题的产生，进而成为制约公路交通大发展的"瓶颈"。中华人民共和国交通运输部在 20 世纪 90 年代初，向全国提出养护体制改革的任务，要求各地在"管养分离、事企分开"的基础上，改革完善公路养护管理，建立适应市场经济规律的运行机制。"九五"以来，各省（区、市）不断进行养护体制改革，加强市场化运作。

公路养护市场化运作的本质是改变传统事业化管理体制下的公路养护模式，建立一种适应市场经济发展的竞争型"养护服务"供给机制，实现人、财、物等养护资源的充分利用和有效配置。养护市场化运作一般经历起步阶段—发展阶段—完全市场化阶段—市场化深化阶段这样一个过程。在起步阶段要积极培育公路行业内部养护市场；发展阶段要通过身份置换、资产置换等方式，将各类生产性、经营性、服务性养护实体与公路管理机构脱钩，实现"管养分离"；完全市场化阶段要全面推进公路管理体制改革，理顺公路管理体制；通过产权制度改革和投融资改革，使国有股份在养护公司的比重逐步降低，最终达到彻底退出；市场化运作深化阶段要进一步健全公路养护管理体制，开放公路养护市场，最终形成跨地域、跨省域的"社会化养护"。

在公路养护市场化运作过程中，组建养护公司和培育养护市场是关键，其中建立以市场为导向，独立核算、自负盈亏、自我发展、自我约束的现代养护企业，是公路养护市场化运作的前提条件和重要内容。公路养护企业的组建主要有以下几种模式。

（1）将现有公路养护队伍组建成专业化养护公司。

该方式是指以各省（市、区）为单位，将其辖区内的养护机构从公路管理部门（或高速公路经营企业）中独立出来组建成专业化养护公司，通过身份置换、资产置换等方式将养护队伍脱离出去，彻底实现"管养分离"。

（2）公路施工企业联合组建专业化养护公司。

公路施工企业采用设备或资金入股的方式组建具有独立法人资格的专业化养护公司，充分利用各自的优势，各个企业按其投资额的多少来决定其在养护公司的地位和作用。

（3）组建民营化养护公司。

利用社会资金成立专业化养护公司，实现养护公司社会化，这也是组建专业养护公司的一种可行形式。

公路养护体制改革是市场经济发展的必然要求，作为公路养护主体的养护企业就是在公路养护体制改革的背景下产生的。公路养护体制改革是一个渐进的过程，不可能一步到位，因此养护企业的发展也将经历从无到有、从小到大、从业务单一到业务多样的发展过程。

2.公路养护企业的资金来源

目前，就全国范围来看，公路养护市场化改革不仅仅针对收费公路，不少非收费公路的养护运行机制也进行了市场化改革。由于收费公路和非收费公路养护资金来源不一，针对不同的养护对象，公路养护企业的养护资金来源渠道也就各异。

（1）国家有关公路养护资金来源的法律、法规规定。

《中华人民共和国公路法》第六十六条规定："受让收费权或者由国内外经济组织投资建成经营的公路的养护工作，由各该公路经营企业负责。各该公路经营企业在经营期间应当按照国务院交通主管部门规定的技术规范和操作规程做好对公路的养护工作。在受让收费权的期限届满，或者经营期限届满时，公路应当处于良好的技术状态。"

《收费公路管理条例》第二十六条规定："收费公路经营管理者应当按照国家规定的标准和规范，对收费公路及沿线设施进行日常检查、维护，保证收费公路处于良好的技术状态，为通行车辆及人员提供优质服务。"第三十六条规定："政府还贷公路的管理者收取的车辆通行费收入，应当全部存入财政专户，严格实行收支两条线管理，除必要的管理、养护费用从财政部门批准的车辆通行费预算中列支外，必须全部用于偿还贷款和有偿集资款，不得挪作他用。"第四十二条规定："国务院交通主管部门和省、自治区、直辖市人民政府交通主管部门应当定期或者不定期地对收费公路实施监督检查，督促收费公路经营管理者依法履行公路养护、绿化和公路用地范围内的水土保持义务。"

（2）公路养护资金来源。

结合上述法律、法规和办法规定以及我国公路养护实践可知，无论是否实行养护市场化，不同类型公路的养护资金来源都不同。

①收费公路（无论是收费还贷公路还是经营性公路），养护资金来源于收费公路车辆通行费。

②非收费公路，养护资金主要来源于养路费（燃油税开征后养路费变成燃油税）。

③根据"国道国养、县道县养、乡道乡养"的分级管理原则，农村公路养护资金除了由省级养路费补助一部分之外，其余要县乡级人民政府自筹。自筹渠道主要有地方财政预算列支、"一事一议"筹资（税费改革前实行"两工"，即"民工建勤""以工代赈"）、公路冠名权集资、拍卖公路沿线资源开采权集资，等等。

3. 公路养护企业的业务范围

国际道路会议常设协会（PIARC）于1983年建议将公路养护统一划分为日常养护、定期养护、特别养护和改善工程四类。在实际中，依据不同标准对公路养护业务范围划分也不尽相同。

（1）按照工程规模大小划分。

就我国而言，依据中华人民共和国交通运输部颁布的《公路养护工程管理办法》（交公路发〔2018〕33号）的规定，公路养护按其工程性质、复杂程度、规模大小划分为小修保养、中修、大修和改善工程四类。

①小修保养。这是指对公路及其沿线设施进行经常性维护保养和修补其轻微损坏部分的作业。

②中修。这是指对公路及其沿线设施的一般损坏部分进行定期的修理加固，

以恢复公路原有技术状态的工程。

③大修。这是指对公路及其沿线设施的较大损坏进行周期性的综合处理，以全面恢复到原技术标准的工程项目。

④改善工程。这是指对公路及其设施因不适应现有交通量的增长和载重需要而提高技术等级指标，显著提高其通行能力的较大工程项目。

（2）按照养护对象划分。

公路由路基、路面、桥梁、涵洞、各种辅助交通设施以及绿化带组成，因此，依养护对象不同，公路养护包括路基养护、路面养护、桥梁养护、涵洞养护、各种辅助交通设施养护以及公路绿化等。在实践中，各养护企业主要按照养护对象来划分自己的业务范围。

4.公路养护企业产权结构和组织结构

随着公路养护运行机制市场化改革的深入发展，公路养护企业纷纷成立。根据不同的组建方式，公路养护企业的产权结构分为一元化和多元化两种，但就实践来看，多元化产权结构是公路养护企业的发展方向。无论是一元化产权结构还是多元化产权结构，经改组成立的公路养护企业和新建的民营化养护企业基本都是公司制企业。公司制企业的组织形式主要有两种：有限责任公司和股份有限公司。由于我国公路养护运行机制市场化改革的历程较短，目前还没有出现股份有限公司形式的养护企业，公路养护企业基本上都是有限责任公司。随着公路养护市场化改革的进一步发展，未来有可能出现股份有限公司甚至是上市公司形式的公路养护企业。

第三节　公路经营、养护企业的发展

公路经营、养护企业都是公路基础设施领域不断市场化改革的产物，而市场化主体的产生和发展反过来也促进了公路基础设施领域市场化改革更进一步的发展。由于内外部环境的制约，公路经营、养护企业的发展还面临着诸多挑战，只有将企业自身特点和外部市场环境有效结合起来，采取有效的经营战略和发展战略，才能实现企业的可持续发展。

一、公路经营企业的发展

1.公路经营企业面临的挑战

由于经营资产的特殊性，管理体制、外部环境等因素的制约，公路经营企业的发展还面临着巨大的挑战。

（1）公路特许经营期限的有限性给企业永续性经营带来了挑战。

公路经营企业以公路收费权为主要经营资产，由于公路收费权是有期限性的，而公路经营企业是一个永续经营的法人实体，二者之间会不可避免地出现矛盾，在公路收费期限届满后，公路经营企业该如何发展？公路经营企业固然可以通过建设新路或受让其他公路收费权来维持企业经营的持续性，但随着高速公路规划网的逐步建成、国家财政实力的不断增强，从理论上讲，收费公路将是一个阶段性的存在，公路经营企业总会有一天再没有新的收费公路可经营，这无疑给企业的永续经营提出了挑战。

（2）业务单一给企业盈利空间带来了挑战。

当前大多数公路经营企业都是以路桥收费、服务区经营和广告经营为主，业务结构较为单一。在公路特许经营制度不断规范的情况下，单纯以路桥收费为主营业务的公路经营企业，其营利能力也将受到一定的制约。随着高速公路多元化投资体制的发展，行业内必然有更多新的进入者，导致竞争加剧，经济效益较好的公路项目逐渐减少，公路经营企业依靠投资新的高速公路维持企业的持续经营所能获取的利润可能会越来越少。因此，公路经营企业如何跳出单纯路桥收费、服务区经营、广告等传统经营模式，创造更多的利润来源渠道，面临着新的挑战。

（3）企业利益和社会双重目标给自身营利能力带来了挑战。

公路基础设施具有准公共产品属性，政府的目标是社会福利最大化，要求充分发挥公路的通道作用，促进经济发展，实现效率最大化；公路经营企业的目标是利润的实现和企业自身的发展。因此，对于政府特许经营的公路经营企业来说，由于受到政府的管制，必须兼有社会效益和经济利益双重目标，在承担社会责任的前提下实现企业自身发展。因此，如何实现宏观经济效益和微观经济效益的统一，也是公路经营企业要解决的主要问题之一。

（4）外部环境变化给公路经营企业的生存发展带来了挑战。

公路经营企业的发展受到诸多外部因素的制约，社会政治经济环境的变化、行业政策的变化、社会文化风俗的变化、法律变化等都会对公路经营企业的发展产生正面或负面的影响。在公路交通转型时期，如何有效利用资源？如何适应现代服务业的要求？如何加强公路文化建设，塑造企业的良好形象，提高公路经营企业的竞争力？随着财政收入的增加，国家可能加大基础设施投资、公路收费政策的时序性等问题，都会影响公路经营企业的进一步发展。

2.公路经营企业可持续发展的对策

公路经营企业的发展面临诸多的挑战，为了实现可持续发展，企业自身应扩大经营规模，进行集团化经营；以路为主，适度多元化发展；坚持创新，不断提高技术水平和管理水平。

（1）集团化经营。

公路经营企业集团化经营是指改变现有的"一路一公司"模式，通过公司联合、合并、兼并、重组等手段组建高速公路集团公司，从而实现公路运营的规模经济效应。集团化经营的优点有以下几个方面。

①有利于降低融资成本。公路经营企业采用集团化方式经营，由于扩大了自身规模，使得高速公路集团公司的资信等级得到提升。企业资信等级的提升，可以使得自己在选择、利用金融工具上具有主动性，从而降低了融资成本。

②有利于增强企业抵御风险的能力。公路经营企业在经营过程中存在诸多不确定因素，企业进行集团化经营，扩大自身规模，庞大的资产规模必然增强企业自身抵御风险的能力。同时，公路经营企业自身规模扩大之后，必然会进行资源整合，在管理上、技术上、资金上都得到进一步优化，也会降低风险发生的概率。

③有利于技术进步。收费公路拥有许多现代化的设施和设备，如监控、通信、收费、养护管理等，具有技术密集型的特点。经营集团化、一体化有利于各种技术之间的共享，而"一路一公司"的经营模式形成管理和技术上的分段割据，显然不利于技术进步。同时，集团化经营下，通过技术创新可以节约更多的成本，也增强了管理经营企业开展创新的动力。

④有利于实现规模经济效益、降低经营成本。规模经济是指随着生产和经营规模的扩大而出现的成本下降、收益递增的现象。追求规模经济是现代经济发展的必然趋势，也是企业参与市场竞争的必然选择。通过联合、合并、兼并、重组等手段扩大企业规模，实现公路经营企业经营集团化，有利于资源整合，减少区域内高速公路管理机构重叠设置，节约人、财、物资源；有利于减少收费站点，缩减管理成本；有利于高速公路网络效益的发挥。

（2）多元化经营。

高速公路与相关产业在经济上相互依存、相互促进。高速公路一方面推动了人才、资金、技术、信息等资源的合理流动和优化配置，促进了相关产业的发展；另一方面，金融、保险、商业、运输、物流、咨询等相关行业也会聚集到高速公路附近，形成产业带。在面临诸多挑战的情况下，公路经营企业应坚持"以路为主"，但不能仅仅局限在路桥收费上，应该利用自身的优势搞关联产业开发，拓宽经营渠道，走集约化、多元化发展的经营模式。这样不仅有利于分散风险、改善盈利模式、拓展盈利空间，而且有利于资源的优化配置和高效利用；同时相关产业的发展也增加了高速公路交通量和通行费收入。公路经营企业在多元化经营的过程中，可以涉足的行业主要有旅游业、物流业、公路养护、快速客运、公路工程及工程咨询等。

①旅游业。伴随着社会发展，人们对生活质量的要求越来越高，越来越多的人选择旅游作为休闲、娱乐的一种方式。公路经营企业可以利用高速公路便利条件发展旅游业，不断开发高速公路主干、支线相关旅游资源，组织新的旅游形式，为游客提供全方位的服务，形成新的利润增长点。

②物流业。国民经济的快速发展中，区域间的经济交流越来越频繁，随之而来的是货物运输的快速发展。公路经营企业开展物流服务可谓具有得天独厚的条件，可以依托地域优势和载体优势，适时涉入物流服务行业。公路经营企业可考虑和第三方物流公司合资合作的方式，在高速公路主线或立交出入口处，建设中小型物流配置中心，承揽空车配载和货物配送，争取更大的利润空间。

③快速客运。随着国民经济的发展、人们生活水平的提高，高品质的运输需求将越来越多，要求运输服务与之相匹配。高速公路旅客运输以其快速、便捷、舒适、深通达度成为道路旅客运输发展的重要力量，目前而言高速公路旅客运输还有着巨大的发展空间。公路经营企业可以利用天然的区域优势，依托公司自身公路网络来开展旅客运输，为公司培养新的利润增长点。目前在公路经营企业开展快速客运已有成功的案例。

④公路养护。公路养护与公路经营企业主营业务有密切关系，随着我国公路网的形成、公路里程的增加、公路养护市场化的发展，公路养护业作为一个朝阳产业具有巨大的发展空间。公路经营企业特许经营时期的有限性在客观上为其向公路养护企业的发展和转变提供了理想的选择。

⑤公路工程和工程咨询。我国高速公路建设还具有广阔的发展前景，公路经

营企业可以依托技术优势和人才优势，介入公路工程施工、智能化交通、公路交通咨询等业务，获取更多的利润。

（3）加强创新，不断提高技术水平和管理水平。

创新是一个民族进步的灵魂，是一个国家兴旺发达的不竭动力。对于一个企业来说，创新也是至关重要的。它有利于增强企业核心竞争力，有利于企业的持续快速发展。公路经营企业应坚持创新，不断提高技术水平和管理水平，以适应市场需要，获得长足的发展。首先，要有创新观念，树立创新意识。借鉴国内外成功的经验，结合自身的实际，研究和制定有利于企业做大做强的政策措施，为公路企业提高竞争力创造条件。其次，要加强科学研究，不断提高技术水平，充分将新技术、新材料、新工艺利用到生产经营的实践中，以提高生产经营的效率，降低经营成本。此外，要加快制度创新的步伐，不断健全和完善现代企业制度，规范法人治理结构，健全企业的激励与约束机制，调动员工积极性。

二、公路养护企业的发展

1.公路养护企业现状及存在的问题

在公路养护市场化不断推进的过程中，通过公路养护单位改组或新建方式成立了许多公路养护企业。由于改制的不彻底及地方保护主义严重，现行公路养护企业还存在着不少问题。

（1）养护管理体制不顺，事企分离不彻底。在公路养护体制改革过程中，由于各地政策、经济状况上的差异，部分企业改制比较成功，部分企业改制却出现了劳资、社会保障、国有资产处置等方面的问题。例如，企业正常工作难以开展，改制仅停留于表面上，实际上仍隶属于公路管理部门，在人员性质、劳资管理、人员使用等方面，养护企业与管理部门之间存在着千丝万缕的联系，甚至一些养护企业的法定代表人都由公路管理部门的负责人兼任，由此造成了管理部门和养护企业的职责不清、责任不明，严重地制约了公路养护企业的发展。

此外，目前一些地方公路养护管理仍然套用事业型养护管理体制，生产按计划安排，生产单位缺乏活力，自我发展意识不强，严重束缚了养护技术水平的提高和管理体制的创新，同时也不适应养护体制改革的要求。这种养护管理体制给现有公路养护企业的发展带来各种弊端，也无法保证养护市场的有效竞争，制约了养护市场化的发展。

（2）规模小、资质低，难以适应市场竞争。现有公路养护企业大多是由原来县市的养护部、养护队、养护段改制而成，成立时，其投资规模小、资质较低，改制之后企业管理仍未从原来的事业运作模式转变过来，管理人员竞争意识不强；加之公路养护市场化起步阶段市场机制不顺畅，地方保护主义严重，企业在规模扩张上受到限制，导致企业规模上不去，人员结构、素质得不到调整和提高，企业资质得不到及时提升，难以适应市场竞争的需要。

（3）资金匮乏、设备落后。经改制后的公路养护企业，规模较小、注册资本少，其中大部分由实物资产构成，且成立时有些养护企业还存在投资方虚假出资的情况。资产总量少、财务状况不够好给企业融资带来了难度，导致企业经营过程中缺乏资金支持。

公路养护企业的设备基本都是改制时由原来公路主管部门调整来的，整体机械设备力量薄弱，而企业资金匮乏，设备购置力量有限，往往根本无力购置大型机械设备。

（4）人才不足。公路养护企业规模小、资质低、竞争力不强、经营质量和经营效益难以提高，导致薪酬水平较低，无法吸引专业技术人才和经营管理人才，甚至无法留住现有的专业技术人员。企业发展所必需的各类人才严重缺乏，使得企业发展速度受到严重制约。

2.公路养护企业可持续发展的对策

作为养护市场的主体，公路养护企业的发展壮大对于公路养护市场化、社会化的进展具有重要的作用。针对公路养护企业存在的问题，实现可持续发展必须注重以下几个方面。

（1）理顺养护企业与管理部门的关系，建立现代企业制度。公路养护企业为适应市场经济发展和养护市场化的需要，必须理顺其与公路管理部门之间的关系，使得二者在人员、资产、财务上相互独立，建立产权清晰、权责分明、政企分开、科学管理的现代企业制度，使养护企业真正成为自负盈亏、自我约束、自我发展的市场主体。

（2）集团化经营，提高竞争力。在市场经济环境下，适应市场竞争是企业发展的关键。企业规模、资金、资质、人员素质、企业管理水平，都决定了企业在市场上的竞争能力。针对目前公路养护企业规模小、资质低、资金不到位、市场竞争能力差等问题，应鼓励养护企业以产权为纽带进行兼并重组，不断促进养护企业间的横向联合，以形成具有优势资金、技术、人才、资质的大型养护企业，增强在市场上的竞争能力。

（3）调整养护企业结构，实现养护专业化、效益化。目前，国内改制后的养护企业规模较小，但是"麻雀虽小，五脏俱全"，小的养护企业进行的养护业务却很全面。这种小而全的结构特点，不利于公路养护市场专业化分工的总体要求。因此，养护企业应不断调整业务结构，由生产混合型养护向专业化养护方向转变，在路面、路基、桥涵、隧道、交通附属设施、绿化上，按照日常养护和养护大中修工程进行分工，形成门类齐全的专业化分工队伍，以实现养护的效益化。

（4）引进养护机械设备，实现养护科技化。随着公路管理体制改革的不断深入，市场化的养护运行机制不断完善，市场环境不断规范。公路养护企业要想在日益开放的养护市场竞争中处于优势地位，必须适应养护市场新的变化，利用自有资金或贷款引进先进的养护机械设备，或者和养护设备租赁公司联合起来，建立良好的长期合作关系，为养护企业养护专业化、规模化提供先进的机械设备。同时，养护企业应不断引进新材料、新工艺，加大养护技术科研投入，积极进行技术创新，加强科技攻关，形成真正的公路养护生产力，不断提高养护效率和养护质量，以实现养护科技化。

（5）转变观念，树立竞争意识。在市场经济条件下，企业要生存、发展，必须具有强烈的竞争意识。市场化养护运行机制下，公路养护逐渐推行市场准入制和招投标制，机遇与挑战并存，公路养护企业要想发展、壮大，必须要时刻具有危机感和竞争意识，应转变固有观念，解放思想，以市场为导向进行经营决策和经营活动；通过明确工作职责、完善激励机制来调动员工的积极性和创造性，以适应激烈的市场竞争，达到企业快速发展的目标。

（6）加强人才培养，组建优秀团队。在知识经济时代，人才优势是企业培养核心技术与核心竞争力的关键，企业的竞争归根结底是人才的竞争，企业拥有掌握核心技术的、高素质的人才，就能在激烈的市场竞争中占据竞争优势。公路养护企业要持续发展，必须摆脱技术人才缺乏的状况，结合企业发展的需要制定合适的人才战略。大力引进技术和管理人才，培养出一批技术骨干和优秀经营管理人才，不断提高员工的整体素质和技术水平，提高市场的竞争能力。

第六章 公路货运经济

第一节 运输经济学概述

一、运输与经济学

运输（Transport）指的是人或者货物通过运输工具经由运输网络，由甲地移动至乙地，完成某个经济目的的行为。简单地讲，运输是在一定范围内人与物的空间位移。需要说明的是，国民经济与社会生活中发生的人与物体在空间位置上的移动几乎无所不在，但并不是所有的人与物的位移都属于运输经济学探讨的范畴。经济活动引起的物质移动有很多，除了一般了解的货物运输，还有输电、输水、供暖、供气，还有电信部门传输的信息等。这些物质移动也产生物质位移，在一定意义上与货物的移动并没有什么本质上的区别，而且其中有一些也确实是从货物运输中逐渐分离出来的。但是，由于输电、输水、供暖、供气和电信传输都已各自拥有独立于交通运输体系的传输系统，它们完成的物质位移不再依赖于人们一般所承认的交通运输工具，因此这些形式的物质位移不包括在运输领域中。

在自然经济社会中，生产、生活所需要聚集的必要要素种类少。因此，物质、能量、信息的流通域小，且在大地域范围内的流通频度也很低，只在窄小范围中相对较高，所以在这种社会中经济是以"板块割据"的形态出现。由于自然经济社会生产产品的单调而导致各经济板块具有同质性，经济的同质性则使其流通域中的流通频率低、强度小，这时的运输并非现代意义上的一种产业。因此，有学者认为，包括运输经济学在内的任何一种经济学都是资本主义生产方式的产物。只有当流通的涉及面广、强度大、方向复杂、频繁重复时，研究其有效性才有重大的社会意义或价值。也正因为研究意义重大，才促使其研究内容成为一门经济科学。到了资本主义社会，实现了社会化的大生产后，创造出了空前的生产力。这种空前的生产力的获得来自社会化大生产中的规模经济，实现规模经济的理论方法是实施生产高度分工，具体操作方法就是集中化、同步化和标准地进行生产。同时，与这种生产方式同构，生成了地点相对集中（主要在城市）、不断重复、高强度的货流、客流，这些货流、客流则使运输成为一种产业。产业的运作要求是要使资源得到有效的配置，这正是经济研究中的本源问题。因此资本主义生产方式是包括运输经济在内的各种产业经济学产生的根据，要注意的是由此引出各种经济学的产生不一定是同期的，而是有先有后的，其中通常是先"一般"后"专门"。因为"专门"的经济学理论是要有"一般"经济学理论做基础的。所以运输经济学产生的必要条件有两个：一是运输产业的存在；一是有普适的经济学做基础。

二、运输经济学的定位

运输经济学（Transport Economics）是应用经济学的一个分支，它是应用经济学的理论和分析方法探讨与运输有关的各种经济问题的一门学科。

根据研究对象的不同，目前与运输经济有关的学科大致可划分为运输经济学、运输地理学、运输规划学、运输工程学、运输组织学和运输管理学这样几个领域。这几个领域之间相互联系和交叉，有时候不容易分得很清楚。一般来说，运输经济学抽象和研究的是运输需求、运输供给以及运输市场中的种种经济规律。而对于地理学家来说，运输的重要性在于它是影响经济与社会活动分布的主要因素之一，所以他们关心运输网空间结构的变化及其与其他地理要素的相互作用的关系。运输规划学主要研究运输业发展中运输设施建设的布局、规划原则、规划方法以及如何确定具体的运输项目。运输工程学主要解决具体工程的设计、施工问题和工程中如何提高管理水平、效率及效益的问题。运输管理学则是运输业经营者关于运输企业的组织形式、结构规模、如何在运输市场上竞争和内部如何从事计划、财务、劳资等方面的经营和管理的学科。

运输学（运输工程学及运输管理学）的成熟为运输经济学的产生提供了充分条件，而运输经济学则是衔接运输学与经济学的"交叉"学科，因此运输经济学内容的丰富与否是与运输学内容的丰富程度相关的。其实运输经济学就是从运输学之中的最后章节的发展中分离出来的，而运输学又是一种工程学，因此也可以说运输经济学是一种后工程学。其中前缀"后"除指运输经济学从运输学之中分离出来的那部分内容外，还应包括二者分离后运输工程发展中所出现的新情况。这部分研究的主要内容就是工程技术（运输）与社会（经济）之间的"接口"问题，也就是运输中的技术经济问题。其实还不止于此，运输经济学还应包括一部分从经济地理学中分离出来的问题。由于运输经济中的"路"与"车"两种问题比较时，"路"是交通地理系统中的慢变量，它对交通系统特性起着支配性的作用。其中"路"的问题又是属经济地理研究的范畴，因而人们有时也将运输经济问题划归经济地理，而经济地理问题又属地理学科，因此运输经济学研究的问题中还有一部分来自经济地理。但这部分经济地理中的运输问题的基础仍是运输学，没有运输中的路就没有经济地理中的运输问题。实际上准确地讲经济地理问题应为地理经济问题，应属经济学科，所以运输经济学中真正能起分析作用的理论还是运输学和经济学。而运输管理学是一门与运输经济学邻近的学科。二者的相同之处是都以运输现象作为研究对象；研究目的都是为了要使运输系统能有效运作，并使其资源得到充分利用。不同之处：运输经济学研究是要抽象出运输生产中的经济规律；运输管理学研究则使如何将运输生产中经济规律得以具象。前者在研究中应尽可能地抹去不必要的背景去进行抽象操作，得到的研究成果就是抽象的规律，规律是属科学范畴的概念。所以运输经济学是一门科学。后者则是要尽可能地将抽象规律在其应用的背景进行具象操作，使其回归到背景之中去。具象操作术在遵从规律的前提下，更多的是要应用艺术范畴之中的技术。因此，这就是很多人认为与其说管理学是一门科学，还不如说它是一门艺术的深层道理。

在一定程度上，运输经济学为其他运输学科提供必要的经济理论基础。在开展运输地理研究、进行运输规划、从事工程设计和施工，以及经营管理运输企业之前或工作进行之中，应该对问题的本质和来龙去脉有一定的了解和分析，对未来的可能趋势做出预测，并将解决问题的方法制订成方案以进行评价和可行性研究，作为决策的参考依据；运输的规划、设计、施工、运营各项工作中都包含经济问题，都离不开运输经济学的理论和分析方法。因此，运输经济学是其他几个有关运输学科的经济理论基础；同时，运输经济学也必须与其他学科一起共同发展，只有运输经济学与其他学科互相渗透、紧密结合，才能更好地探索各种运输经济问题的内在规律，比较圆满和有效地实现运输目标。

第二节　运输基础设施的经济特性

一、学科的国外发展情况

（一）学科初创时期

西方的经济学家们很早以前就开始注意运输问题了。亚当·斯密 1776 年在《国民财富的性质和原因的研究》（《国富论》）中论述过运输对城市和地区经济繁荣所起的促进作用、政府在交通设施方面的开支等问题。铁路在欧洲出现以后，有更多学者参加了对运输经济问题的讨论，著文论述运输与经济及文化的关系。德国经济学家李斯特在 19 世纪 20—30 年代把交通作为国民生产力的一个因素进行研究。马克思在他的经济学研究中提出了大量非常宝贵的运输经济思想，《资本论》用大量篇幅论述了铁路和航运对资本主义大工业的作用。1844 年法国经济学家杜比特（J.Dupuit）发表了以费用 - 效益观点研究运输投资和运价问题的《论公共工程的效用》。这是第一篇提出边际概念的经济学论文，也被后人认为是第一篇运输经济学专论，因此在运输经济学学说史中占有重要地位。1850 年，在铁路的发源地英国，伦敦大学教授拉德纳（D.Lardner）出版了他的《铁路经济》一书，这本书的副标题是"论一种运输新技术，它的管理与展望，并通过铁路在英国、欧洲及美洲的运营结果说明它与商业、金融和社会的各种关系"。在这本书里，拉德纳讨论了运输进步的历史及其影响，讨论了铁路的各种运营管理和成本、运费、利润等问题，还讨论了铁路与国家的关系。著名经济学家马歇尔（A.Marshall）后来称赞该书为近代铁路经济科学奠定了基础。1853 年，德国的卡尔·克尼斯（K.Knies）也出版了他的《铁道经营及其作用》一书。1878 年，奥地利的萨克斯（E.Sax）出版了《国民经济中的运输工具》。这本书注重采用理论分析的方法，把边际效用学说引入了运输经济学；在体系上，该书既讨论一般的运输政策论，讨论国家在运输方面的作用，又讨论运输业运营活动的经营论。萨克斯对运输经济理论体系的建立做出了杰出贡献。以上几本著作是运输经济学初创时期的主要著作，为运输经济科学奠定了基础。

（二）快速发展时期

从工业国家修筑铁路高潮时期一直到第一次世界大战后，铁路在世界运输业中一直占有统治地位。在这个时期，铁路的投资、铁路的经营管理以及国家对铁路的管理成为运输经济研究的主要对象，各个欧洲国家、美国和加拿大在这些年中都出版了这些方面的专门著作和大学教材。到了二次大战前夕，汽车运输在欧美国家向铁路提出挑战，其他运输方式也得到迅速发展，这种变化当然要反映到运输经济学中。1940 年，美国的约翰逊（E.Johnson）等人出版了《交通运输：经济原理与实践》，开始全面讨论包括铁路、水运、公路、航空和管道各种运输方式的运输经济问题，包括它们之间的竞争与协作。二次大战以后，各种运输业的发展、变化和经济学在宏观、微观理论方面的进步，吸引了较多经济学家逐渐加入运输经济研究。以至于在西方，人们一般认为从 20 世纪 50 年代后期开始，运输经济学才真正加快了自己前进的步伐。这是因为，它的发展一方面要等待与运输有关的社会经济实践积累得比较充分；另一方面，要等待基本经济理论、数学方法等基础和工具也变得足够完善。在美国，1946 年出版了毕格海姆（T.Bigham）的《交通运输：原理与问题》；1950 年出版了费尔（M.Fair）的《运输经济学》；1958 年出版了梅耶（J.Meyer）等人的《运输业中的竞争经济学》；多次再版了劳克林（D.Locklin）的《运输经济学》。这些著作综合地讨论了各种运输方式的发展、竞争、定价原理、经营、国家对运输业的管理和运输政策等，是这一时期运输经济学的代表性著作。

20 世纪 60 年代以后，西方国家各种运输规划方面的可行性研究和环境影响研究吸引了很多工程专家参加工作，这使运输经济学在投资和成本 - 效益分析方面取得了较快进展。其间，由于世界银行在运输方面的贷款项目，发展中国家遇到的交通运输问题也引起了经济学家的注意，他们注重研究运输与经济发展的关系。进入 70 年代以后，世界经济在能源、环境等方面的危机提出了新的运输经济学课题，同时西方国家的运输业管理政策也发生了很大变化，对这些问题的探讨逐渐反映在运输经济学著作中。

从总体上说，运输经济学是一门正在发展、尚未完全成熟的学科。而且，运输经济学在很长一段时间里似乎与主流经济学总是格格不入。其原因在于以下两方面。一方面运输经济学问题确实有自己很突出的行业特点，因此一些运输经济学家在建立学科体系和进行经济分析时似乎更像一群专业的技术专家，较少使用已经比较通用的经济学方法和语言；而一般经济学家也较难一下子就能够从总体上把握住整个运输经济学的脉络，故而使得学科之间的沟通较为困难。另一方面，过去一般经济学是以新古典理论作为基本框架的，但是这种分析框架需要一系列非常严格的前提假设，如完全竞争、交易成本为零、信息完全对称等，而这些假设在交通运输领域可能比一般工商业更加不适用，因此，在运输经济学教科书中所直接平移过来的新古典理论确实距离运输市场的现实十分遥远。

二、学科的国内发展情况

（一）学科发展历程

我国从 20 世纪 20 年代后期和 30 年代开始引进西方的运输经济学，先后出版了《交通经济学》《铁路管理学》等著作，介绍运价、运输成本、财务会计和运输统计等方面的原理。中华人民共和国成立以后，中华人民共和国的运输经济理论主要是向苏联学习的，结合中国实际也编著了一系列运输经济学教材和专著。80 年代前后又陆续出版了《铁路运输经济》《公路运输经济》《航空经济》《中国交通布局》《中国交通经济分析》等一批著作，讨论中国运输的部门的运输经济效益、管理活动和体制改革，以及当时对综合性宏观运输经济问题进行研究的成果。

（二）学科发展的问题

尽管运输经济学在我国取得了长足的发展，但仍然有不少学者认为这些年我们在运输经济学理论创新，特别是学科体系改造方面的成果远不能令人满意。突出的表现是运输经济学科时代特征最明显的"载体"——教科书，此外还存在以下一些明显的问题。

第一，过去的运输经济学几乎纯粹是政治经济学的部门经济学，把它的指导思想概括为仅仅阐述政治经济学所揭示的规律在本部门的体现似不为过。有些运输经济学者即使不同意这个命题，但在实际上却无力摆脱这一束缚。这种状况必然与国际上经济学发展的主流不相适应，特别不能与宏观经济学和微观经济学相衔接。

第二，过去的运输经济学是以集中计划体制作为主体结构的。诸如苏联运输经济学，它们的思路是停滞的，几乎无例外地以"计划作为全书主线"。这种以计划体系为主的情况在我们这里如出一辙。我们当然可以允许在学术上有个运输经济的"计划学派"，但是，这种思想体系的教科书也许只能反映过去时代的传统计划体制，而不能给读者以比较充足的运输经济的科学知识。

第三，过去的运输经济学教材都以一种运输方式为研究对象，或者以一种运输方式为主要研究对象，没有形成综合性的运输经济学体系。各种运输方式是相互联系、相互补充的，抽去了它们的共性，过于强调它们的特性，就不免使运输经济学加重工艺性和技术性色彩，从而出现弱化理论研究和政策研究的倾向。当然，我们不反对有"铁路运输技术经济学""公路运输技术经济学""水运技术经济学"等等，但是用"运输经济学"命名的教科书，终究应具有各种运输方式的综合性特征，否则，就不可能给读者以整体的运输经济学知识。

第四，过去的运输经济学教科书中，具体的业务知识占有很大分量，从而使它的内容同各种具体的经济业务课程相重复。在运输经济学科的课程体系中，适当的交叉是不可避免的，但主要内容的重复却是令人不能容忍的。如果运输经济学与计划、价格、财务、劳动工资、统计等互相重复，运输经济学本身必然产生危机。

第五，近年来的一些运输经济学教科书中，开始逐渐引入西方运输经济学的学科体系，这是对传统运输经济学教科书的重大突破，但书中引用的案例也多源自西方发达国家的运输经济问题。这固然有助于读者对经济学基本原理的把握，但我们也应看到，中国经济的发展走的是一条西方发达国家未曾经历的新路。因此，中国的运输经济问题有着与西方发达国家不完全相似的社会背景，需要我们投入更多的时间和精力方能剖析机理、探寻真谛。

三、运输经济学的发展趋势

（一）研究范围扩大，综合性日益加强

运输经济学的研究领域一直在扩大，目前它的研究内容大致可以分为：交通运输的意义，它与经济、文化及社会发展的关系；运输需求分析；运输供给和成本研究；运输价格分析；运输政策方面的研究；运输业发展战略研究；运输投资和项目评估；城市运输问题；交通拥挤和安全问题；运输引起的环境问题以及运输与土地利用、能源问题的关系；运输行业管理方式的改革和运输企业的内部管理等等。研究领域的扩大反映出交通运输与现代社会经济的联系越来越紧密，也

反映出运输经济学开始走向成熟。

这方面的变化不但表现在部门运输经济学正日益走向跨部门的综合性运输问题研究，而且表现在运输以外的人们对运输问题的关心越来越多，运输经济问题不再是运输经济学界关起门来自己研究的领域。虽然从亚当·斯密和马克思的时代起，运输界就没能包揽过这一领域，但跨学科研究运输问题的倾向从来没有像现在这样突出。一方面，由于运输问题影响的广泛，许多学科的专家纷纷转向这一领域；另一方面，运输经济具有很强的综合性，单靠运输界的力量又难以胜任当前研究所需要的广度和深度。因此，运输经济已经成为诸多学科涉足的领域。20 世纪 60 年代以来，各国加强了对各种运输经济研究机构的建设，一些世界著名学府如牛津大学、哈佛大学、麻省理工学院和加利福尼亚大学伯克利分校，都有自己的运输经济问题研究所或研究中心，甚至出现了多国性的研究组织，如欧洲经济共同体的运输经济研究中心等。参与运输经济问题研究的学科包括经济学、管理学、地理学、农学、城市规划、建筑工程、环境科学、法律、数学和计算机应用等十几个学科，每年都有很多研究报告、论文和专著出版。在这一点上我国的情况也类似，如中国科学技术协会 1987 年以来组织几百位各方面的专家学者进行了历时数年的大规模运输发展战略与政策咨询研究。这些都反映出运输经济学与现代经济的密切联系。

（二）过去一向以政策论和经营论为主的发展线索有所改变

萨克斯 1878 年在《国民经济中的运输工具》一书中初步建立了运输经济学体系，他把运输经济学分成从宏观角度讨论运输业作用及其与国民经济的关系，以及从微观角度讨论运输企业的经营活动这样两大部分。前一部分属于运输经济学的宏观部分，被后人称作政策论；后一部分是运输经济学的微观部分，被称为经营论。从那以后，运输经济理论主要在这两大块内容里发展。

很长一段时间内，运输经济学经营论主要侧重对运输企业经营工作的描述，如运费核算、财务和会计制度、统计方法等。随着企业内部管理活动的逐步规范化和经营管理学科的发展，原来在经营论中的运输财务、会计、统计等内容，一个个分离出去形成了运输经营管理学科的组成部分。随着西方经济学微观分析理论的完善，运输经济学微观部分开始注意比较抽象的理论探讨，如运输需求与供给分析、运输成本和运价分析的比重增加，这一部分逐渐成为微观经济学的一个应用分支。

在政策论方面，交通运输的意义、它与经济和社会发展的关系，过去一直是运输经济学关心的重要内容，后来，各国政府在不同时期采取的运输政策，也逐渐成为西方运输经济学研究的重点。在这方面，耶鲁大学约翰·梅耶等人1958年出版的《运输业的竞争经济学》是一部重要著作。当时美国运输业面临的情况是，公路、航空已继铁路、水运和管道之后得到了相当发展，运输业中五强并存的局面已经形成，但长期实行的运输管制政策却仍旧僵硬地限制着运输业的正常竞争活动，造成运输市场缺乏活力，企业经营效率低下，财务亏损严重。当时许多人没有意识到需要改变运输政策，仍旧主张加强运输管制，增加国家补贴，甚至主张用国有化去解决运输业面临的严重问题。针对这种情况，梅耶等人提出要对运输政策进行根本性调整，以适应运输业的新形势，他们主张放宽对运输业已持续百余年的严格政府控制，代之以鼓励竞争，充分发挥运输市场的作用。近40年来，运输政策研究从过去主要关注管制政策转向放松运输业管制、公共运输业的私有化或民营化，注意更多地利用市场机制、利用竞争去解决面临的运输问题。现在，运输政策研究更注重实际应用，强调预见性，以便为所需采取的政策或替代政策提出建议，并能事先预计该政策将会产生的影响。

（三）强调运输需求分析

过去，运输经济学经营论主要是从运输业角度讨论运输问题，政策论则主要考虑一般公众或代表国家的政府行为，一度忽视了作为运输服务对象的旅客和货主。随着发达国家的运输供给趋于成熟，运输市场上旅客和货主所处的地位上升，运输经济学也从过去思考问题时一般站在运输业的角度逐渐摆脱出来，把注意力更多地转向运输需求分析。新的运输经济学微观部分注重分析各种运输需求产生的原因和影响因素、旅客或货主在运输活动中的作用和他们对各种运输工具的选择标准、客货运量以及客货流的预测等。不少西方运输经济学家认为，运输经济学的主要内容应该是需求分析，有的运输经济学著作甚至宣称，该书主要从使用者的角度讨论运输经济问题。由于物流业和物流管理对现代经济运行效率的影响越来越大，发达国家目前十分重视物流问题，货物运输的进一步发展要服从提高整个社会物流效率的需要，因此不少著作也开始把货运与物流管理放在一起讨论。

（四）与经济学和地理学等主要学科的关系发生了一定变化

在多学科参与运输经济问题综合研究的同时，运输研究似乎有点脱离了经济学和地理学这两门主要学科理论发展的主流，在其学术建设中的地位有所下降；在起初阶段，运输因素曾是西方经济学和地理学理论发展的重要基础。亚当·斯密和马克思的经济理论中运输问题都占有重要地位，另外一些著名经济学家如李斯特、罗雪尔、庇古和马歇尔等也都有过对运输问题的重要论述，经济学中极其重要的边际理论也是从讨论运输问题起源的。但在后来西方经济学的分析体系中，运输多被置于外生变量的地位，即当作经济运行已有的背景条件，不属于少数被分析的重要变量之列。显然，今天主流经济学家们关心的重点已经从运输问题上移开了。随着就业需求的改变，过去西方大学经济系中开设的运输经济课程有不少已停办，而在城市规划系、土木工程系或农业经济系中的运输经济课程现在主要教授工程经济方面的内容。总的趋势是，运输经济研究在推进经济学理论发展方面的影响已经明显减弱。

对运输条件和运输费用的考虑，一开始也是传统经济地理学的基础。在杜能的农业区位模型中，其他因素都被作为固定的常数，农民的收益只决定于土地与市场的距离和运输费用。在韦伯的工业区位理论中，他只规定了运输费用、劳动力费用和生产集聚力三个影响区位的因素，其中运费对工业的基本区位起着决定作用，而劳动力费用和集聚的影响，则被他归为对运输决定的工业区位的第一次和第二次"变形"。韦伯甚至把其他一些次要的区位影响因素也简化为运输费用加以计算。在区域经济研究中，胡佛提出将自然资源优势、集中经济和运输费用作为构成经济活动区位结构和了解区域经济问题的三个基础因素，运输仍占有重要地位。但运输问题目前在国际地理学界已不是热门话题，有不少地理学家转而研究商业地理或通讯地理，大学里的运输地理课程也减少了。

（五）研究方法日趋多样化

随着各学科之间的相互渗透和交叉，运输经济研究所使用的方法和工具日渐丰富，各种规范的、实证的、定性的、定量的、历史的、逻辑的、区域的以及计算机模拟等方法被更多地采用，特别是计量分析手段的逐步完善，使得运输经济学可以更为有效地处理社会经济中与运输问题有关的大量统计信息，能进行更为深入及更为复杂的研究探索。

运输经济学发生的这些变化是由各方面原因促成的。在工业化初期，运输业是支持和推动西方国家经济进入现代增长的重要部门，运输问题特别是运输供给问题非常突出，运输经济学很自然地在这方面取得了较大进展。随着工业化的逐渐成熟，特别是发达国家从 70 年代开始进入后工业化阶段，实现地区间客货联系的运输网已基本上定型，这方面的问题只是如何加以完善和改进。因此，运输需求、市场机制和运输政策的影响在运输经济学中逐渐突出，运输与环境的关系也日益得到人们的关注。经济和地理科学本身也在不断变化，在发达国家，对运输问题从总体上继续进行深入研究，似乎已不是主流经济学家和地理学家十分迫切的任务，这些学者的兴趣中心随着经济结构的变化转到当前对经济运行产生更大影响的方面。总之，在经济学和地理学这些重要的综合性学科中，由于新问题、新领域不断出现，运输问题研究在推进理论发展中所占的位置也在发生着变化。

第三节　运价走低的经济学解释

一、车辆载重能力的提升

在我国，中吨位／中型卡车（装载质量大于 3 t、小于 8 t 的普通载货车及其各种变形车）是我国汽车工业中生产历史最长、社会保有量最大的产品。20 世纪 90 年代中期之前，以载重 5 t 系列的中型车为核心产品，虽然先后经历了长头换型、柴油化、平头化等技术升级过程，但载重能力一直未有显著提升。当时载重 8 t 以上即可迈入重型货车的范畴，载重 12 ~ 15 t 已经是国产货车的上限。

20 世纪 90 年代中后期开始，用户最强烈的要求是多拉快跑，创造更多的效益，原来拉 5 t 的车，如何能够拉到 10 t，成为汽车企业重点面对的技术难题，经过加强化、多轴化两个过程充分满足用户超载的需求。中型货车通过不断强化逐渐与重型车接轨，形成了具有中国特色的准重型卡车。近 10 年来，高速公路网快速发展，全社会公路货运量、货物周转量稳步提高，加之房地产开发如火如荼，使得载重 15 t 以上的重型货车、自卸车、工程车及拖挂 25 t 以上的牵引车车型高速增长。

从发动机的角度来看，90 年代初市场上的发动机不论是解放牌还是东风牌，功率都在 140 ~ 180 马力（1 米制马力 =0.735kw）左右，只能满足 5 ~ 8 t 车的需求。经过多年的发展，排量更大、技术更先进、排放更环保的新款发动机得以推出，排量由 6 ~ 7 L 提高到 10 ~ 12 L，功率也提升到 280 ~ 420 马力（1 米制马力 =0.735kw），可以满足重型牵引车、自卸车的需求。

二、车辆售价的下降

汽车在 20 世纪八九十年代是稀缺物品，即便是在大城市，汽车也只是极少人才能享用的奢侈品。在当时的历史条件下还没有私家车这一说法，不论是军队的吉普车，还是供高级官员乘坐的轿车，抑或是用于运输的大卡车，在普通民众的心目中同样富有神秘的色彩。

改革开放前的车辆价格未必是真实的市场价格，一是因为当时没有健全的市场——私人不允许购买汽车，单位或企业购置汽车也有计划分配和市场销售两条渠道，并分别实施计划价和市场价，市场价格波动很大；二是当时公布的"价格"并不等于添置车辆全部的"代价"——除了支付一定的费用，还需要使用"指标"等其他资源。以中型卡车为例，80 年代中后期每辆车的计划内外差价高达 1 万元。考虑到当时主流中型卡车（CA15）的售价仅为 3 万元左右，1 万元的差价相当可观。总体来看，80 年代中后期，轻型卡车的价格为 2 万 ~ 3 万元（相当于现在的 20 万 ~ 30 万），中型卡车为 3 万 ~ 4 万元（相当于现在的 30 万 ~ 40 万），重型卡车的价格区间为 6 万 ~ 10 万元（相当于现在的 60 万 ~ 100 万）。现今，11 万 ~ 13 万可以购得载重 4 ~ 5 t 的依维柯中型货车；额定载重量 10 t 的福田欧曼可 5 系售价为 15 万元上下；25 万 ~ 35 万可以买到载重量 20 t 的重型货车；40 万 ~ 50 万元可以购买到牵引总质量超过 40 t 的牵引车。简单地对比可见，现在公路货车的售价几乎只是 80 年代中后期的同级别车型的一半，而载重能力要远超当时同级别车型。

三、司机劳动力价格的下降

与出租车司机相似，在 20 世纪 80 到 90 年代中期，卡车司机一直以来都是一个令人羡慕的职业。在普通人看来，卡车司机走南闯北、见多识广、报酬丰厚、家境富足。《平凡的世界》中"方向盘一转，给个县长都不换"正是对当时卡车司机工作的描述。卡车司机成为抢手的职业与特定的历史背景分不开。在很长的一段历史时期内，只有大型企业才会有运输部门，很多运输部门是政府机构参与运营的，普通人家的子弟很难进入。在这种特定的历史条件下，卡车司机自然成为"高人一等"的就业岗位。

四、燃油价格与燃油经济性的变化

1998 年以前，我国的成品油价格由政府制定，并不考虑国际油价的变动；1998 年之后，国家对原油、成品油价格形成机制进行了重大改革，改变了过去单一的政府定价模式，实现国内原油和成品油价格与国际市场逐步接轨。

五、"费改税"的影响

"费改税"的原因较为复杂，对于公路货运车辆来说，主要影响如下：一是可以将税费同车辆的实际使用强度联系起来，实现税费征收的相对公平；二是避免原来"三费"征收环节高昂的交易成本（如"大吨小标"——车辆标称的核定载重量远小于实际载重能力/吨位的行为，以逃避按照核定载重量征收的公路养路费等税费），以及由于高交易成本造成的"税费流失"；三是有助于促进车辆燃油经济性的技术进步。当然，"费改税"时需解决原费收体系人员的安置问题，"费改税"之后需面对成品油消费税征收环节更高的交易成本。

六、计重收费的影响

我国传统的公路收费制度中，主要采用的是分车型按次收费或分车型按里程收费这两种方式。对于货运车辆，通常是按照车辆"核载"（车辆行驶证上的核定载重量）将其分为几类，再对每一类车型按照不同的里程费率收取通行费。这样的收费分类方式较为明确，也便于人工判别车型。然而，这种分类方式存在着两个较严重的缺陷。

（一）"大吨小标"问题

与公路养路费征收相似，按照车辆"核载"收取通行费的问题时，车主有降低标称载重量以减少缴费额的强烈动机，车辆生产厂家也有配合消费者的利益关系。因此，市场上一度出现了众多压着收费分类线的"核载"，如 1.99 t（以避免迈过 2.0 t 的 2 类车门槛）、4.99 t（以避免迈过 5.0 t 的 3 类车门槛）。而这些车辆的实际载重能力甚至高达 20 t。从公路运营方的视角来看，由于其无权对行驶证上核载数据的真实性和准确性进行干预，而修改各车型的通行费费率不仅容易"误伤"大型客运车辆，在制度上也较为复杂，因此，"大吨小标"的做法无疑造成了通行费的大量流失。

（二）缺乏排他性

重载货车对于道路桥梁的寿命存在着几倍至数百倍于小汽车的影响。特别是对于公路路面，一辆严重超载的货车在理论上的影响可能相当于数千辆小汽车，甚至会出现一次行驶就造成路面损坏的情况。因此，公路运营方没有向此类车辆提供服务的意愿。然而，公路运营方缺乏限制或禁止严重超载货车通行的权限。结果是，不得不按照事先公布的价格——通行费费率——提供通行服务，或者，支付费用邀请拥有执法权限的公安等部门协助管理。

综上所述，公路市场（"公路产品"交易的市场，该市场中，汽车用户通过支付路桥通行费或交税，向公路供给方购买"车辆通行权"）中严重的机会主义问题和高昂的管理成本引发了公路供给方的强烈不满。不过，运动式的执法无法改变货车重载的经济基础，也难以消除市场中的机会主义风险，前述问题一直没有得到解决。

21 世纪初，随着车辆动态称重、轮胎识别、车辆分离等技术的日趋成熟，公路建设运营方找到了一种新的收费方法，可以有效解决上述两个问题。这就是计重收费。2005 年 10 月，中华人民共和国交通运输部发布了《关于收费公路试行计重收费的指导意见》，此后近数年时间里，计重收费模式在全国各地得到迅速推广。计重收费，是通过对收费车辆进行以轮轴类型和重量划分进行收取费用的系统。收费方不再按照捉摸不定的"核载"，而是改为依据车辆轮轴类型（轴数、轴型）这样较为准确的特征对货车进行分类，再按照车辆的重量特征（车轴重量、车货总重等）设置基础收费费率和超载车辆"惩罚性"费率。这样，不仅有效地缓解了业者"偷逃"收费的机会主义问题，也通过更为细致的费率标准攫取了更多的"消费者剩余"，同时通过高昂的"惩罚性"费率阻止了严重超载车的驶入。

简单地说，尽管计重收费系统的建设运营投入较高，也存在着一定的准确性和可靠性问题，但计重收费模式这一中国式创新是高速公路市场较为成功的机制转变。当然，从高速公路市场中消费者（货运业者）的角度来看，计重收费无疑在一定程度上增加了车辆运营成本（业者支付了更多的通行费，或者改走其他公路）。而这样的成本增加，大部分会转移至公路运输的最终消费者——社会中的所有人。

七、综合影响

综合来看，与 20 世纪 80—90 年代相比，当前的公路货运行业在运输能力、运输范围和服务水平方面都有了很大的进步。与此同时，运输成本却大幅下降。其中最主要的原因在于车辆制造技术和公路建设技术的改进。车辆制造技术不仅大幅提升了车辆的装载能力，减少了车辆油耗，也降低了车辆售价和维修成本。加之货车司机劳动力价格在一定程度上的降低和司机们更辛勤的付出，公路货运价格不升反降并没有太多令人费解之处，更不能根据部分运输成本项出现"增长"就做出目前公路运输价格与成本变化"相背离"的判断。

至于成品油消费税、养路费、路桥通行费等税费的增加，一方面确实是社会税费成本的提高；另一方面，由于货运业者得到了更好的公路服务，也可以理解为是一种对公路货运生产要素之一的道路服务的经济支付。

最后，公路货运市场在起讫点（供给地—消费地）需求差异很大，而目的地周边范围内亦缺乏其他货运需求地的情况下，也可能出现"高峰定价法"的情况。此时，货运业者在车辆返程时接受较低的运费（甚至低于单程的运输成本）也是理性的选择。不能因此就断定公路货运市场存在非理性的"恶性竞争"。

第四节　我国公路货运的优势与代价

一、我国公路货运行业的特征

与欧美发达国家相比，我国的公路货运行业有下述 3 个主要特征。

（一）车辆装载量较高

在车辆轮轴类型相同、车辆自重相近的情况下（后文简称同级别），我国公路货运车辆的载重能力和实际载重量要远超欧美发达国家的货车。而同级别对比，中国货车的发动机功率往往要小于美国货车，对于车型 4 和车型 5 的重型车辆来说更是如此。主要原因在于：中国的货运需求者往往更看重运输成本的节省而非单程的运输速度。因此，中国的公路货运行业普遍采取"重载"加"低速"的运输业态，以提高运输批量、降低油耗，从而降低单位运输成本 [元 /（ t·km ）]（元 / 吨公里)。中国的货车也常常装配功率相对较低的发动机（因为无须高速行驶，尽管装载的货物更重，但对车辆动力的需求会更低）并减少车辆的舒适性和安全性配置以进一步降低成本。

（二）车辆行驶车速较低

车辆选定后，货车司机在做行驶车速决策时，主要基于下述考虑。

1. 经济性

货运车辆的经济时速（通常是一个速度区间）是指在车辆行驶中消耗燃料最节省的速度。它随路况、载重、风向、气候及使用情况有所变化。由于我国公路货车重载的倾向性，车辆的经济时速在负载时通常较低（否则就会造成油耗的急剧上升）。因此，对燃油成本较敏感的大多数货车司机，即使在高速公路上，也会尽量将车速控制在 60 ~ 75 km/h 经济时速（很多小汽车驾驶员的期望车速常接近公路的限速 100 ~ 120 km/h)。这就造成了我国公路货车的行驶车速普遍较低的现状。较低的行车速度，带来了更好的燃油经济性，并降低了对车辆动力的需求从而降低了车辆售价，这些都有助于降低运输成本。不足之处在于增加了运输时间（中国的运输业者通过长时间连续行车、夜间行车和减少休闲时间等方式，弥补了这些"损失"的时间，甚至做到了超过美国的长途运输效率），并带来了交通效率、交通安全等方面的负面影响。

2. 时效性

对燃油成本不太敏感的部分货车司机（如正在赶时间的快递物流车辆驾驶员）则有选择高行驶速度的动机。当然，车辆能够达到的速度会受到车辆动力性能（如最大车速）、路段交通量和驾驶员能力等因素的制约。

3. 安全性

在面对下坡、弯道、交通拥堵等路况时，出于安全方面的考虑，驾驶员会在车速方面做出一定的保留。

（三）货车司机的工作强度大

中国的货车司机，尤其是长途货车司机，连续驾驶时间长、夜间驾驶时间长，休闲甚至睡眠休息时间都很有限或不完整，工作强度相当大。原因主要如下：在重载低速的行业需求下，为了保障整个运程的效率，司机不得不通过减少休整时间以弥补低车速造成的效率损失；为了与起讫点的物流集散时间相一致，并减少很多城市白天限行货车政策的阻碍，长途运输只能选择夜间行驶以保证傍晚发车、凌晨到达；货车司机的劳动力供给较为充足，司机们在工作内容和时间安排方面没有太多的选择余地。

二、公路货运特征对国民经济的促进作用

在公路货运行业的努力下，全体国民获得了巨大的实惠。不仅保证了运输的整体效率，更是将运费控制在了很低的程度。《基于车辆轴型分类的公路货运车辆运营成本研究》表明，超载超限行为取缔后，中长途货运车辆的单位运营成本将增加 38% ~ 61%（重型车辆的增幅较高），运价和物价也将出现相应的增加。

三、公路货运特征对交通效率的影响

在我国某些公路路段，常出现运行交通量并没有达到设计通行能力而实际交通状况却拥挤不堪的现象，并迫使这些公路提前进入改造期，影响了这些公路社会经济效益的正常发挥。原因之一在于公路上较多车速较低的重载货车与其他快速车辆混行，在公路沿线形成大量的"移动瓶颈"，导致道路实际通行能力下降。"移动瓶颈"（Moving Bottleneck）的概念：在多车道道路上，当一辆货车在一条车道上行驶的时候，经常会造成后面几辆甚至大量车辆减速跟行，形成"成簇"慢行车队，它不同于在那条车道上的一个实际的障碍物，而是速度的差异所致。

在发达国家和地区，针对"移动瓶颈"的应对措施主要集中在重型车爬坡及弯道转弯上。通过专设重型车爬坡车道，问题已得到基本解决。在我国，公路货车行驶速度较低的现象不仅仅出现在爬坡及弯道，而是贯穿于整个行驶过程：低速运行的货运车辆引发后方到达车辆的超车需求，而车道数的限制使得超车机会受限，从而导致小客车和大型客车延误的增加；而当一辆货车从超车道超越另一辆更慢的货车时，会暂时形成全部车道的障碍，造成后面大量车辆减速跟行；在无法立即超车的情况下，小汽车驾驶者出于自身安全的考虑常倾向于远离低速行驶的货车，因此会采用比正常行车间距偏大的跟行距离，从而导致交通流密度降低，影响实际通行能力。

四、公路货运特征对交通安全的影响

道路交通事故的致因较为复杂，通常都包含多方面的影响因素。为方便表述，下文主要从车辆和驾驶员的角度探讨我国公路货运的特征（超载、低速和高强度运营）对交通安全的不良影响。

（一）超载的影响

相对于满载状态，货车超载不仅降低了车辆操控性能，增加了驾驶操作的强度，同时也增加了驾驶员的心理负担（对于车辆控制、事后处理以及被处罚的担忧）。由于车辆在超载状态下的行驶性能存在更大的不确定性，而驾驶员对这些负面影响难以全面把握，当面对行车阻碍（如车辆故障，路面障碍物，其他车辆、非机动车或行人干扰，人员执法等）需紧急变向、刹车或采取其他操作时，驾驶员容易犹豫、惊慌甚至操作失误，从而造成事故的发生或事故严重程度的增加。另外，部分车载货物（如钢材、化学危险品等）在车辆急刹车、侧倾等状态下也会对驾驶室和驾驶员造成一定的威胁，这种威胁在车辆超载状况下会增加。

最典型的场景是连续长下坡或陡坡路段。在连续长下坡路段，车辆超载加速了车辆制动性能的衰退，货车驾驶员为避免刹车磨损和失效，较少制动，因此车速往往较高，此时一旦出现突发情况往往非常被动——首先车辆会变得比低速时更容易失控，另外，紧急制动也更容易造成车载货物前冲并挤压驾驶室。而在陡坡路段，制动失效是主要的事故原因之一，尤其是在急弯陡坡组合路段，因驾驶员频繁制动，导致制动器温度上升，制动失效现象最容易出现，车辆超载加剧了制动失效的风险。

（二）低车速的影响

发达国家的研究表明，车辆的车速与平均车速的差值越大（无论是高于还是低于平均车速），即车速分布越离散，事故率就会越高。这里有一个前提，即这些国家公路货车的行驶车速在平直路段与小汽车基本一致。而对于我国的公路，特别是高速公路来说，由于客车与货车的期望车速差距较大，时常会形成两种典型车速（如客车的 110 km/h 和货车的 70 km/h）共存的现象，并形成两个车速峰值（而非发达国家公路的单峰值）。尽管存在这样的差异，对比车速标准差与事故率还是可以发现，车速离散性较大的路段事故率较高。

货车车速远低于客车，之所以会造成更高的事故率或伤亡率，主要有以下原因。

1. 增加了追尾的风险

货车车速明显低于客运车辆，易造成车速明显不同的车辆发生追尾或碰擦。当发生小汽车追尾货车的事故时，我国货车重载和低速的特征又进一步降低了"碰撞相容性"。"碰撞相容性"是指在不同的车辆之间发生碰撞时，车辆的总质量、几何外形和结构刚度方面相互融合可以达到彼此能够承受的程度。换句话说，汽车不仅要保护自己车内乘员，也能保护对方车内乘员的安全。为了重载的需要，我国公路货车的尾部高度较高，当小汽车以较高的相对速度追尾货车时很容易发生"钻撞"，即小汽车车头钻入货车或挂车的后下部（小汽车保险杠以及与其相连的前部防护结构均无法正常工作或溃缩），而小汽车相对脆弱的乘员区与货车的尾部发生直接碰撞。此时，货车尾部极有可能碰撞小汽车车顶并导致小汽车司乘人员的头部损伤。

2. 增加了交通冲突

货车车速明显低于客运车辆，亦导致了大量、频繁的车速变化与超车行为，间接地增加了事故率。而道路上发生交通冲突现象的次数越多，发生交通事故的可能性越大。在超车的客车与被超的货车之间，由于两车的流谱发生相互干涉，引起扰流的变化，在车身上产生瞬时气动力的压力分布，并且该压力分布在整个超车过程中迅速变化，这种变化将直接导致作用在汽车车身上的气动力发生改变，导致车辆（往往是正在超车的小汽车）横摆、侧倾、侧滑状况发生变化，从而影响车辆行驶的瞬态稳定性，严重时会发生交通事故。此外，由于存在货车这样的移动瓶颈，试图超车的车辆与对向车道的车辆、试图超车的多台车辆之间也会产生交通冲突。尽管事故发生后无法认定货车的事故责任（因为其正常行驶），但事前的影响不容忽视。

3. 运营环境的影响

货车司机的人为失误是很多交通事故的主因，其表现主要有超速行驶、疏忽大意、疲劳驾驶、酒后驾车、疾病等。从驾驶员自我认识的角度来看，分别有95%和90%的驾驶员认为疲劳驾驶、疏忽大意是造成交通事故的主要因素。

驾驶疲劳引发的交通事故在货运行业比较突出。驾驶员普遍认为夜间以及长时间连续驾驶是导致疲劳的最主要因素。对于长途运输来说，沿途道路几何线形、路面条件、视野状况和气候条件等差别很大，环境的变化也会导致驾驶员产生恐惧、孤独感，引起心理疲劳。此外，车辆振动、驾驶室温度过高等因素亦会造成驾驶疲劳，使驾驶员视觉敏锐度降低，对道路情况反应不及时，操作的准确性下降。最后，交管部门对疲劳驾驶行为的认定也会对保险公司的事故理赔金额造成负面影响，这也进一步增大了货车驾驶员的心理压力并导致其心生不满。

驾驶环境的特殊性决定了货运驾驶员易冒险。货运车辆在夜间或空旷路段行车较多，有些冒险行为不易被交通管理人员发现，从心理学的角度看，如驾驶员屡次采取冒险行为却没有发生交通事故也没有受到惩罚，则驾驶员的主观风险意识会大大降低。

五、公路货运特征对公路基础设施的影响

（一）车轴重量对路面破坏的理论影响

针对汽车轴载质量与路面强度及使用寿命的关系，美国各州公路工作者协会（AASHO）通过环道试验，在研究了不同汽车轴载质量对各种结构及材料修筑的路面破坏情况后，于 1958 年提出了著名的"汽车对路面的破坏作用与汽车轴载质量的 n 次方成正比"的理论，即著名的"四次方法则"，公式如下：

$$EF = \left(\frac{P}{P_0}\right)^n \tag{6-1}$$

式中：EF——P 对路面的作用次数换算成 P_0 对路面的作用次数，即破坏系数；

P_0——标准轴载；

P——任一轴载；

n——试验系数，一般情况下 n=4 ~ 5。如美国取 4.2、日本取 4.0、英国取 4.55，而我国一般沥青路面结构 n=4，水泥混凝土路面结构 n=16。

由此可见，超载超限车辆的轴载若超过标准轴载 1 倍，每通过路面 1 次相当于标准轴载车辆正常通过 16 ~ 32 次，若超过 2 倍，相当于标准轴载车辆正常通过 81 ~ 243 次，影响成几何倍数增加。

根据上述公式、各车型轴载谱（某一车型每一根轴 / 轴组的重量分布函数）、货车车型组成、货车混入率和公路交通量等参数，可以计算一条公路在一年中承受的累计标准轴次。

（二）超载程度对路面使用寿命的理论影响

若各级公路按车辆额载时的累计标准轴次进行设计，则当公路货车普遍超载时，公路的使用寿命随着超载率的增加而明显降低。当货车全部超载 100% 时，高速公路路面的使用年限由 15 年下降为 4.1 年，一级公路路面的寿命由 15 年下降为 4.3 年，二级公路由 12 年下降为 4.9 年，三级公路则由 8 年下降为 2.1 年，可见，超载对公路路面使用寿命的影响非常大。

（三）公路基础设施运营方的应对

尽管公路市场的重要消费群体——公路货运车辆——对公路路面存在着如此严重的影响，但是，只要定价与服务合适，买卖双方仍有可能达成一致。计重收费模式的提出，一改之前大部分公路货运业者"支付不足"的问题，并得以将部分车辆排除在供给对象之外（一些高速公路甚至拒绝向 5 轴以上的货车开放），从而成功地消除了公路货运车辆对于高速公路路面的外部影响，或者说将这些外部性内部化了。

对于普通公路市场，计重收费模式则很难实施。一是由于普通公路的非排他性较高（出入口太多），控制全部出入口的成本过于高昂；二是由于国家逐步取消政府还贷二级公路的收费站，普通公路费收体系将逐渐退出。针对重载货车，相关部门采取了"固定式超载超限检查站"配合"流动式执法"的管理模式，亦取得了不错的效果。

综上所述，我国的公路货运业基本属于"成本导向型"行业。车辆重载、低速行驶与货运业者的高强度劳动将单位运输成本控制在非常低的水平，全社会均得以从中获利。这也是超载超限运输治理中最大的阻力来源。需要说明的是，由于身处可竞争市场，公路货运行业（尤其是整车货运）本身并没有取得较高的利润水平。而货车司机群体随着劳动力资产专用性的下降，不仅无法取得高收入，还承担了较大的职业风险。

公路货运重载、低速的特征对于交通效率、交通安全和基础设施寿命均产生了巨大的影响。需要说明的是，并非所有负面影响都属于"外部成本"。在交通安全领域，货运业者可以通过购买车辆保险和货物保险降低风险损失；换言之，通过商业保险，行业已将公路货运交通安全方面的部分外部性"内部化"了。在公路市场领域，货运业者通过路桥通行费和其他税费、罚款，支付了车辆通行公路基础设施的费用；换言之，通过支付税费和罚款，行业已将车辆对公路基础设施的大部分外部性"内部化"了。从经济学的角度,这些已被"内部化"的部分,不应被继续视为公路货运对社会的负面影响。

当然,公路运输行业仍然存在尚未被"内部化"的社会影响。例如,由于货车低速行驶导致其他车辆交通效率的降低和交通事故率的增加。当然,这里牵涉到一类产权、路权是否明晰的问题,如果货车低速行驶的权利受到法律保护,那么,其他社会车辆受到的交通影响不应被视为货车带来的外部性。此外,货车在环境污染、噪声、震动等方面亦存在外部影响。

展望未来,随着产业转型升级和社会经济发展,公路货运需求将逐渐从"成本导向型"向"效率导向型"转化,其他社会车辆和货车司机群体亦会在交通效率和交通安全领域提出更多的诉求。多方博弈的结果将给行业的发展带来新的动力。

第七章　公路建设项目经济评价

第一节　公路建设项目经济评价概述

一、公路建设项目经济评价的概念与特点

公路建设项目经济评价是公路建设项目前期研究工作的有机组成部分和重要内容，其目的是根据国民经济与社会发展战略和交通行业、地区发展规划的要求，结合交通量预测和工程技术研究情况，计算项目的费用和效益，对拟建项目的经济合理性做出评价，为项目建设方案的比选、决策提供科学依据。

建设项目经济评价从评价角度和内容分，可分为经济费用效益分析和财务分析。

经济费用效益分析是在合理配置社会资源的前提下，从国民经济整体利益的角度出发，计算项目对国民经济的贡献，分析项目的经济效率、效果和对社会的影响，评价项目在宏观经济上的合理性。公路建设项目经济费用效益分析，是通过项目所支出的经济费用与全社会使用公路者所获得的效益两个要素的比较来衡量的。

财务分析是在国家现行财税制度和价格体系的条件下，从财务角度分析测算项目的财务盈利能力、清偿能力和财务生存能力，对项目的财务可行性进行评价。公路建设项目财务分析是通过项目所支出的财务费用与所收取的过路、过桥费以及其他相关的收入两个要素的比较来衡量的。因此，公路建设项目只对收费公路进行财务分析。

经济费用效益分析与财务分析结论均可行的项目，从经济角度看应予通过，反之予以否定。经济费用效益分析结论不可行的项目，一般应予否定。对某些具有重大政治、经济国防、交通意义的公路项目，若经济费用效益分析结论可行，

但财务分析不可行，可重新考虑方案，或提出相应优惠措施的建议，使项目在财务上具有生存能力，必要时进一步说明建设的必要性，不再考虑财务分析的结果。

二、公路建设项目经济评价的原则与要求

1. 经济评价原则

（1）公路建设项目经济评价应遵循费用与效益计算范围对应一致的原则。

经济费用效益分析只计算项目直接效益和直接费用，同时对项目外部效果进行定性分析和描述。财务分析除计算项目直接收益和直接费用外，还应计算与项目有关联的服务、开发等经营性设施所发生的间接收益和间接费用。

（2）公路建设项目经济费用效益分析采用"有无对比"原则。

有无对比原则，即"有项目"与"无项目"对比的方法。"有无对比"是国际上项目评价中通用的效益与费用识别的基本原则，所谓"有项目"是指实施拟建项目后，相关路网将要发生的情况；"无项目"是指不实施拟建项目，相关路网将要发生的情况。

在识别项目的效益和费用时，需要注意只有"有无对比"的差额部分才是由于项目的建设增加的效益和费用。采用有无对比的方法，是为了识别那些真正应该算作项目效益的部分，即增量效益，排除那些由于其他原因产生的效益；同时也要找出与增量效益相对应的增量费用，只有这样才能真正体现项目投资的净效益。

（3）公路建设项目经济评价应遵循定量分析与定性分析相结合，以定量分析为主的原则。

经济评价的本质就是要对拟建项目在整个计算期的经济活动，通过效益（收益）与费用的计算，对项目做出经济上是否合理的评价。一般来说，项目经济评价要求尽量采用定量指标，但对一些不能量化的经济因素，不能直接进行数量分析，对此要求进行定性分析并与定量分析结合起来进行评价。

（4）公路建设项目经济评价应遵循动态分析与静态分析相结合，以动态分析为主的原则。

动态分析是指利用资金时间价值的原理对现金流量进行折现分析。静态分析是指不对现金流量进行折现分析。项目经济评价的核心是折现，所以分析评价要以折现（动态）指标为主。非折现（静态）指标计算简单，比较直观，但是只能

作为辅助指标。

2.经济评价要求

（1）工作深度要求。

经济评价在预可行性研究工作阶段及工程可行性研究工作阶段的工作深度要求有所不同。

①预可行性研究阶段只要求对推荐建设方案进行经济评价；工程可行性研究阶段的经济费用效益分析则应以推荐方案和备选方案为评价对象。

②预可行性研究阶段的经济评价不要求分车型计算效益；工程可行性研究阶段须分车型计算效益。

③预可行性研究根据项目的具体条件，可直接选用国家公布的产品（服务）的影子价格及换算系数；工程可行性研究阶段项目主要投入物的影子价格，应由项目评价人员按统一规定的测算原则和方法自行测定。

④预可行性研究阶段，经济评价的效益和费用可不分路段计算；工程可行性研究阶段须分路段计算。

（2）项目计算期。

项目计算期的长短主要取决于行业特点和项目本身的特性。公路建设项目的计算期包括建设期和运营期。在经济费用效益分析中运营期按 20 年计算。财务分析的运营期应根据《收费公路管理条例》确定。

（3）价格体系。

项目投入物和产出物的价格是影响方案比选和经济评价结果最重要、最敏感的因素之一。项目评价都是对未来活动的估计，投入和产出都在未来一段时间发生，所以要采用预测价格对费用、效益（收益）进行估算。

在经济费用效益分析中，采用以影子价格体系为基础的预测价格，计算期内各年均采用基年（开工前一年）价格，不考虑物价上涨因素的影响。

财务分析应采用以市场价格体系为基础的预测价格。影响市场价格变动的因素很多，也很复杂，归纳起来有两类：一是由于供需量的变化、价格政策的变化、劳动生产率的变化等可能引起商品间比价的改变，产生相对价格变化；二是由于通货膨胀或通货紧缩而引起商品价格总水平的变化，产生绝对价格变动。

在市场经济条件下，货物的价格因地而异、因时而变，要准确预测货物在项目计算期中的价格是很困难的。在不影响评价结论的前提下，可采取简化办法。

①对建设期的投入物，由于需要预测的年限较短，可既考虑相对价格变化，

又考虑价格总水平变动；由于建设期投入物品种繁多，分别预测难度大，还可能增加不确定性，因此，在实践中一般以价差预备费的形式综合计算。

②对运营期的投入物和产出物价格，由于运营期比较长，在前期研究阶段对将来的物价上涨水平较难预测，预测结果的可靠性也难以保证，因此一般只预测经营期初价格，运营期各年采用同一的不变价格。

第二节　公路建设项目经济费用效益分析

一、投资方案的分类

要正确评价建设项目方案的经济性，仅对项目进行经济评价指标的计算和判断往往是不全面的。在方案选择时，分清方案的类型是非常重要的，因为类型不同，选择和判断的尺度也不同。在实际工作中，首先应了解方案的类型，再根据方案的类型确定适合的经济指标，才能为投资决策提供科学合理的依据。

（一）独立方案

独立方案是指方案间彼此互不干扰，一个方案的执行不影响另一个方案的执行，在选择方案时可以任意组合，或者说，如果方案间的加法法则成立，则这些方案彼此独立。

例如，有 A、B 两个方案，A 方案将 2 万元存入银行 1 年，年利润 4%，到年底时本利和为 2.08 万元；B 方案用 3 万元购买 1 年期债券，年利润 5%，年底本利和为 3.15 万元。

可以看出，如果 A 方案不是将钱存入银行，而是购买债券，会获得高一些的利润。独立方案的特点是各方案之间不互相比较，都只对"什么也不做"方案进行比较，即 2 万元存入银行利润虽不及购买债券，但总比不存银行放家里好。在独立方案的比选中，可以接受其中一个、几个或全部的方案，也可以全部不接受，并且各方案的有效期可以不同。

（二）互斥方案

互斥方案是指方案间彼此排斥，接受其中一个方案就必然排斥其他方案。例如某建筑物的地基，可以采用桩基础、带型基础方案，这两个方案就是互斥的，因为取其中任何一个方案必然抛弃另一个方案。

（三）混合方案

实际工作中常常有互相独立、互相排斥的方案混合在一起的情况，即混合方案。例如，某施工企业接受了三项功能不同的施工任务（独立方案），各个任务又有不同的施工方法可供选择（互斥方案），这就是混合方案的问题。

（四）相关方案

相关方案是指各投资方案间现金流量存在影响的一组方案，根据影响结果，相关方案分为正相关和负相关方案。当一个方案的执行使另一个方案净现金流量减少时，此时方案间具有负相关关系；当一个方案执行使另一个方案净现金流量增加时，方案间具有正相关关系。例如，商业区建一个中式餐厅和一个西式餐厅，任一个餐厅的建设都会影响到另一个餐厅的现金流，两餐厅的建设方案即为负相关方案。

（五）互补方案

如果不同方案之间，某一个方案的实施要以另一个或另几个方案的实施为条件，那么这些方案之间就是互补的关系。如要在某地开发一个旅游项目，就需要有交通、旅店等项目与之配套。在进行方案评价时，通常将互补方案作为一个项目群整体评价。

二、独立方案的选择方法

独立方案可采用净现值法等年值法、将来值法、内部收益率法和净现值率法等进行选择，这些方法得出的结论都是一致的。

在实际中，独立方案的选择可分为两种情况。

（一）无资源约束

企业资源（如资金、人力、物力、时间、生产能力、空间等）充足，可以满足全部项目的要求，独立方案的取舍只决定于本方案的经济价值，而不必考虑其他方面各因素的影响，此时只要方案的经济指标满足评价要求，就认为方案可行。

（二）有资源约束

但在大多数情况下，企业的资源是有限的，在众多的互相独立的方案中选择几个方案时，通常采用"效率选择法""收益率法"和"内部收益率法"来确定方案的优先顺序，前两者为静态分析方法，后者为动态分析方法。

1. 效率选择法

效率选择法按单位关键资源的贡献大小来进行方案择优。

2. 收益率法

收益率法是将比选方案的收益率按大小排序，根据收益率的大小，在最大限度地利用资金的前提下，进行方案的选择。

3. 内部收益率法

上述两种方法中都没考虑资金的时间价值，如果投资项目持续时间较长，就应该考虑使用资金时间价值计算方法来计算项目的内部收益率。

对有资源约束的独立方案，选择时应在满足指标评判要求的前提下，进行不同方案组合，并进行收益对比，选择最高的收益为最佳组合方案。

三、互斥方案的选择方法

（一）寿命期相同的互斥方案选择

进行互斥方案的比选，必须遵循可比原则，以保证分析、论证能全面、正确地反映实际情况，因此，可以直接按照经济评价指标值进行比选，需要注意的是，对互斥方案采用内部收益率进行评价往往会得出错误的结论。常用的比选方法有财务净现值比较法、最小费用法和差额投资分析法等。

1. 财务净现值比较法

财务净现值大的为最优方案。

2. 最小费用法

最小费用法实质上是财务净现值比较法不考虑收益时的一种特例。在互斥方案比选中，假设各方案收益相同，仅对备选方案的费用进行比较，以备选方案中费用最小者为最优方案。最小费用法通常是计算备选方案的费用现值（PV）或费用年值（AC），以其最低的方案作为最优的方案。

3. 差额投资分析法

差额投资分析法是用投资大的方案减去投资小的方案，得到差额投资现金流量，然后通过计算差额投资现金流量的经济评价指标，如差额投资财务净现金值、差额投资财务内部收益率、差额投资收益率、差额投资回收期等来进行方案比选。

（1）差额投资财务净现值（ΔFNPV）。

差额投资财务净现值法的评价步骤如下。

①将备选方案按投资额大小，从小到大顺序排列。

②增设 0 方案，0 方案又称为不投资方案。在互斥方案比选中，增设 0 方案可避免选择一个经济上并不可行的方案作为最优方案。

③将顺序为第一的方案与 0 方案进行比较，当 ΔFNPV > 0 时，投资大的方案为优；当 ΔFNPV < 0 时，投资小的方案为优，两者中优者方案作为当前最优方案。

④将排列第二的方案再与当前最优方案以 ΔFNPV 指标进行比较，方法同上。

⑤依次对下一方案与前一比选中的最优方案进行比选，直至比选完所有备选方案，最后确定的最优方案作为入选方案。

（2）差额投资财务内部收益率（ΔFIRR）。

差额投资财务内部收益率法的评价思路基本同上，当 ΔFIRR > i_c 时，投资大的方案为优；当 ΔFIRR < i_c 时，投资小的方案为优。

（3）差额投资收益率。

差额投资收益率是两方案投资的差额与两方案利润的额差额之比。若差额投资收益率大于 i_c，则投资大的为优。

（4）差额投资回收期。

若采用差额投资回收期进行方案比选，则差额投资回收期大于基准回收期，投资小的方案为优。

（二）寿命期不同的互斥方案选择

当备选方案具有不同的寿命期时，不能直接采用净现值法、差额投资分析法进行方案比选，这时需要使备选方案具有时间上可比的基础，常用的比选方法有净年值法、最小公倍数法。

1. 净年值法（NAN 法）

净年值法已在前面介绍过，在寿命期不同的互斥方案中，这种方法是最为简便的方法，当备选方案较多时，此方法的优点显得更为突出，NAN 大的方案为最优方案。

1111

2. 最小公倍数法

最小公倍数法是以各备选方案计算期的最小公倍数为比较期，假定在比较期内各方案可重复实施，现金流量重复发生，直至比较期结束。这种方法使各备选方案具备了时间上的可比性，然后在可比的计算期内，通过方案的净现值进行方案比选。

但是对于某些不可再生开发项目，方案的可重复实施假定本身就不成立，另外，当各方案形成的最小公倍数很大时，比较期会变得很长，此时假定比较期内各方案现金流量重复发生就严重脱离实际了。因此，最小公倍数法往往只用于可重复实施的、技术更新不快的方案进行比选。

（三）混合方案的选择方法

混合方案决策问题实际上是一个多方案投资决策问题。其投资特点是，它可以在并不互斥的方面投资，然而在每一个投资方面都存在着几个相互排斥的方案，即在每一个投资方面只能选一个方案，如某施工企业承担了商店、住宅、工厂三项施工任务（独立方案），各任务又分别有不同的施工方法可供选择（互斥方案）。当企业的资金有限时，它必须将资金用于那些投资收益率高的方案。

因此，混合方案既包括了独立方案的选择，又包括了互斥方案的选择，而最后的方案又可能是好几个方案的组合。当企业资源足够时，则只要按互斥方案择优的方法，并结合方案的经济指标是否满足评价要求做出方案的选择即可。当企业资源有约束时，如果方案较少，可以采用简单组合进行择优，如果方案较多，可采用差额投资收益率（或差额投资内部收益率）排序法进行方案的选择。其具体步骤如下。

1. 在各组互斥方案中，淘汰无资格方案

所谓无资格方案是指在投资递增的 N 个方案中，如第 $t+1$ 个方案对第 t 个方案的差额投资收益率（或投资差额内部收益率）高于第 t 个方案对第 $t-1$ 个方案的差额投资收益率（或差额投资内部收益率），则第 t 个方案为无资格方案。因此，需要计算各组互斥方案中的差额投资收益率（或差额投资内部收益率），淘汰无资格方案，确保各组互斥方案差额投资收益率（或差额投资内部收益率）数值顺序递减。

2. 混合方案独立化

将各组互斥方案转化为独立方案。如 A_1、A_2、A_3 为互斥方案，构建

$A_1 - A_0$、$A_2 - A_1$、$A_3 - A_2$ 三个独立的增量方案予以替代。

按独立方案选择的差额投资收益率（或差额投资内部收益率）排序法进行方案选择，这样选出的符合条件的方案的组合，即为混合方案选择的最优方案组合。

四、其他方案的选择方法

其他方案是指除互斥方案、独立方案和混合方案以外的方案，包括互补方案、相关方案等。其他方案的选择可以采用单独处理的方法。对于完全互补方案，两个方案 A 与 B 互为前提条件，此时应将两个方案作为一个综合体（A+B）参加方案选择。对于不完全互补方案，可以转化为两个互斥方案进行比选，如办公楼与空调，空调 C 以办公楼 D 存在为前提条件，可以转化为配空调办公楼（C+D）与无空调办公楼（C）两个互斥方案的比较问题。对于现金流量相关方案，如 E 与 F 两方案现金流量相关，可以通过构建 E、F 和 E+F 三个互斥方案组来进行方案选择，此时应注意现金流量间的正影响和负影响，详细内容可参考其他教材，此处不再赘述。

第三节　收费公路建设项目财务分析

一、建设项目静态评价指标与方法

（一）静态评价方法及适用范围

静态评价方法是指在评价和选择方案时，不考虑资金时间价值因素对投资效果产生影响的一种分析方法。其优点是简洁方便，能较快得出评价结论，但由于未考虑时间价值因素带来的资金价值变化，不能反映项目寿命期的全部情况，所以只适用于一些工期很短或属于政府专项预算拨款的建设项目的经济评价，结论的精确度也较差。

（二）静态评价的指标与评价标准

1. 总投资收益率（ROI）

总投资收益率是指项目达到设计能力后正常年份的年息税前利润或运营期

内年平均息税前利润（EBIT）（利润总额＋计入总成本费用的利息费用）与项目总投资（TI）的比率，它反映了项目总投资的盈利水平。总投资收益率的计算公式为

$$ROI = \frac{EBIT}{TI} \times 100\% \qquad (7-1)$$

式中：EBIT——项目正常年份的息税前利润或运营期内年平均息税前利润；

TI——项目总投资（建设投资＋流动资金）。

总投资收益率可根据利润与利润分配表中有关数据计算求得。在财务评价中，总投资收益率高于同行业收益率参考值，表明用总投资收益率表示的盈利能力满足要求。

2. 项目资本金净利润率（ROE）

项目资本金净利润率是指项目达到设计能力后正常年份的年净利润或运营期内年平均利润（NP）与项目资本金（EC）的比率。其计算公式为

$$ROE = \frac{NP}{EC} \times 100\% \qquad (7-2)$$

式中：NP——项目正常年份的年净利润或运营期内年平均净利润；

EC——项目资本金。

项目资本金净利润率表示项目资本金的盈利水平，项目资本金净利润率高于同行业的净利润率参考值，表明用项目资本金净利润率表示的盈利能力满足要求。

3. 静态投资回收期（P_t）

静态投资回收期（P_t）是指以项目净收益回收项目投资所需要的时间，一般以年为单位。静态投资回收期的计算公式为

$$\sum_{t=0}^{P_t}(CI - CO)_t = 0 \qquad (7-3)$$

式中：CI——现金流入量；

CO——现金流出量；

$(CI - CO)_t$——第 t 年净现金流量。

静态投资回收期可借助项目投资现金流量表计算。项目投资现金流量表中累计净现金流量由负值变为 O 的时点，即为项目的投资回收期。项目投资回收期更为实用的计算公式为

静态投资回收期（P_t）= 累计净现金流量开始出现正值的年份 –1+ 上年累计净现金流量的绝对值 / 当年净现金流量

$$(7\text{-}4)$$

当求出项目的静态投资回收期以后，应与行业的标准静态投资回收期（P_c）比较，若 $P_t \leqslant P_c$，则认为项目投资可在规定时间内收回，项目方案在财务经济上可以接受，在项目的多个方案择优中，应选择回收期较短的方案。

4. 利息备付率（ICR）

利息备付率是指项目在借款偿还期内，各年可用于支付利息的税息前利润（EBIT）与当期应付利息（PI）费用的比值，其计算公式为

$$ICR = \frac{EBIT}{PI} \qquad (7\text{-}5)$$

式中：EBIT——年息税前利润（利润总额 + 计入总成本费用的利息费用）；

PI——当期应付利息（计入总成本费用的全部利息）。

利息备付率应分年计算。利息备付率表示用项目的利润偿付债务利息的保障程度。利息备付率应当大于 1，并满足债权人的要求确定。根据我国企业历史数据统计，一般情况下，利息备付率不宜低于 2。

5. 偿债备付率（DSCR）

偿债备付率是指项目在借款偿还期内，各年可用于还本付息的资金（$BEITDA - T_{AX}$）与当期应还本付息金额（FD）的比值，其计算公式为

$$DSCR = \frac{EBITDA - T_{AX}}{FD} \qquad (7\text{-}6)$$

式中：EBITDA——年息税前利润加折旧和摊销；

T_{AX}——企业所得税；

FD——当期应还本付息金额，包括还本金额和计入总成本费用的全部利息。

偿债备付率应分年计算。偿债备付率表示可用于还本付息的资金偿还借款本息的保障程度，在正常情况下应大于 1（一般不低于 1.3，并满足债权人的要求）。当指标小于 1 时，表示当年资金来源不足以偿还当期债务，需要通过短期借款偿付已到期债务。

在计算利息备付率和偿债备付率时，如果能够得知或根据经验设定所要求的借款偿还期，可以直接计算利息备付率和偿债备付率指标，如果难以设定借款偿还期，也可以先大致估算出借款偿还期，再采用适宜的方法计算出每年需要还本

付息的金额，代入公式计算利息备付率和偿债备付率指标。借款偿还期的估算公式为

$$借款偿还期 = (偿清债务年份数 - 1) + \frac{偿清债务当年应付本息}{当年可用于还款收益额} \qquad （7-7）$$

需要注意的是借款偿还期只是为了估算利息备付率和偿债备付率指标所用，不应与利息备付率和偿债备付率指标并用。

6. 资产负债率（LOAR）

资产负债率是指各期末负债总额（TL）同资产总额（TA）的比率，计算公式为：

$$LOAR = \frac{TL}{TA} \times 100\% \qquad （7-8）$$

式中：TL——期末负债总额；

TA——期末资产总额。

资产负债率用于反映债权人所提供的资金占企业总资产的百分比，从债务比重上说明债权人所得到的保障程度。

适度的资产负债率，表明企业经营安全、稳健，有较强的筹资能力，也表明企业和债权人的风险较小。对该指标的分析，应结合国家宏观经济状况、行业发展趋势、企业所处的竞争环境等具体条件判定。项目财务分析中，在长期债务还清后，可不再计算资产负债率。

7. 流动比率

流动比率是衡量项目清偿短期负债能力的指标。其计算公式为

$$流动比率 = \frac{流动资产}{流动财债} \qquad （7-9）$$

流动比率可用来分析企业资产流动性的大小，判断偿债企业用现金或预期在该期中能变为现金的资产偿还债务的限度。

8. 速动比率

流动比率是一个粗略的指标，以其判断短期偿债能力的可靠性差，因为流动资产中的存货很难按期顺利变现。为此引入速动比率来衡量企业偿付短期债务的能力，它是反映项目快速清偿流动负债能力的指标，其计算公式为

$$速动比率 = \frac{速动资产}{流动负债} \qquad （7-10）$$

式中，速动资产 = 流动资产 - 存货。

流动比率及速动比率过高或过低都不理想，比率过高表明项目持有闲置的（不能盈利的）现金余额，比率过低则表明项目可能面临清偿到期债务的某些困难。

对财务比率指标一般无统一的判断标准，在财务评价中应根据企业的资金需求量和行业特点综合分析，确定合理的率值。

二、建设项目动态评价指标与方法

（一）动态评价方法及适用范围

在工程实施过程中，由于资金时间价值的影响，同样的货币面值在不同的时间会有不同的价值。在建设项目经济评价中，应考虑每笔现金流量的时间价值。这种对建设项目的一切资金流都考虑它所发生的时间点及其时间价值，用以进行经济评价的方法称为动态分析法，动态分析法能够比较全面地反映项目整个寿命期的经济效果，使用范围较广。

（二）动态评价的指标与评价标准

1.财务净现值（FNPV）

财务净现值是指按行业的基准收益率或投资主体设定的折现率，将方案计算期内各年发生的净现金流量折现到建设初的现值之和。它是考察项目盈利能力的绝对指标。其计算公式为

$$FNPV = \sum_{t=1}^{n}(CI - CO)_t (1 + i_e)^{-t} \qquad （7-11）$$

式中：FNPV——财务净现值；

$(CI - CO)_t$——技术方案第 t 年的净现金流量；

i_c——基准收益率；

n——技术方案计算期。

当FNPV≥0时，方案可行；当FNPV≤0时，方案不可行。

2.财务净现值指数（FNPVR）

财务净现值指数也称为财务净现值率，在多方案比较时，如果几个方案的FNPV值都大于零但投资规模相差较大，可以进一步用财务净现值指数作为财务净现值的辅助指标，财务净现值指数是财务净现值与总投资现值之比，即单位投

资现值所带来的净现值。计算公式为

$$FNPVR = \frac{FNPVR}{I_P} \times 100\% \qquad (7-12)$$

式中：I_p——方案总投资现值；

若为单一方案经济评价时，$FNPVR \geqslant 0$，则方案可行。

3. 财务内部收益率（FIRR）

财务内部收益率是指项目在整个计算期内各年净现金流量现值累计等于零时的折现率，是评价项目盈利能力的相对指标。根据资金的来源渠道，财务内部收益率可分为项目投资财务内部收益率、项目资本金财务内部收益率和投资各方财务内部收益率。

财务内部收益率的计算公式如下：

$$FNPV(FIRR) = \sum_{t=1}^{n}(CI - CO)_t(1 + FIRR)^{-t} = 0 \qquad (7-13)$$

财务内部收益率计算方程是一元 n 次方程，不容易直接求解，一般采用"插值试算法"，其步骤如下。

（1）粗略估计 FIRR 的值。为减少试算的次数，可先令 $FIRR = i_c$。

（2）找到该方案净现值为正值和负值的两个最为接近的折现率 i_1 和 i_2。

（3）用线性插入法计算 FIRR，其公式如下：

$$FIRR = i_1 + \frac{FNPV_1(i_2 - i_1)}{FNPV_1 + |FNPV_2|} \qquad (7-14)$$

式中：i_1——净现值为正数时的折现率；

i_2——净现值为负数时的折现率；

$FNPV_1$——折现率为 i_1 时的净现值；

$FNPV_2$——折现率为 i_2 时的净现值。

由于上式 FIRR 的计算误差与 $i_2 - i_1$ 的大小有关，且 i_2 与 i_1 相差越大，误差也越大，为控制误差，通常要求 $i_2 - i_1 \leqslant 2\%$ 左右，一般不应超过 5%。

项目的判别准则为：设基准收益率为 i_c，若 $FIRR \geqslant i_c$，则 $FNPV \geqslant 0$，方案可行；若 $FIRR < i_c$，则 $FNPV < 0$，方案不可行。

4. 动态投资回收期（P_t'）

为了克服静态投资回收期不考虑资金时间价值的缺点，可采用按固定折现率的动态投资回收期。动态投资回收期是在考虑资金时间价值的条件下，以项目净收益抵偿项目全部投资所需的时间。其理论表达式如下：

$$\sum_{t=1}^{P_t}(CI-CO)_t \times (1+i_c)^{-t}=0 \qquad (7\text{-}15)$$

式中：i_c——行业基准折现率。

动态投资回收期可通过项目财务现金流量表求得，计算公式如下：

$$P_t' = 累计现金流量折现值开始出现正值的年分数 - 1 +$$
$$\frac{上年累计净现金流量折现值的绝对值}{当年净现金流量折现值} \qquad (7\text{-}16)$$

用动态投资回收期指标评价方案的标准是 $P_t' \leqslant P_c$。

与静态投资回收期相比，动态投资回收期的优点是考虑了资金时间价值，但计算比较复杂。在投资回收期不长和基准收益率不大的情况下，两种投资回收期的差别不大，不至于影响方案的选择。因此，动态投资回收期指标不常用，只有在静态投资回收期较长和基准收益率较大的情况下，才需计算动态投资回收期。

第四节　公路改扩建项目经济评价

建设项目经济评价是指在对影响项目的各项技术经济因素预测、分析和计算的基础上，评价投资项目的直接经济效益和间接经济效益，为投资决策提供依据的活动。

由于经济活动是一个综合性指标，任何一种具体的评价指标都只是反映项目的某一侧面或某些侧面，因此，单凭一个指标难以达到全面评价项目的目的。由于项目所要达到的目标不尽相同，因此需要采用不同的指标予以反映，从多个方面进行分析考察。

在项目经济评价中，常将经济评价指标体系分为三大类。

一、根据是否考虑资金时间价值分类

根据是否考虑资金的时间价值，财务评价指标可分为静态评价指标和动态评价指标，如图 7-1 所示。

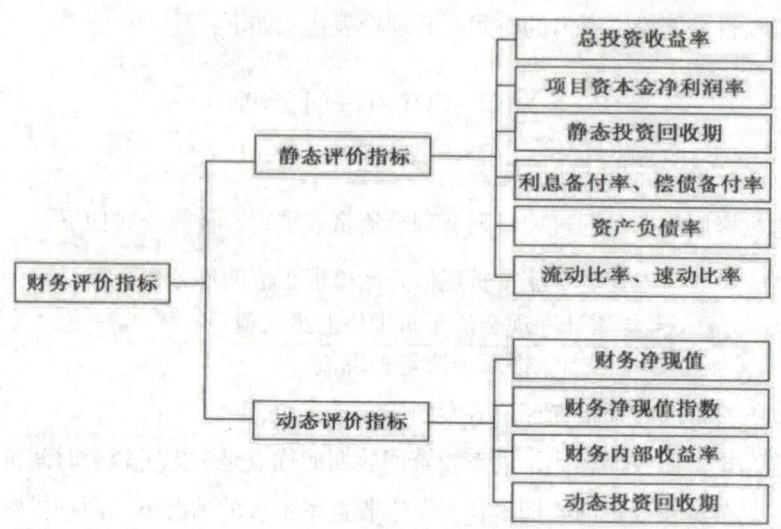

图 7-1 财务评价指标体系（1）

二、根据指标量纲分类

根据指标量纲的不同，财务评价指标可分为比率性指标、价值性指标和时间性指标，如图 7-2 所示。

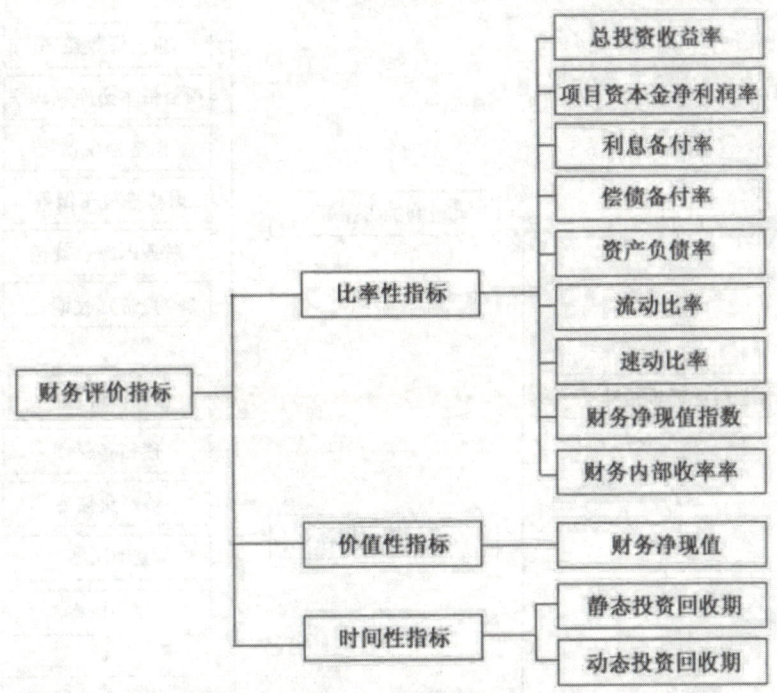

图 7-2 财务评价指标体系（2）

三、根据财务能力分类

根据项目的财务能力，财务评价指标可分为盈利能力指标、偿债能力指标和财务生存能力指标，如图 7-3 所示。

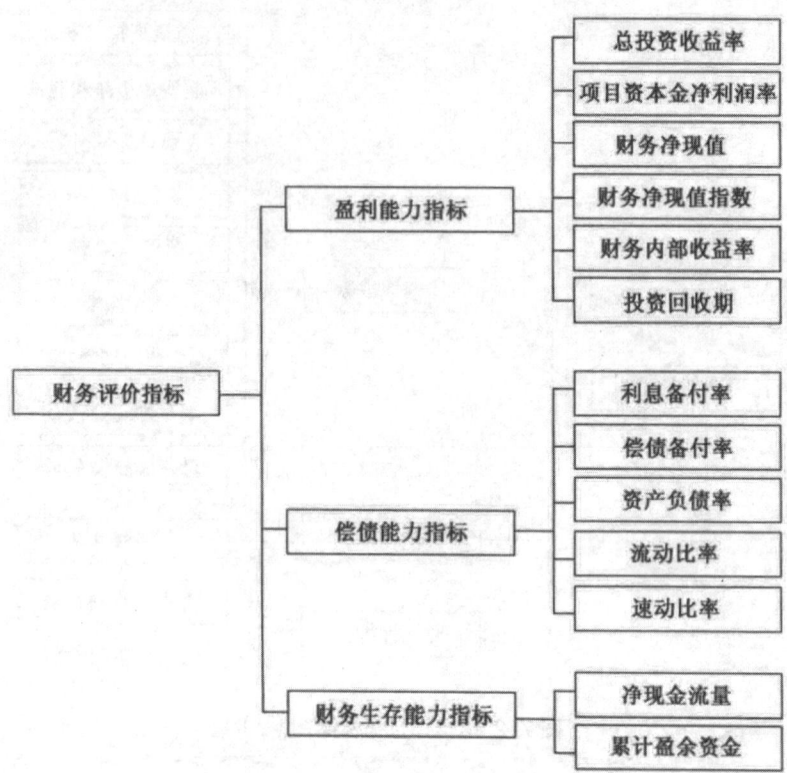

图 7-3 财务评价指标体系（3）

第八章　公路工程项目组织与人力资源管理

第一节　工程项目组织概述

一、工程项目组织的含义

组织是管理的一种重要职能，其一般概念是指各生产要素相结合的形式和制度。前者表现为组织结构，后者表现为组织的工作制度。组织结构一般又称为组织形式，反映了生产要素相结合的结构形式，即管理活动中各种职能的横向分工和层次划分。组织结构运行的规则和各种管理职能分工的规则总称为工作制度。

在此概念的基础上组织理论出现了两个相互联系的研究方向，即组织结构和组织行为。组织结构侧重于组织的静态研究，以建立精干、合理、高效的组织结构为目的；组织行为侧重于组织的动态研究，以建立良好的人际关系，保证组织的高效运行为目的。

工程项目是由目标产生工作任务，由工作任务决定承担者，由承担者形成组织。工程项目组织是保证项目正常实施的组织保证体系，是指为完成特定的工程项目建立起来的从事项目具体工作的组织。该组织是在项目寿命期内临时组建的，是暂时的，只为完成特定的目标，其目的是使项目人员能为实现项目目标而有效地工作。

二、工程项目组织的特点

项目的特点决定了项目组织和其他组织相比具有许多不同的特点，这些特点对项目的组织设计和运行有很大的影响。

1. 项目组织的一次性

每一个具体的项目都是一次性的、暂时的，所以项目组织也是一次性的、暂时的，具有临时组合性特点。

工程项目是一次性任务，为了完成项目目标而建立起来的项目组织也是一次性的。项目结束或相应项目任务完成后，项目组织就解散或重新组成其他项目组织。即使一些经常从事相近项目任务或项目管理任务的机构（如项目管理公司、施工企业），尽管项目管理班子或队伍人员未变，但由于不同的项目有不同的目的性、不同对象、不同合作者，也应该认为这个组织是一次性的。

2. 项目组织的目的性

项目组织是为了完成项目总目标和总任务，所以具有目的性，项目目标和任务是决定组织结构和组织运行的最重要因素。

由于项目各参加者来自不同企业或部门，各自有独立的经济利益和权力。他们各自承担一定范围的项目责任，按项目计划进行工作。所以在项目中存在尖锐的共同目标与不同利益群体目标之间的矛盾。要取得项目的成功，在项目目标设计、实施和运行过程中必须承认并顾及不同群体的利益；项目组织的建立应能考虑到或能反映在项目实施过程中各参加者之间的合作，任务和职责的层次，工作流、决策流和信息流，上下之间的关系，代表关系，以及项目其他的特殊要求。

3. 项目组织的类型多、结构复杂

项目的组织设置应能完成项目的所有工作和任务，即通过项目结构分解得到的所有单元，都应无一遗漏地落实完成责任者。所以项目系统结构对项目的组织结构有很大的影响，它决定了项目组织工作的基本分工，决定了组织结构的基本形态。由于项目系统比较复杂，导致了项目组织结构的复杂性。

同时项目组织还应追求结构最简和最少组成。增加不必要的机构，不仅会增加项目管理费用，而且常常会降低组织运行效率。

4. 项目组织与企业组织之间关系复杂

在很多情况下项目组织是企业组建的，项目组织成员通常都有两个角色，即既是本项目组织成员，又是原所属企业中的一个成员。研究和解决企业对项目的影响以及它们之间的关系，在企业管理和项目管理中都具有十分重要的地位。企业组织与项目组织之间的障碍是导致项目失败的主要原因之一。

企业和项目之间存在以下复杂的关系。

（1）由于企业组织是现存的，是长期的稳定的组织，项目组织常常依附于企业组织，项目的人员常常由企业提供，有些项目任务直接由企业部门完成，因此一般项目组织必须适应而不能修改企业组织。企业的运行方式、企业文化、责任体系、运行机制、分配形式、管理机制等直接影响到项目的组织行为。

（2）项目和企业之间存在一定的责任与权利关系，这种关系决定着项目的独立程度。既要保证企业对项目的控制，使项目实施和运行符合企业战略和总计划，又要保证项目的自主权，这是项目顺利成功的前提条件。所以企业战略对项目的影响很大，项目运行常常受到上层系统的干预。

（3）由于企业资源有限，在企业与项目之间、企业同时进行的多项目之间，存在十分复杂的资源优化分配问题。

（4）企业管理系统与项目管理系统之间存在十分复杂的信息交流。

（5）项目参加者和部门通常都有项目的和自己原部门工作的双重任务，甚至同时承担多项目任务，因此不仅存在项目和原工作之间资源分配的优先次序问题，而且工作中常常要改变思维方式。

三、组织结构设计

组织结构是指组织内部各构成部分和各部分间所确立的较为稳定的相互关系和联系方式。工程项目的组织结构是指依据项目的组织制度，支撑项目建设工作正常运转的组织机构体系是项目管理的骨架。

项目组织结构设计是指根据项目的目标和任务确定相应的组织机构，以及如何划分和明确这些部门，这些部门又如何有机地相互联系和相互协调，共同为实现项目目标而各司其职又相互协作。

1. 组织结构的构成因素

组织结构由管理层次、管理跨度、管理部门、管理职责四个因素组成。这些因素相互联系、相互制约。在进行组织结构设计时，应考虑这些因素之间的平衡与衔接。

（1）管理层次。

管理层次是指从最高管理者到最低层操作者的等级层次的数量。合理的层次结构是形成合理的权力结构的基础，也是合理分工的重要方面。管理层次多，信息传递就慢，而且会失真。层次越多，所需要的人员和设备就越多，协调的难度就越大。

（2）管理跨度。

管理跨度也称管理幅度，是指一个上级管理者能够直接管理的下属的人数。如一名经理配备两名副经理和三名总师（总工程师、总经济师、总会计师），那么经理的管理跨度就是"5"。管理跨度与管理层次相互联系、相互制约，二者成反比例关系。管理层次过多势必要降低管理跨度，同样管理跨度增加，同样也会减少管理层次。合理的确定管理跨度，对正确设置组织等级层次结构具有重要的意义。确定管理跨度的最基本原则是最终使管理人员能有效地领导、协调其下属的活动。确定管理跨度应考虑以下几个影响因素。

①管理者所处的层次的高低。

一般处于较高管理层次的管理者，应有较小的管理跨度；处于较低管理层次的管理者，可以有较大的管理跨度。

②被管理者素质的高低。

下属的素质越高，处理上下级关系所需的时间和次数就越少。由于具有高度责任感、受训良好的下属不但能少占用上级管理者的时间，而且接触的次数也少，所以可以设置较宽的管理跨度。

③工作性质。

工作性质复杂就应设置较窄的管理跨度；相反，完成简单的工作，则可以设置较宽的管理跨度。因为面对复杂的工作，管理者需要与其下属之间保持经常的接触和联系，一起探讨完成工作的方法和措施，所以应该设置较窄的管理跨度。

④管理者的意识。

对授权意识较强的管理者，可以设置较宽的管理跨度，这样可以充分发挥下属的积极性，使他们能从工作中得到满足。

⑤组织群体的凝聚力。

对具有较强的群体凝聚力的组织，即使设置较宽的管理跨度，也可以满足管理和协调的需要；群体凝聚力较弱的组织则应设置较窄的管理跨度。

此外，确定管理跨度还应考虑工作的标准化程度、工作环境以及信息沟通的难易程度等因素的影响。

一般认为，宽度大小应是个弹性限度。上层领导为3～9人，基层领导为10～20人，中层领导则居中。

（3）部门划分。

部门划分是指在项目管理机构中设立多少部门和设立哪些部门。即将完成项目目标的总任务划分为许多具体的任务，然后把性质相似或具有密切关系的具体工作合并归类，建立起负责各类工作的相应的管理部门，并将一定的职责和权限赋予相应的单位或部门。

部门的划分应满足专业分工与协作的要求。部门划分有多种方法，如按职能划分、按产品划分、按地区划分、按技术或设备划分等。项目管理组织常用的是按职能划分和按产品划分两种。

①按职能划分。

按职能划分就是按照为实现组织目标所需做的各项工作的性质和作用，把性质相同或相似的具体工作归并为一个专门的单位负责，如建立计划、财务、技术、劳务、机械设备、材料、合同等部门。按职能划分是一种合乎逻辑并经过时间考验的方法，最能体现专业化分工的原则，因而有利于提高人力的利用效率。但是，按这种方法划分的部门，由于具有相对独立性，容易造成各部门之间的不协调，各部门往往只强调本部门目标的重要性而忽略组织的整体目标；而且由于协调功能较差，当组织环境变化时，应变能力较差。

②按产品划分。

按产品划分就是以产品（如分项工程、结构构件、分部工程等）为中心，将为实现管理目标所需做的一切工作，按是否与该产品有关进行分类，与同一产品有关的工作都归为一个部门。在这些产品部门下还可以按职能进一步划分职能部门。这种划分方法的优点是，有利于专用设备的使用、部门内部的协调及管理绩效的评价，有助于激发各个部门的主动性和创造性。缺点是，由于机构的重叠造成管理资源的浪费，由于部门独立性较强难以做到统一指挥。

（4）管理职责。

管理职责是指部门所应完成的工作内容以及应当承担的责任范围。职责是责任、权力、利益系统的核心，职责的确定应目标明确，有利于提高效率，而且应便于考核。同时应授予与职责相应的权力和利益，以保证和激励部门完成其职责。

2.组织结构设计的基本原则

要实现项目目标，项目组织必须是高效率的。所以项目组织结构的设计应遵循一定的组织原则。

（1）目的性原则。

从"一切为了确保项目目标实现"这一根本目标出发，因目标而设事，因事而设人、设机构、分层次，因事而定岗定责，因责而授权。这是组织结构设计应遵循的客观规律，颠倒这种规律或离开项目目标，就会导致组织的低效或失效。

（2）集权与分权统一的原则。

项目的任何组织单元在项目中为实现总目标承担一定的角色，有一定的工作任务和责任，因此必须拥有相应的权力、手段和信息去完成任务。根据项目的特点，项目组织是一种有较大分权的组织。

集权是指把权力集中在上级领导的手中，而分权是指经过领导的授权，将部分权力分派给下级。在一个健全的组织中不存在绝对的集权，绝对的集权意味着没有下属主管；也不存在绝对的分权，绝对的分权意味着上级领导职位的消失，也就不存在组织了。合理的分权既可以保证指挥的统一，又可以保证下级有相应的权力来完成自己的职责，能发挥下级的主动性和创造性。为了保证项目组织集权与分权的统一，授权过程应包括确定预期的成果、委派任务、授予实现这些任务所需的职权，以及行使职责使下属实现这些任务。

（3）专业分工与协作统一的原则。

分工就是为了提高项目管理的工作效率，把为实现项目目标所必须做的工作，按照专业化的要求分派给各个部门以及部门中的每个人，明确他们的工作目标、任务及工作方法。分工要严密，每项工作都要有人负责，每个人负责他所熟悉的工作，这样才能提高效率。

分工要求协作，组织中只有分工没有协作，组织就不能有效运转。为了实现分工协作的统一，组织中应明确部门和部门内部的协作关系与配合方法，各种关系的协调应尽量规范化、程序化。

（4）管理幅度与层次合理的原则。

按照组织效率原则，应建立一个规模适度、组织结构层次较少、结构简单、能高效率运作的项目组织。由于现代工程项目规模大，造成组织结构非常复杂。组织结构设计常常在管理跨度与管理层次之间进行权衡。

①采用窄跨度、多层次的组织结构的优点及问题。

a.严密的监督和控制，一般不会出现失控现象。但项目组织层次多，则决策慢。

b.上下级之间联络迅速，但上级往往过多地干预下级的工作，容易影响下级人员的积极性和创造性。

c.层次多则管理费用多。信息处理量大，用于管理的精力多，设施费用增加，管理人员增加，协调各部门活动也增加。

　　d. 联络复杂化，最低层与最高层之间的距离过长。当信息按直线上下传达时便发生遗漏或曲解现象，常常会造成指挥失灵，或失去组织总目标的明确性和一贯性等。

　　e. 造成项目的低效率，工期延长，实施过程缓慢。例如，需要多层次的检查验收、多层次的报告、多层次的分配和下达任务等。

　　②采用宽跨度、少层次的组织结构的优点及问题。

　　采用宽跨度、少层次的组织结构，组织变得扁平化。现代大型特大型的项目，以及多项目的组织一般都是扁平化的。这种组织灵活、结构层次少，有许多优点。

　　矩阵式的项目组织形式和现代信息沟通技术的应用，可以大大地增加管理跨度，一个组织可以同时同步管理几十个子项目。实质上在这里已不再是传统的"管理跨度"的概念，而是"沟通跨度"或"协调跨度"。

　　当然宽跨度组织也有缺点。

　　a. 高层负担过重，容易成为决策的"瓶颈"，在这种组织中下级必须有较多的授权。

　　b. 有失控的危险。

　　c. 必须谨慎地选择下级管理人员，他们必须经过训练，有较高的素质。

　　d. 跨度大，协调困难，必须制定明确的组织运作规则和政策。

　　（5）系统化管理原则。

　　系统化管理原则是由项目的系统性所决定的。项目是一个开放的系统，是由众多的子系统组成的有机整体，这就要求项目组织也必须是一个完整的组织结构系统，否则就会导致组织和项目系统之间不匹配、不协调。

　　（6）弹性结构原则。

　　弹性结构是指一个组织的部门结构、人员职责和工作职位都是可以变动的，保证组织结构能进行动态的调整，以适应组织内、外部环境的变化。工程项目是一个开放的复杂系统，它及其所处的环境的变化往往较大，所以弹性结构原则要求组织结构设计时，既要保证组织在外部环境和任务发生变化时，能够继续有序地正常运转；同时又要保证组织在运转过程中，能够根据变化了的情况做出相应的变更，即组织应具有一定的弹性和适应性。

（7）精简高效原则。

项目组织结构设计应该把精简高效放在重要的位置。组织结构中的每个部门、每个人和其他的组织要素为了一个统一的目标，组合成最适宜的结构形式，实行最有效的内部协调，使决策和执行简捷而正确，减少重复和扯皮，以提高组织效率。在保证必要职能的履行前提下，尽量简化机构，这也是提高效率的要求。

3.组织结构设计的程序

（1）确定合理的项目目标。

科学合理的项目目标是项目工作开展的基础，也是确定组织结构形式与机构的重要基础。对于项目完成者来说，同委托方进行讨论，明确主要矛盾，确定科学合理的项目目标至关重要。

（2）确定项目工作内容。

确定项目具体工作内容，一般围绕项目工作目标与任务分解进行，并对这些工作进行分类和组合。在进行分类和组合时，应以便于目标实现为目的，考虑项目的规模、性质、复杂程度以及组织人员的技术业务水平、组织管理水平等因素，从而使项目工作内容系统化。项目工作内容确定时，一般按类分成几个模块，模块之间可根据项目进度及人员情况进行调整。

（3）确定组织目标和组织工作内容。

这一阶段首先要明确的是，在项目工作内容中，哪些是项目组织的目标和工作内容。不是所有的项目目标和项目工作都是项目组织所必须达到和完成的，有的可能是组织以外的部门负责进行的，而本组织只需掌握或了解。这一阶段，就是要明确在项目工作内容中哪些是项目组织的目标和工作内容。

（4）进行组织结构设计。

根据项目的特点和项目内外环境因素，选择一种适合项目工作开展的管理组织结构形式，并完成组织结构的设计。具体工作包括组织结构形式、组织层次、各层次的组织单元（部门）、相互关系框架等。

（5）确定工作岗位与工作职责。

工作岗位的确定原则是以事定位，要求岗位的确定能满足项目组织目标的要求。岗位的划分要有相对的独立性，同时还要考虑合理性与完成的可能性等。确定了岗位后，就要确定各岗位的工作职责，总的工作职责能满足项目工作内容的需要，并做到权责一致。

（6）配置人员。

以事设岗、以岗定人是项目组织机构设置中的一项重要原则。在项目人员配备时，要做到人员精干、以事选人，根据不同层次的事物安排不同层次的人。

（7）设计工作流程与信息流程。

组织结构形式确定后，大的工作流程基本明确。但具体的工作流程与相互之间的信息流程要在工作岗位与工作职责明确后才能确定下来。工作流程与信息流程的确定要落实到书面文件上，确定团队内部的认知并加以实施。

（8）制定考核标准。

为保证项目目标的最终实现和工作内容的全部完成，必须对组织内各岗位制定考核标准，包括考核内容、考核时间、考核形式等。

第二节　公路工程项目组织结构形式

为了实现项目的目标，必须要调配一定的人员，配备一定的资源，以某种形式的组织去实施项目，因此项目组织是实施项目的主体。项目组织同一般的组织一样，具有相应的领导（项目经理）、组织的规章制度（项目章程）、配备的人员（项目团队）及组织文化等。

项目组织是按照项目的目标以一定的形式组建起来的。项目组织结构形式反映了一个组织系统中各子系统之间或各元素（各工作部门或各管理人员）之间的指令关系。指令关系指的是哪个工作部门或哪一位管理人员可以对哪一个工作部门或哪一位管理人员下达工作指令。

项目组织结构形式可按项目组织与企业组织的联系方式和组织的结构分类。按项目组织与企业组织的联系方式分，项目组织的常见形式有职能式、项目式、矩阵式等；按组织的结构分，项目组织形式常见的有直线制、职能制、直线职能制、矩阵制、事业部制等。

一、按项目组织与企业组织的联系方式分类

1. 职能式

职能式组织结构是当今世界上最为普遍的组织形式。职能式也称部门控制

式，通常是指项目任务是以企业中现有的职能部门作为承担任务的主体来完成的。一个项目可能是由某一个职能部门负责完成，也可能是由多个职能部门共同完成。在这种情况下，各职能部门之间与项目相关的协调工作需在职能部门主管这一层次上进行。

（1）职能式组织结构的主要优点。

①在人员的使用上具有较大的灵活性。

②技术专家可以同时被不同的项目使用。

③同一职能部门的专业人员在一起易于交流知识和经验。

④当有人员离开项目组织时，职能部门可作为保持项目技术连续性的基础。

⑤职能部门可以为本部门的专业人员提供一条正常的晋升途径。

（2）职能式组织结构的主要缺点。

①由于各职能部门有自己的日常工作，使得项目的利益往往得不到优先考虑。

②没有一个直接对项目负责的强有力的权力中心或个人。

③对服务对象的要求响应迟缓或艰难。

④跨部门之间的交流沟通比较困难。

职能式组织形式适宜于规模较小、以技术为重点的项目，不适宜时间限制性强或要求对变化快速响应的项目。

2.项目式

项目式组织结构是指从现有的组织中选拔项目所需要的各种人员，成立专门的项目机构（或部门），独立地承担项目管理任务，对项目目标负责。所有项目组成人员在项目建设期间，中断与原部门组织的领导和被领导关系，原部门负责人只负责业务指导及考察，不得随意干预其工作或调回人员。项目结束后项目组织撤销，所有人员仍回原部门和岗位。即每个项目有完成项目任务所必需的所有资源，每个项目实施组织有明确的项目经理，对上直接接受企业主管或大项目经理领导，对下负责本项目资源的运用以完成项目任务。每个项目组之间是相对独立的。

（1）项目式组织结构的主要优点。

①目标明确及便于统一指挥。项目式组织是基于某项目组建的，圆满完成项目任务是项目组织的首要目标，每个项目成员的责任及目标也是通过对项目总目标的分解而获得的。项目成员只受项目经理的领导，便于统一指挥。

②有利于项目管理。项目式组织按项目划分资源，项目经理在项目范围内具有控制权，决策速度快，这有利于项目时间、费用、质量和安全等目标的管理和控制，有利于项目目标的实现。

③能做到以项目为中心。从项目经理到项目管理人员都是为项目服务的，实现项目目标是他们的唯一追求，因此可以做到以项目为关注焦点。

（2）项目式组织结构的主要缺点。

①由于资源独占，可能造成资源浪费。由于不同项目组织的成员不能共享知识或专业技能，且项目过程的不均匀性，会造成不能充分利用人力、物力、财力等资源，带来不经济的后果。

②由于项目的任务是波动的、不均衡的，会带来资源计划和供应的困难。特别是在项目开始时要从原职能部门调出人员，项目结束又将这些人员推向原职能部门，这种人事上的波动不仅会影响原部门的工作，而且会影响项目组织成员的组织行为。他们会比职能组织中的人员更感到失业的威胁、专业上的停滞不前以及个人发展的问题，这会影响他们的工作积极性。

③各部门之间的横向联系少。各类人员来自不同的部门，具有不同的专业背景，缺乏合作经验，难免配合不当。

项目式组织适用于包含多个相似项目的单位或组织，以及长期的、大型的、重要的和复杂的项目。

3. 矩阵式

矩阵式组织结构通常应用于以下两种情况。

①企业同时承担许多项目的实施和管理，各个项目起始时间不同，规模及复杂程度也有所不同。

②进行一个特大型项目的实施，而这个项目可分为许多自成体系、能独立实施的子项目。将各子项目看作独立的项目，则相当于进行多项目的实施。

矩阵式组织结构兼具项目的职能组织结构和项目的线性组织结构的优点，从纵横向开展组织工作的一种组织结构，是一种多元化结构，力求最大限度地发挥项目化和职能化结构的优点并尽量避免其弱点。它在职能式组织的垂直层次结构上，叠加了项目式组织的水平结构。即将按照职能划分的纵向部门与按照项目划分的横向部门结合起来，以构成类似矩阵的管理系统。

矩阵式组织结构中，资源均由职能部门所有和控制，项目经理根据项目需要向职能部门借用资源。项目组织是一个临时性组织，一旦项目完成，该组织则解体。项目经理向项目管理部门经理或总经理负责。项目经理领导本项目内的所有人员，通过项目管理职能，协调各职能部门安排的人员以完成项目任务。

（1）矩阵式组织结构的主要优点。

①能做到以项目为关注焦点。

②能够避免资源的重置。

③矩阵组织的结构、权力与责任关系趋向于灵活，能在保证项目经理对项目最有控制力的前提下，充分发挥各专业职能部门的作用，保证有较短的协调、信息和指令的途径。

④项目人员有其职能归属，项目完成后可返回原职能部门，顾虑较少。

⑤能同时兼顾项目和专业职能活动。职能组织和项目组织共同承担项目任务，共同工作，各参加者独立地追求不同部门和不同项目利益的平衡，能够发挥双方的积极性。

（2）矩阵式组织结构的主要缺点。

①项目管理人员为两个以上部门的主管，当有冲突时，可能处于两难困境；处理不好会出现责任不明确、争抢功劳的现象。

②职能组织和项目组织之间的平衡需要持续地进行监管，以防止双方互相削弱。在一般情况下职能部门对项目组织成员的控制力大于项目经理的控制力，导致项目经理的责任大于权力，工作难以开展。项目组织成员受到职能部门的控制，所以凝聚在项目上的力量减弱，使项目组织的作用发挥受到影响。

③由于许多项目同时进行，导致项目之间竞争专业部门的资源。一个职能部门同时管理几个项目的相关工作，则它的资源的分配问题是关键。由于项目间的优先次序不易解决，所以带来协调上的困难。

④矩阵式组织对企业管理水平、项目管理水平、领导者的素质、信息沟通渠道的畅通等均有较高要求。为此，层次、职责、权限要明确划分，意见难以统一时，企业领导要出面及时协调。

矩阵式组织适用于需要利用多个职能部门的资源而且技术相对复杂的项目。

根据项目组织中项目经理与职能经理权限的大小，可以将矩阵式组织结构分为弱矩阵式、平衡矩阵式和强矩阵式三种。

平衡矩阵式组织结构处于弱矩阵式组织结构与强矩阵式组织结构之间，此时项目经理与职能经理的权限相等；弱矩阵式组织结构接近于职能式组织结构，保持了职能式组织结构的许多特征；强矩阵式组织结构接近于项目式组织结构，具备项目式组织结构的许多特征。

弱矩阵式组织：项目经理的权力＜职能经理的权力。

平衡矩阵式组织：项目经理的权力＝职能经理的权力。

强矩阵式组织：项目经理的权力＞职能经理的权力。

前面介绍的职能式、矩阵式和项目式三种项目管理组织形式中，矩阵式是介于职能式与项目式之间的一种组织模式。其实在职能式与矩阵式之间、矩阵式与项目式之间，并没有完全绝对的分界线，不同模式只是相对差别，是随着项目团队中职能部门和专职人员的多少而表现出的不同的组织结构形式。

不同类型的项目结构形式适合不同类型的项目。一般来说，小型、时间短、专业面窄的项目适宜采用职能式组织形式；而工作周期长、专业复杂或比较特殊的项目，投资或工程量较大的工程项目适宜采用强矩阵式或项目式的组织形式。因此在项目的组织设计中要根据项目的具体情况来决定项目的组织形式。如果项目在最初的组织设计时并没有依据项目的特点进行组织形式设计，那么就必须进行组织形式的调整。

二、按组织的结构分类

1. 直线制

直线制组织结构是一种最简单的集权式的组织机构形式，其领导关系按垂直系统建立，不设专门的职能机构，自上而下形同直线。

在直线制组织结构中，每一个工作部门只能对其直接的下属部门下达工作指令，每一个工作部门也只有一个直接的上级部门，因此，每一个工作部门只有唯一的指令源，避免了由于矛盾的指令而影响组织系统的运行。

直线制组织结构的主要优点是结构简单，权力集中，易于统一指挥，隶属关系明确，职责分明，决策迅速。但由于不设职能部门，领导没有参谋和助手，要求领导者通晓各种业务，成为"全能式"人才。无法实现管理工作专业化，不利于管理水平的提高。

2. 职能制

职能制组织结构是在各个管理层次之间设置职能部门，各职能部门分别从职能角度对下级执行者进行业务管理。在职能制组织机构中，各级领导不直接指挥下级，而是指挥职能部门。各职能部门可以在上级领导的授权范围内，就其所辖业务范围向下级执行者发布指令。

职能制组织结构的主要优点是强调管理业务的专门化，注意发挥各类专家在项目管理中的作用。由于管理人员工作单一，易于提高工作质量，同时可以减轻领导者的负担。但是，由于这种组织结构没有处理好管理层次和管理部门的关系，形成多头领导，使下级执行者接受多方指令，容易造成职责不清。

3. 直线职能制

直线职能制组织结构是吸收了直线制和职能制两种组织结构的优点而形成的一种组织结构形式。与职能制组织结构形式相同的是，在各管理层次之间设置职能部门，但职能部门只作为本层次领导的参谋，在其所辖业务范围内从事管理工作，不直接指挥下级，和下一层次的职能部门构成业务指导关系。职能部门的指令，必须经过同层次领导的批准才能下达。各管理层次之间接直线制的原理构成直接上下级关系。

直线职能制组织结构既保持了直线制统一指挥的特点，又满足了职能制对管理工作专业化分工的要求。其主要优点是集中领导、职责清楚，有利于提高管理效率。但这种组织结构内各职能部门之间的横向联系差、信息传递路线长，职能部门与指挥部门之间容易产生矛盾。

4. 矩阵制

矩阵制组织结构是在直线职能制垂直形态组织系统的基础上，再增加一种横向的领导系统。即在矩阵组织结构最高指挥者（部门）下设纵向和横向两种不同类型的工作部门。纵向工作部门如人、财、物、产、供、销的职能管理部门，横向工作部门如工程项目部等。

在矩阵制组织结构中，每一纵向和横向交汇的工作指令来自纵向和横向两个工作部门，因此其指令源为两个。当纵向和横向工作部门的指令发生矛盾时，由该组织系统的最高指挥者协调解决。

在矩阵组织结构中为避免纵向和横向工作部门指令矛盾对工作的影响，可以采用以纵向工作部门指令为主或以横向工作部门指令为主的矩阵组织结构模式，这样也可减轻该组织系统的最高指挥者（项目经理）的协调工作量。

矩阵制的优点包括：专业设备和人员得到了充分利用；具有较大的机动性；促进了各种专业人员互相帮助，互相激发，相得益彰。矩阵制的缺点包括：成员位置不固定，有临时观念，有时责任心不够强；人员受双重领导，有时不易分清责任。

5.事业部制

事业部制是一种分权模式，是以分权为手段来实现企业战略目标的一种组织形式。企业成立事业部，事业部对企业内来说是职能部门，对企业外来说享有相对独立的经营权，可以是一个独立单位。它具有相对独立的自主权、相对独立的利益、相对独立的市场，这三者是构成事业部的基本要素。事业部可以按地区设置，也可以按工程类型设置。

事业部制项目组织有利于延伸企业的经营职能，扩大企业的经营业务，便于开拓企业的业务范围；还有利于迅速适应环境变化以加强项目管理。缺点是企业对项目经理部的约束力减弱，协调指导的机会减少，故有时会造成企业结构松散，必须加强制度约束，提高企业的综合协调能力。

事业部制项目组织适用于大型经营性企业的工程承包，特别是适用于远离公司本部的工程承包。需要注意的是，一个地区只有一个项目，没有后续工程时，不宜设立地区事业部，即它适用于在一个地区内有长期市场或一个企业有多种专业化施工力量的情况。

第三节　公路工程项目管理模式

公路工程项目的管理模式是指一个公路工程项目建设的基本组织模式以及在完成项目过程中各参与方所扮演的角色及合同关系，在某些情况下，还要规定项目完成后的运营方式。公路工程项目的管理模式确定了公路工程项目的总体框架、项目参与各方的职责、义务和风险，因而在很大程度上决定了项目的合同管理方式以及建设速度、工程质量和造价。

多年来已经形成了多种工程项目管理模式，并且这些模式正在不断地得到创新和发展，下面介绍几种通用的工程项目管理模式。

一、建设单位自管模式

工程建设项目的自管模式是指建设单位组织自有员工组建项目管理团队，设定目标，制订完善的项目管理计划，负责从项目立项开始一直到项目验收交付使用的全过程管理。

多年来，我国建设项目的管理多采用这种模式。随着市场化和专业化程度的不断提高，自管模式正在逐步地自我完善和进化。建设单位自管方式能够最大限度地满足委托方需求，能够有效控制进度。自管模式存在组织机构庞大、专业团队有闲置风险、建设管理费用高等缺点，不利于管理经验的积累。

二、工程指挥部管理组织方式

工程指挥部由政府主管部门指令各有关方面派代表组成，主管部门和地方高级行政人员兼任正、副指挥长，用行政手段组织、指挥工程建设。

工程指挥部形式可以较好地发挥参建各方的积极作用。但此种方式责任不明确，工程指挥部不承担经济责任；建设单位在指挥部中处于次要地位，无明确的经济责任；设计、施工单位与工程指挥部的关系大多属于行政隶属关系，无严格的承包合同，不承担履行合同的责任。该管理组织方式常用于重点工程或政府项目。

三、总承包项目管理组织方式

总承包是指一家总承包人或承包人联合体，按照合同约定对工程项目的可行性研究、勘察、设计、材料设备采购、工程施工、竣工验收等实行全过程或若干阶段的承包。工程总承包企业对承包工程的质量、安全、工期、造价等全面负责。

工程总承包模式按照过程内容分为 DBB 模式、EPC 模式、CM 模式、DB 模式、BOT 模式及 PPP 模式等。

1. 设计—招标—建造（DBB）模式

设计—招标—建造模式（Design-Bid-Build，DBB）是一种传统的模式，在国际上比较通用，世界银行、亚洲开发银行贷款项目和采用国际咨询工程师联合会（FIDIC）的合同条件的项目均采用这种模式。这种模式最突出的特点是强调工程项目的实施必须按设计—招标—建造的顺序进行，只有一个阶段结束后另一个阶段才能开始。采用这种方法时，委托方与设计机构（建筑师/工程师）签订专业服务合同，设计机构负责提供项目的设计和施工文件。在设计机构的协助下，通过竞争性招标将工程施工任务交给报价和质量都满足要求且最具资质的投标人（总承包人）来完成。在施工阶段，设计专业人员通常担任重要的监督角色，并且充当委托方与承包人沟通的桥梁。我国第一个利用世界银行贷款项目——鲁布革水电站工程实行的就是这种模式，目前我国大部分工程项目都采用这种模式。

DBB 模式的优点：参与项目的三方即委托方、设计机构（建筑师 / 工程师）、承包人在各自合同的约定下，各自行使自己的权利和履行相应的义务。因而，这种模式可以使各方的权、责、利分配明确，避免了行政部门的干扰。DBB 模式由于长期地、广泛地在世界各地被采用，因而管理方法较成熟，各方都对有关程序比较熟悉。

DBB 模式的缺点：这种模式在项目管理方面的技术基础是按照线性顺序进行设计、招标、施工的管理，建设周期长，投资成本容易失控，委托方单位管理的成本相对较高，前期投入较高；由于施工方无法参与设计工作，设计的"可施工性"差，设计变更频繁，导致设计与施工的协调困难，可能发生争端，使委托方利益受损；变更时容易引起较多的索赔。

2. 设计采购施工 / 交钥匙总承包（EPC）模式

设计采购施工 / 交钥匙总承包［Engineering(设计)、Procurement(采购)、Construction(施工) 的组合，EPC］是指建设单位仅提出工程项目的使用要求，而将勘察设计、设备选购、工程施工、材料供应、试运行服务等全部工作都委托给一家承包公司（承包人）去做，竣工以后接过钥匙即可启用。承担这种任务的承包企业有的是科研—设计—施工一体化的公司，有的是设计、施工、物资供应和设备安装以及咨询公司等组成的联合集团。

3. 建设管理（CM）模式

建设管理（Construction Management，CM）模式是国际建筑市场较为通行的项目支付与管理模式之一，也是我国目前推行总承包模式的一种。CM 模式从建设工程的开始阶段就雇用具有施工经验的 CM 单位（或 CM 经理）参与到建设工程实施过程中来，以便为设计机构（建筑师 / 工程师）提供施工方面的建议且随后负责管理施工过程。

CM 模式是美国汤姆森（Charles B.Thomson）等人 1968 年在研究关于如何加快设计和施工进度及改进管理控制方法时，提出的快速路径施工管理方法（Fast Track Construction Management）的简称。CM 模式在国内被译为建设工程管理模式。这种模式改变了过去那种设计完成后才进行招标的传统模式，采取分阶段发包，由委托方、CM 单位和设计单位组成一个联合小组，共同负责组织和管理工程的规划、设计和施工。CM 单位负责工程的监督、协调及管理工作，在施工阶段定期与承包人密切沟通，对成本、质量和进度进行监督，并预测和监控成本和进度的变化。

CM 管理模式的优点如下。

（1）建设周期短。这是 CM 模式的最大优点。在组织实施项目时，打破了传统的设计—施工的线性关系，代之以非线性的阶段施工法（Phased Construction）。其基本思想就是缩短工程从规划、设计、施工到交付委托方使用的周期，即采用 Fast-Track 方法，设计一部分，招标一部分，施工一部分，实现有条件的"边设计、边施工"。在这种方法中，设计与施工之间在时间上产生了搭接，从而提高了项目的实施速度，缩短了项目的施工工期。

（2）CM 经理的早期介入。CM 模式改变了传统管理模式中项目涉及的各方关系依靠合同调解的做法，代之以依赖建筑师和（或）工程师、CM 经理和承包人在项目中的合作。委托方在项目初期就选定了建筑师和（或）工程师、CM 经理和承包人，由他们组成具有合作精神的项目组，完成项目的投资控制、进度计划与质量控制和设计工作，这种方法被称为项目组法。CM 经理与设计单位是相互协调的关系。CM 单位在一定程度上不是单纯地按图施工，其可以通过合理化建议来影响设计。

CM 管理模式的缺点如下。

（1）对 CM 经理的要求较高。CM 经理所在单位的资质和信誉都应该比较高，而且 CM 经理应是具备高素质的从业人员。

（2）分项招标导致承包费高。

CM 模式适用于以下工程。

（1）设计变更可能性较大的建设工程。

（2）时间因素最为重要的建设工程。

（3）因总的范围和规模不确定而无法准确定价的建设工程。

CM 模式不适用于以下项目。

（1）规模小、工期短的小型项目。

（2）设计已经标准化的项目。

（3）设计简单、技术成熟的项目。

4. 设计—建造总承包（DB）模式

设计—建造（Design-Build，DB）总承包模式是指工程承包人（工程项目管理公司）按照合同约定，承担工程项目设计和施工，并对承包工程的质量、安全、工期、造价全面负责的模式。这种方式的基本特点是在项目实施过程中保持单一的合同责任，不涉及监理，大部分实际施工工作要以竞争性招标方式分包出去。

DB 管理模式的主要特点是委托方与项目管理实体采用单一合同的管理方法，由该实体负责实施项目的设计和施工。一般来说，该实体可以是大型承包人，具备项目管理能力的设计咨询公司，或者是专门从事项目管理的公司。这种模式主要有两个特点。

（1）高效率性。一旦和约签订以后，承包人就据此进行施工图的设计，如果承包人本身拥有设计能力，就促使承包人积极地提高设计质量，通过合理和精心的设计创造经济效益，往往达到事半功倍的效果。如果承包人本身不具备设计能力和资质，需要委托一家或几家专业的咨询公司来进行设计和咨询，承包人作为甲方的身份进行设计管理和协调，使得设计既符合委托方的意图，又利于施工和节约成本，设计更加合理和实用，避免了两者之间的矛盾。

（2）责任的单一性。从总体来说，建设项目的合同关系是委托方和承包人之间的关系，委托方的责任是按合约规定的方式付款，总承包人的责任是按时提供委托方所要的产品。承包人对于项目建设的全过程负有全部的责任，这种责任的单一性避免了工程建设中各方的相互矛盾，也促使承包人不断提高自己的管理水平，通过科学的管理创造效益。相对于传统的管理方式来说，承包人拥有了更大的权力，它不仅可以选择分包人和材料供应商，而且还有权选择设计咨询公司，但最后需要得到委托方的认可。这种模式解决了机构臃肿、层次重叠、管理人员比例失调的问题。

5. 建造—运营—移交（BOT）模式

建造—运营—移交（Build-Operate-Transfer，BOT）模式提出的目的是便于政府进行基础设施建设。基础设施工程的规模很大，政府需要用税收投资建设，由于税收有限，会造成基础设施建造缓慢。如果将此项目交给某家公司（可以是外国公司）来建，建好后在一定期限内由这家公司来运营，并且允许盈利，期满后再移交给政府的建设运营模式，称为建造—运营—移交模式，即 BOT 模式，或"BOT 项目管理与融资模式"，因为投资者既要做项目管理又要进行项目融资。

BOT 具体的操作过程为：项目首先由地方政府提出，或由项目建议人提出。政府先要组织咨询设计公司编制招标文件，并且测算工程投入使用后怎样收取费用，以及需用多长时间收回投资。然后开始招标，项目发起人（某一财团或若干投资人）前来投标。投标结束后由政府与中标者（发起人联合其他各方组建的项目公司）签订特许权协议，这个协议规定了特许中标者来建造这个项目，并运行若干年。但一开始只起一个草稿，因为项目发起人投标前要找到几家大银行谋求大额贷款，并组建正式的项目公司。等到项目发起人组建好正式的项目公司，并同银行正式签订贷款协议后，才能与政府签订正式的特许权协议。融资完成后，项目公司先找一个总承包人来负责设计、分包、供应等工作。一般来说，总承包人都是项目公司的股东，但理论上还要招标，选择最好的承包人，这个过程中还要找保险公司保险。另外，必要时还要找咨询公司来进行工程管理。项目完成后进入运营阶段，专门有一个经营开发公司负责运营、管理和维修，它收取的费用要定期交给项目公司。项目公司收取这些费用先用来偿还贷款，在还完贷款后才开始分红。在特许期届满时，经过维修将工程移交政府。

6. 公私合营（PPP）模式

公私合营（Public Private Partnership，PPP）模式是指政府与私人组织之间，为了合作建设基础设施项目，或是为了提供某种公共物品和服务，以特许权协议为基础，彼此之间形成一种伙伴式的合作关系，并通过签署合同来明确双方的权利和义务，以确保合作的顺利完成，最终使合作各方达到比预期单独行动更为有利的结果。

（1）PPP 模式的结构。

PPP 模式的典型结构为：政府部门通过政府采购形式与中标单位组成的特殊目的公司签订特许合同（特殊目的公司一般有中标的建筑公司、服务经营公司或对项目进行投资的第三方组成的股份有限公司），由特殊目的公司负责筹资、建设及经营。政府通常与提供贷款的金融机构达成一个直接协议，这个协议不是对项目进行担保的协议，而是一个向借贷机构承诺将按与特殊目的公司签订的合同支付有关费用的协议，这个协议使特殊目的公司能比较顺利地获得金融机构的贷款。采用这种融资形式的实质是，政府通过给予私营公司长期的特许经营权和收益来换取基础设施加快建设及有效运营。

（2）PPP 模式的目标。

PPP 模式的目标有两种，一是低层次目标，指特定项目的短期目标；二是高层次目标，指引入私人部门参与基础设施建设的综合长期合作的目标。

PPP 模式的组织形式非常复杂，既可能包括私人营利性企业、私人非营利性组织，同时还可能包括公共非营利性组织（如政府），合作各方之间不可避免地会产生不同层次、类型的利益和责任的分歧。只有政府与私人企业形成相互合作的机制，才能使合作各方的分歧模糊化，在求同存异的前提下完成项目的目标。

PPP模式的机构层次就像金字塔一样，金字塔顶部是政府，是引入私人部门参与基础设施建设项目的有关政策的制定者。政府对基础设施建设项目有一个完整的政策框架、目标和实施策略，对项目的建设和运营过程的参与各方进行指导和约束。金字塔中部是政府有关机构，负责对政府政策指导方针进行解释和运用，形成具体的项目目标。金字塔的底部是项目私人参与者，通过与政府的有关部门签署一个长期的协议或合同，协调本机构的目标、政府的政策目标和政府有关机构的具体目标之间的关系，尽可能使参与各方在项目进行中达到预定的目标。这种模式的一个最显著的特点就是政府或者所属机构与项目的投资者和经营者之间的相互协调及其在项目建设中发挥的作用。

PPP模式使政府部门和民营企业能够充分利用各自的优势，即把政府部门的社会责任、远景规划、协调能力与民营企业的创业精神、民间资金和管理效率结合到一起。

（3）PPP模式的主要特点。

PPP模式的优点如下。

①消除费用的超支。在项目初始阶段，私人企业与政府共同参与项目的识别、可行性研究、设计和融资等项目建设过程，保证了项目在技术和经济上的可行性，缩短前期工作周期，使项目费用降低。

②有利于转换政府职能，减轻财政负担。政府可以从繁重的事务中脱身出来，从过去的基础设施公共服务的提供者变成监管的角色，从而保证质量，也可以在财政预算方面减轻政府压力。

③促进了投资主体的多元化。利用私营部门来提供资产和服务能为政府部门提供更多的资金和技能，促进了投融资体制改革。同时，私营部门参与项目还能推动项目设计、施工、设施管理过程等方面的革新，提高办事效率，传播最佳管理理念和经验。

④政府部门和民间部门可以取长补短，发挥政府公共机构和民营机构各自的优势，弥补对方的不足。双方可以形成互利的长期目标，可以以最有效的成本为公众提供高质量的服务。

⑤使项目参与各方整合组成战略联盟，对协调各方不同的利益目标起到关键作用。

⑥政府拥有一定的控制权。由于政府分担了一部分风险，减少了承建商与投资商的风险，从而降低了融资难度，提高了项目融资成功的可能性。政府在分担

风险的同时也拥有一定的控制权。

⑦应用范围广泛，该模式突破了目前引入私人企业参与公共基础设施项目组织机构的多种限制，可适用各类市政公用事业。

PPP 模式的缺点如下。

①对于政府来说，如何确定合作公司给政府增加了难度，而且在合作中要承担一定的责任，增加了政府的风险负担。

②组织形式比较复杂，增加了管理上协调的难度，对参与方的管理水平有一定的要求。

③如何设定项目的回报率可能成为一个颇有争议的问题。

根据工程项目的不同规模、类型和委托方要求，工程总承包还有一些其他的发展和变化，主要是承包和服务内容的变化，如私人主动融资（PFI）、建设—移交（BT）、项目管理（PM）等方式。

四、工程托管组织方式

建设单位将整个工程项目的全部工作，包括可行性研究、场地准备、规划、勘察设计、材料供应、设备采购、施工监理、工程验收等全部任务，都委托给专门的项目管理公司（工程承发包公司或项目管理咨询公司）去做。项目管理公司派出项目经理，进行招标或组织有关专业公司共同完成整个建设项目。

工程托管方式是国际工程项目管理的一种新的趋势，由于专业机构有丰富的项目管理经验，不仅可以大大减轻委托方的负担，而且可以取得较好的投资效果。

五、三角式管理组织方式

由建设单位分别与承包单位和咨询单位签订合同，由咨询公司代表建设单位对承包单位进行管理。这是国际上通用的传统工程项目管理方式之一。

第四节　公路工程项目人力资源管理

一、工程项目人力资源管理概述

1.工程项目人力资源的含义

一个建设工程项目的实施需要多种资源，其中人力资源是最基本、最重要、最具创造性的资源，是影响项目成效的决定因素。

关于人力资源的定义，学术界存在不同的说法。国外学者伊凡伯格认为，人力资源是人类可用于生产产品或提供各种服务的活动、技能和知识；雷西斯·列克认为，人力资源是企业人力结构的生产力和顾客商誉的价值；内贝尔·埃利斯认为，人力资源是企业内部成员及外部的人，即总经理、雇员及顾客等可提供潜在服务及有利于企业预期经营活动的总和。也有人认为，人力资源是指具有脑力劳动或体力劳动的人们的总称。

从工程项目管理实践的角度看，工程项目的人力资源无非是两种情况：一是已经得到配置于工程项目上的项目管理者团队和从事项目作业技术活动的劳动者团队；二是为项目实施需要拟选择或继续获得的潜在的项目管理者、技术工作者、作业劳动者及其他成员。

2.工程项目人力资源管理的含义

工程项目人力资源管理属于微观人力资源管理范畴，是指为提高项目工作效率、高质量地完成项目任务，通过不断地获得人力资源，把得到的人力资源整合到项目中并融为一体，科学合理地分配人力资源，实现人力资源与工作任务之间的优化配置，调动其积极性，对工程项目团队人力资源进行计划、获取和发展的管理过程。

3.工程项目人力资源管理的特点

工程项目人力资源管理与一般人力资源管理有所不同，有自己的特性。认识这些特点，对于更好地开展工程项目的人力资源管理具有重要意义。

（1）管理对象相对集中于工程项目所涉及的有关专业。

工程项目人力资源管理的管理对象与一般意义上的人力资源管理相比，专业相对集中于工程勘察设计、工程技术、工程经济、工程施工、项目管理等。

（2）工程项目的人力资源管理有时只是企业人力资源管理的一部分。

由于工程项目一部分人力资源管理工作已由承担项目法人的相关部门承担，项目的人力资源管理只进行一般人力资源管理工作内容中的一部分即可。

（3）根据项目所采取的组织模式不同而有所不同。

工程项目的人力资源管理受项目的组织形式影响较大。例如，在职能式组织形式下，人力资源管理的主要工作可能以人员的分工与协调为主；项目式组织形式下的人力资源管理的主要工作则还要包括人员的获取等工作。

（4）与工程项目的规模大小和工作周期长短密切相关。

对于一个规模小、周期短的工程项目，其人力资源管理的内容可能不会考虑项目团队发展的相关内容；而对于一个规模较大、工作周期较长的项目来说，团队发展与调整则是必须进行的工作内容之一。

（5）管理的重点与工程项目的内容密切相关。

例如，工程施工项目的人力资源管理，其管理对象除了管理人员与技术人员外，还有大量的建筑工人，人员的日常管理、工资、安全保障以及团队的发展等可能成为工作的重点；对于工程设计项目或其他工程咨询项目，人员的获取、分工和相互协作等可能成为其人力资源管理的重点。

4. 工程项目人力资源管理的内容

项目人力资源管理也可以理解为人力资源的取得、培训、保持和利用等方面所进行的计划、组织、指挥和控制的活动。具体包括以下内容。

（1）人力资源规划。人力资源规划是指项目为了实现其目标而对所需人力资源进行预测，并为满足这些需要而预先进行系统安排的过程。

（2）工作分析。工作分析是指收集、分析和整理与工作有关的详细信息的过程，是对组织中某个特定职位的工作内容和职务规范的描述和研究过程，即制定职位说明和职务规范的系统过程。工作分析必须说明为成功完成该项工作每一个员工的具体的工作内容、必需的工作条件和员工资格。工作分析是用来规划和协调所有人力资源的管理活动。

（3）员工招聘。员工招聘是根据项目任务的需要，为实际或潜在的职位空缺找到合适的候选人。

（4）员工培训和开发。员工培训和开发是指为了使员工获得或改进与工作有关的知识、技能、动机、态度和行为，以利于提高员工的绩效以及员工对项目目标的贡献，所进行的培养、训练、能力的测评等活动。培训聚焦于目前的工作，而开发则为员工准备未来可能的工作。

（5）报酬。报酬是通过建立公平合理的薪水系统和福利制度，以起到吸引、保持和激励员工很好地完成其工作的作用的管理活动。

（6）绩效评估。绩效评估是对工作行为的测量过程，即用事先制定的标准来比较工作绩效的记录以及将绩效评估的结果反馈给员工的过程。

以上是项目人力资源管理的核心内容，它们从管理程序方面来讲，已经在很大程度上规范化了；从管理部门方面来讲，也有专门的人力资源管理部门，因此属于制度化的人力资源管理。除了有章可循、程序比较固定的部分外，还有一些无固定组织而言的内容，这一部分一般理解为非组织化的人力资源或更高层次的人力资源管理，主要包括领导艺术、群体激励、管理沟通、企业文化建设等内容。

二、工程项目劳动力资源管理

1. 工程项目劳动力的优化配置

一个项目所需劳动力的种类、数量、时间、来源等问题，应就项目的具体状况做出安排，安排的合理与否将直接影响项目的实现。劳动力的合理安排需要通过对劳动力的优化配置得以实现。

（1）优化配置的依据。

①劳动力优化配置的依据首先是项目。不同的项目所需劳动力的种类、数量是不同的。所以需要根据项目的具体情况以及项目的 WBS 分解结构来优化配置劳动力。

②项目的进度计划也是劳动力优化配置的重要依据。劳动力资源的时间安排主要取决于项目进度计划。例如，在某个时间段需要什么工种的劳动力，需要量是多少，应根据在该时间段所进行的工作活动情况确定。当然，劳动力的优化配置和进度计划之间存在着综合平衡的优化问题。

③项目的劳动力资源供应环境是确定劳动力来源的主要依据。项目不同，其劳动力资源供应环境也不相同，项目所需劳动力取自何处，应在分析项目劳动力资源供应环境的基础上加以正确选择。

（2）优化配置方法。

劳动力的优化配置首先应根据项目分解结构，按照充分利用、提高效率、降低成本的原则确定每项工作所需劳动力的种类和数量；然后根据项目的初步进度计划进行劳动力配置的时间安排，在此基础上进行劳动力资源的平衡和优化，同时考虑劳动力资源的来源，最终形成劳动力优化配置计划。

①应在劳动力需要量计划的基础上进一步具体化，以防漏配；必要时根据实际情况对劳动力计划进行调整。

②配置劳动力应积极可靠，使其有超额完成的可能以获得奖励，进而激发其劳动积极性。

③尽量保持劳动力和劳动组织的稳定，防止频繁变动。但是，当劳动力或劳动组织不能适应任务需要时，则应进行调整，并敢于改变原建制进行优化组合。

④工种组合：技术工种和一般工种比例等应适当、配套。

⑤力求使劳动力配置均匀，使劳动资源强度适当，以达到节约的目的。

2. 工程项目劳动力动态管理

劳动力的动态管理是指根据生产任务和施工条件的变化对劳动力进行跟踪平衡、协调，以解决劳务失衡、劳务与生产要求脱节的动态过程。其目的是实现劳动力动态的优化组合。

（1）企业劳动管理部门对劳动力的动态管理起主导作用。

由于企业劳动管理部门对劳动力进行集中管理，故在动态管理中起着主导作用。企业劳动管理部门应做好以下几方面的工作。

①根据施工任务的需要和变化，从社会劳务市场中按合同招募和遣返（辞退）劳动力。

②根据项目经理部所提出的劳动力需要量计划与"项目管理目标责任书"向招募的劳务人员下达任务，派遣队伍。

③对劳动力进行企业范围内的平衡、调度和统一管理。施工项目中的任务完成后召回作业人员，重新进行平衡、派遣。

（2）项目经理部是项目施工范围内劳动力动态管理的直接责任者。

项目经理部劳动力动态管理的责任如下。

①按计划要求向企业劳务管理部门申请派遣劳务人员。

②按计划在项目中分配劳务人员，并下达施工任务书。

③在施工中不断进行劳动力的平衡、调整，解决施工要求与劳动力数量、工种、技术能力等相互配合中存在的矛盾。在此过程中与企业劳务部门保持信息沟通、人员使用和管理的协调。

④按合同支付劳务报酬，任务完成后，劳务人员遣归企业。

（3）劳动力动态管理的原则。

①动态管理以进度计划与劳务合同为依据。

②动态管理应始终以劳动力市场为依托，允许劳动力在市场内做充分的合理流动。

③动态管理应以动态平衡和日常调度为手段。

④动态管理应以达到劳动力优化组合和充分调动作业人员的积极性为目的。

三、项目经理

工程项目管理是一件非常复杂的工作。项目的总任务包含许多子任务，在不同阶段又有不同的阶段性任务，这些任务又是由许多单位共同完成的。在工程项目建设的全过程中，会有许多不可预见的因素。因此，设置和明确工程项目负责人就显得非常重要。工程项目负责人即项目经理是工程项目管理的核心，是决定工程项目成败的关键人物。

1.项目经理的定义

项目经理由法定代表人任命，根据法定代表人授权的范围、时间和内容，对项目实施全过程、全面的管理。

项目经理是组织的法定代表人在项目上的一次性授权管理者和责任主体。项目经理通过实行项目经理责任制履行岗位职责，在授权范围内行使权力，并接受组织的监督考核。项目经理的聘用由企业决定，是一种行业规范化管理的组织行为。

2.项目经理的分类

（1）建设单位的项目经理。

建设单位的项目经理是指受项目法人的委托和授权，领导和组织一个完整工程项目建设的总负责人。一些规模小、技术简单的小型项目的项目经理可由一个人担任，负责全过程的项目管理。但对于一些规模大、工期长且技术复杂的工程项目，是由工程总负责人、工程投资控制者、进度控制者及合同管理者等人组成项目经理部，对项目建设进行全过程的项目管理。

（2）施工单位的项目经理。

施工单位的项目经理是指受施工企业法定代表人的委托和授权，在工程项目施工中担任项目经理职务，直接负责工程项目施工的组织实施者，对工程项目施工全过程全面负责的项目管理者。其是工程项目的责任主体，是企业法人代表在工程项目上的委托代理人。

（3）设计单位的项目经理。

设计单位的项目经理是指受设计单位法定代表人的委托和授权，领导和组织一个完整工程项目设计的总负责人。设计单位的项目经理对委托方的项目经理负责，从设计角度控制工程项目的总目标。

（4）咨询单位的项目经理。

咨询单位的项目经理是指受咨询单位法定代表人的委托和授权，根据委托方需要进行全过程或其中某一阶段的咨询管理服务的总负责人。这种情况一般发生在项目比较复杂，而委托方又没有足够能胜任的人员组建管理班子时，因此委托咨询机构来进行项目管理，向委托方提供咨询服务。

（5）其他部门的项目经理。

其他部门的项目经理指受企业法定代表人的委托和授权，对项目实行指导、监督等职能的总负责人，如政府派出的项目经理、银行派出的项目经理等。

3.项目经理应具备的素质

（1）身体健康、精力充沛。

项目管理是一项持久艰苦的工作，环境差，压力大，因此项目经理要有强健的体魄、旺盛的精力。

（2）良好的心理素质和个性特征。

①坚毅。冲突、矛盾、变化、风险，这些都使项目经理承受相当大的压力，如果没有坚毅的性格，很难在项目中坚持原则，甚至可能会中途放弃，因此，坚毅对于项目经理，尤其是从事大型复杂项目的项目经理来说是第一位的。项目经理要性格坚毅、充满自信。

②果断。项目要在一定时间内完成，因此很多时候并没有太多时间去寻找完美的答案，拖延时间只会贻误时机，这个时候就需要能够果断地做出选择并实施，因此项目经理要果断行事，不犹豫，不冲动。

③冷静。项目实施过程中随时存在着冲突等问题，冷静是解决问题的第一保证。只有遇事冷静、沉着，才能去正视问题，去思考为什么，才能充分发挥才干、创造力，挖掘潜力去解决问题。

④乐观。项目的特点决定了项目开展过程中存在不可预见性，冲突、矛盾、压力将接踵而来，项目经理不能因此而心浮气躁，必须以乐观向上的心态面对项目部成员及其他人，有条不紊地分析问题根源所在，直至彻底解决。

⑤开朗。项目管理的复杂性决定了项目经理需要做大量的协调和沟通工作，因此必须具备开朗的性格，容易与人相处，容易使别人理解自己的意图，这样便于项目的危机响应和文化管理。

（3）具有管理的基本技能、良好的知识结构。

①项目管理的基础知识。如项目管理的特点、规律、管理思想、管理体制、管理程序等，进行项目管理的技能训练；懂得经济、法律、法规等相关知识；具备人力资源管理、成本管理、质量管理、合同管理、风险管理等良好的知识结构。

②相应的项目管理经验和业绩。项目经理应具有相应的工程管理经验和业绩，特别是同类项目的成功经验，对项目工作有成熟的判断能力和思维能力。

（4）综合素质较高。

①具备良好的职业道德，遵纪守法，爱岗敬业，使命感较强。

②以身作则，树立良好榜样。

③言行一致，为人正直，公正无私。

④求贤若渴，重视人才，广纳良策。

⑤具有长远目光、大局观念。

⑥善于总结得失。

（5）能力全面。

①组织协调能力。项目的相关方是很多的，同项目的相关方联系、协调工作是项目经理必不可少的工作内容之一，项目经理要在此过程中不断解决矛盾，处理冲突，尽量减少不利因素，争取项目相关方最大的支持。

②联系交际能力。所谓联系交际能力即与人打交道的能力，项目经理必须运用娴熟的交际技巧处理好与各项目相关方的关系，营造融洽的工作氛围，这样才能保证项目的顺利实施。

③沟通能力。项目经理应具有亲和力，平易近人，积极地与团队成员进行沟

通交流，真诚地听取他们的意见和建议，消除不必要的误解和矛盾。在沟通过程中，项目经理应善于提问，并做到有效聆听、换位思考，善于激励成员。

④团队精神、合作能力。项目经理应具备团队合作精神，善于处理各种工作关系，维护建设项目相关者的利益，保守商业机密，通过运用自己的管理技能造就一个团结协作、充满活力、积极向上的团队。

⑤表达能力和谈判技巧。项目经理把自己的意图、想法向项目团队等表述清楚，是项目顺利实施的决定因素；在涉外项目或国际工程项目管理中，还要求项目经理具有应用外语的能力，还应不断积累涉外谈判经验，提高谈判技巧。

⑥分析与决策能力。项目经理必须具备敏锐的眼光和善于分析的能力，当碰到问题时候，项目经理应该能从拥有的信息中抓住本质，迅速决策。

⑦应急应变能力。项目经理应该能够根据项目的性质灵活运用自己的经验和技能，善于变通，具有敏锐灵活的应急应变能力，能够从细微的先兆去感知未来的变化，做到对变化的预先准备，防微杜渐，确保变化对项目的影响最小、风险最小。

⑧开拓创新能力。由于一次性是项目最显著的特点，项目的开展不可能有完全一样的资料、经验可以照搬，项目经理必须根据本项目的特点，运用创新的思维，开拓新的领域，使项目的计划付诸实践。随着市场的发展和时代的进步，项目经理还应注重学习和研究项目管理的新理念、新技术、新方法，以不断提高自身的管理水平。

⑨系统思维能力。项目经理要把一个项目作为一个系统、一个整体来分析，既要考虑项目中各部分的相互联系和相互制约因素，又要考虑各部分之间的协调配合，以达到整体优化的目的。

4. 项目经理的作用

（1）保证项目目标的实现。

项目经理是项目的负责人。在项目进行过程中，项目经理要根据项目进度及具体情况，及时与项目委托方进行沟通，调整项目的方向、工作重点和工作进度等，确保项目的实施成果满足委托方的需要，保证项目目标的实现。

（2）对项目进行有效的日常管理。

项目经理是经过授权的项目负责人，对项目的各种事务进行全面、细致而有效的管理。项目经理对项目的工作必须进行周密的筹划，对其工作时间要进行认真的安排。在日常管理中，项目经理要充分发挥项目团队成员的主观能动性，同时，要加强对成员在项目工作中的指导，对项目运行中可能出现的问题做出准确的预测与判断。

（3）进行项目具体事务决策。

项目在进行中经常有许多问题需要及时做出判断，决定在何时采取何种具体行动，以及行动的具体方案。项目经理是项目的具体决策者与指挥者，在一定程度上相当于公司法人代表在项目中的代理人。对于项目运行中出现的矛盾，项目经理要及时处理，必要时还要请示上级决策者。

需项目经理决策的问题一般有计划进度的调整、项目工作方案的变更、项目团队人员分工的改变、项目技术方案的修改等。

与其他决策一样，项目经理在重大问题决策时，要注意调查研究、听取多方意见，必要时进行多方案比选和专家论证。

5. 项目经理的主要工作

项目经理的工作程序从接受委托或任命起正式开始，在项目经理接受委托或任命时要注意在委托合同或任命文件中明确项目经理的工作职责、权限、工作任务及目标、报酬及奖罚等。项目经理正式开始工作后要经过建立工作基础（了解项目情况，研究工作任务、分析项目相关人员、编制项目工作计划）、组建项目团队、指导团队工作和结束项目等步骤。

（1）建立工作基础。

①了解项目情况及工作任务。

项目经理接受项目任务后，首先要了解项目情况，研究工作任务，将问题研究透彻，拟定初步的工作思路。分析了解项目的重要方法是对项目进行工作结构分解，并根据工作分解的最后结果进一步理顺工作思路，为下一步的工作计划做准备。

②了解项目相关人员。

项目经理的另一项基础性工作就是要对项目相关人员进行分析。对项目相关人员进行分析的目的一方面是为了使项目经理对项目所涉及的各方面的关系做到心中有数，以利于今后的协调工作；另一方面有利于确定项目团队成员，项目经理可以从其中选定合适的项目团队成员。

③编制项目工作大纲。

项目工作大纲是指导项目工作的纲领性文件，是项目经理工作的重要内容之一。在实际工作中，项目工作大纲的有关内容往往在项目正式确定之前就明确下来了，项目经理往往是项目工作大纲准备者之一。在项目正式确定后，项目经理应尽快组织完成工作大纲的正式文件，并与项目委托方取得一致意见。

项目工作大纲主要包括以下内容：项目名称；项目基本情况；项目团队工作目标与任务；项目工作进度计划；项目团队组成与分工；项目费用预算计划；成果的形式、成果交付数量、时间及交付方式；项目费用的来源。

（2）正式启动项目。

①组建项目团队。

根据完成项目的任务需要，经过多方面的商讨等工作，项目经理确定了团队成员后，项目团队将正式成立。为此项目经理要完成以下工作：根据项目团队的工作目标与任务和人员的分析情况，进行权职划分，确定团队中每个人的工作职责；建立职责关系图，并进行工作流程设计。

在组建过程中项目经理要向入选的团队成员说明项目目标、项目的工作范围，还要说明项目的意义、选择团队成员的标准等。

②召开项目启动会议。

项目启动会议的主要内容如下：宣布项目正式开始工作；介绍项目团队成员；介绍项目基本情况；宣布工作计划；宣布并落实人员分工；公布工作程序与工作规则；明确内部沟通方式等。

③组织制订项目团队各项具体工作计划。

项目具体工作计划有很多种，从不同的角度分类有不同的结果。从管理内容角度看有费用计划、进度计划、质量计划、人力资源计划、信息管理计划、沟通计划等；从项目要素构成方面看有项目技术计划、资金计划、原材料计划等。另外还可以根据项目进展阶段、时间等进行划分确定。

项目经理要根据项目的具体情况或简或繁地组织建立项目的计划系统，根据项目的总体要求和工作实际，组织落实好各项具体工作计划的编制工作。

（3）管理团队工作。

团队组建后，项目工作正式开始，这时管理的计划、执行、检查、调整与处理的过程将贯穿在每一项工作中。为此项目经理要注意跟踪和预测项目变化，对项目全过程进行有效的控制，并协调好相关关系，以确保项目的最终成果满足项目的预定目标。

①开展项目实施中的指导。

a.对项目团队中每个成员的工作提出具体要求。根据项目工作结构分解确定的各项工作任务，项目经理对项目团队中各成员进行工作任务分工，进而提出具体的工作要求，包括工作任务、工作进度、工作质量，以及与其他成员的相互承接关系等，特别是要清晰地提出其工作成果在时间、进度和质量方面的标准要求。

b.对团队成员工作的方法进行指导。项目团队成员可能来自不同的部门，在某一方面的专业能力较强，但对于目前需完成的项目方向不一定有很好的把握。

c.解决团队工作中的困难与问题。项目团队在工作中出现一些困难与问题是正常的，一些问题团队成员自己可以解决，有些问题则必须由项目经理出面解决，但无论谁出面，解决问题的基本原则与出发点一定是要有利于项目目标的完成。有时团队成员中出现工作分歧与矛盾，或与合作方有了一定的利害关系，往往容易使工作带有很大的感情色彩，这种情况下，项目经理应当及时察觉并进行调整解决。

d.培养团队精神。项目经理对项目团队进行指导的另一个重要方面就是团队精神的形成。项目经理要不断倡导团队精神，并通过工作中的身体力行和对团队成员的引导使团队精神得以形成和发展。

②对项目全过程进行全面控制。

对项目进度、质量、费用三个方面的控制是我们通常所说的项目三大控制，但这三大控制在实际工作中往往不是单独存在的，而是相互联系的，有时还会发生冲突。因此项目经理在工作中应对项目全过程进行全面有效的控制与管理。

项目经理进行全过程控制的关键是对团队成员的工作进行有效的控制，重点需把握以下几个方面。

a.进行合理的分工与适度的授权，这是实现有效控制的前提。只有进行了合理的分工和适度的授权，项目工作才有完成的可能，才能谈得上有效的控制。

b.建立和保持有效、畅通的信息通道，这是实现有效控制的基础。信息是有效情报的载体，通过信息不但可以发现存在的问题，更重要的是可以预测可能出现的问题，对出现的问题及时进行解决，对将出现的问题提前采取防范措施，这是实现全过程控制的重要一环。

c.经常性的检查是对固定信息渠道的重要补充。检查可以及时发现问题，可以修正和补充正常渠道上来的信息，从而使项目经理的工作更加富有成效。

d.及时进行必要的调整是实现全过程有效控制的重要手段。控制过程是一个动态的过程，为保证项目在进度、质量、费用三方面实现预期目标，根据项目的实际进展情况和可能出现的问题，项目经理在项目组织安排、项目进度、人员配置、经费投入等方面都应进行必要的调整。

③做好内外关系的协调

项目经理的重要工作之一就是为项目正常和良好地进行创造一个比较顺畅的内外环境，同时也可以使项目团队能及时和准确地掌握有关各方对项目的要求的变化，并将项目团队面临的困难与取得的进展传递给有关方面，以便取得其良好的支持与配合。

项目经理协调内外关系的主要工作包括以下方面：与委托方及时有效的沟通；与项目所在单位的有关领导保持信息的畅通；与项目所在单位的职能部门保持适当的互动关系；在团队内部形成统一、有序、高效的工作氛围。

除上述工作外，项目经理的另一项重要工作就是搞好项目团队建设。

（4）项目结束。

项目结束阶段对团队来说是休整阶段。在这一阶段，项目经理要注意稳定团队成员的工作情绪，巩固工作成果，保证项目工作最后阶段的工作质量。对项目的相关资料进行整理与归档，注意保密。同时，项目经理还要注意关心团队成员的未来去向，尽可能为团队成员解决实际问题。这一阶段的主要工作如下。

①项目成果总结与报送。

②项目资料整理。

③项目后续工作安排。

④宣布项目团队工作结束。

需要说明的是，项目经理的上述工作内容与工作程序是相互联系与渗透的，不能截然割裂开来，有的工作需要交叉进行。

四、项目团队建设

项目团队，又叫项目组，是指一组项目个体成员为了实现一个共同的目标，按照一定的分工和工作程序，协同工作组成的有机整体。团队可以是现有组织中的一个组成单元，也可以是在现有组织构架下新成立的组织单元。构成团队的基本条件是，成员之间必须有一个共同的目标，团队内有一定的分工和工作程序。上述两项条件缺一不可，否则只能称为群体，不能称为团队。

1. 项目团队的特点

有效的项目团队应具有以下特点。

（1）共同的目标。

为使项目团队工作有效，就必须明确项目目标，并在这一目标的感召下，使项目团队成员凝聚在一起，并为之共同努力。

（2）合理分工与协作。

团队中的每个成员都应明确自己的责任、任务和权利，并为之努力工作；但同时应注意团队成员之间的相互协作，以形成真正意义上的团队。

（3）高度的凝聚力。

凝聚力是指团队成员之间的团结与团队的吸引力和向心力。团队对成员的吸引力越强，成员的积极性和创造性就越能得到有效发挥。一个有效的项目团队，一定是具有高度凝聚力的团队。团队的凝聚力来源于团队成员共同的愿望、共同的利益和共同的目标，来源于团队成员之间的相互交往、相互合作和有效沟通，来源于团队成员自身愿望的实现。

（4）团队成员的相互信任。

在一个有效的项目团队中，成员之间应相互信任、相互关心，并承认彼此存在的差异，信任其他人所做和所要做的事情。团队成员应通过公开交流、自由交换意见等方式推进彼此之间的信任。

（5）有效的沟通。

有效的团队需要有效的沟通。项目团队应具备全方位、多种多样、正式的和非正式的沟通渠道，具有开放、坦诚的沟通氛围。

2. 项目团队的发展

一个项目团队从开始到终止会经历不断成长和变化的过程，这一过程可以描述为五个阶段：组建阶段、磨合阶段、稳定阶段、成效阶段和解散阶段。

（1）组建阶段。

团队的组建阶段主要是形成团队的过程。在这一过程中，主要依靠项目经理来指导和构建团队。团队形成的基础有两种：一是以整个运行的组织为基础，即一个组织构成一个团队的基础框架，团队的目标为组织的目标，团队的成员为组织的全体成员；二是在组织内的一个有限范围内为完成某一特定任务或为一共同目标等形成的团队。在项目管理中，这两种团队的形式都会出现，具体根据项目的大小、项目采取的组织形式而有所不同。

（2）磨合阶段。

项目团队形成后，团队成员明确了自己在项目中的工作及应承担的责任，开始执行分配的任务。这时矛盾开始显露，预示着磨合阶段的到来。这一阶段的一个显著特点是团队的冲突和不和谐。

在实际工作中应尽可能缩短磨合时间，以使团队早日形成合力。

（3）稳定阶段。

经过磨合，团队成员之间、成员与项目经理之间的关系已基本理顺，团队成员的不满情绪得以减弱，凝聚力开始形成，团队进入稳定阶段。

（4）成效阶段。

相互的理解、高效的沟通、密切的协作和配合、充分的授权，项目团队作用得以充分发挥，团队精神在该阶段得到了充分的体现，促进了项目的有效实施和目标的实现。

（5）解散阶段。

随着项目的完成，团队面临解散，团队成员开始考虑自身今后的发展，并开始做离开团队的准备。

3.项目团队能力的开发

项目团队能力的开发包括两个方面：一是提高项目参与者个人的贡献力；二是提高项目团队整体能力。个人能力在管理和技术方面的提高是项目团队发展的基础。为了使项目团队能力满足项目要求，团队作为一个完整的整体来开发是项目团队实现预定目标的关键。开发项目团队和成员能力的途径主要有以下几种。

（1）改善环境。

工作环境是指团队成员工作地点的周围情况和工作条件。工作环境的状况可以影响人的工作情绪、工作效率、工作的主动性和创造性，进而影响工作质量与工作进度。一个良好的工作环境可以使团队成员有良好、健康的工作热情，可以使人产生工作的愿望，是使团队保持和发展工作动力的一个很重要的方面。因此，作为团队的负责人应注意通过改善团队的工作环境来提高团队的整体工作质量与效率。

（2）培训。

培训包括为提高项目团队技能、知识和能力而设计的所有活动。项目培训可以是正式的，如使用培训教室和计算机等；也可以是非正式的，如通过其他项目团队成员的反馈进行非正式培训。在项目开展初期以及项目工作过程中都应根据实际情况通过不同方式对项目团队成员进行培训。

（3）开展团队建设性活动。

团队建设性活动是指以提高项目团队的能力而设计和组织的各项团队活动。团队建设性活动可以结合实际工作进行。例如，让项目团队计划执行链中处于末端的团队成员参与团队计划的制订过程；让那些没有管理能力和处理问题经验的项目团队成员参加为暴露和解决矛盾的一些基本规则的制定过程；组织一个正规的工作检查会议或专业性的经验交流会等。

（4）评价。

评价是指对员工的工作业绩、工作能力、工作态度等方面进行调查与评定。评价是激励的方式之一。正确地开展评价可以使团队内形成良好的团队精神和团队文化，可以树立正确的是非标准，可以让人产生成就与荣誉感，从而使团队成员能够在一种竞争的激励中产生工作动力，提高团队的整体能力。团队评价可以采取指标考核、团队评议、自我评价等多种方式。

（5）表彰与奖励体系。

表彰与奖励体系是正式管理活动的重要组成部分之一。它可以提高或强化管理者所希望的行为。要使表彰与奖励成为行之有效的工具，就必须在取得的成绩与奖励之间建立起清晰的、明确的、有效的联系。否则，一旦表彰与奖励让人产生模糊的甚至是错误的理解，就可能产生反向的引导，使表彰与奖励活动对整个项目团队士气与团队精神产生消极的影响。例如，如果要使通过奖励一个降低了项目成本的项目管理者来带动整个项目成本控制水平有一个大的提高的话，就应至少具备两个方面的前提条件：一是有一个公认的或事先经过公布的成本降低标准及奖励标准；二是被奖励者在成本控制方面确实达到了上述规定的水平。

（6）外部反馈。

前述项目人员配备、项目计划、项目执行报告都只反映了项目内部对团队发展的要求，除此之外项目团队还必须对照项目之外的期望进行定期检查，使项目团队建设尽可能符合团队外部对其发展的期望。在外部反馈的信息中主要包括委托方的要求、项目团队领导层的意见及其他合作方的评价与建议等。

（7）调整。

项目团队成员不是不可改变的。由于各种原因，项目团队成员表现不能满足项目的要求或不适应团队的环境时，项目经理不得不对项目团队成员进行调整。对这种调整项目经理要及早准备，及早发现问题，早做备选方案，以免影响项目工作的顺利开展。

除上面的内容外，项目团队调整的另一项内容是对团队内的分工进行调整，这种调整有时是为了更好地发挥团队成员的专长，或为了解决项目中的某一问题，也可能是为了化解团队成员之间出现的矛盾。

五、项目成员激励

1. 激励的原则

为了充分发挥激励的作用，在对项目团队成员进行激励时，必须遵循一定的原则。

（1）目标原则。

激励是否有效的衡量标准是是否有利于项目目标的实现。如果激励有效，就能促进项目目标的实现；如果激励不当，就会适得其反，阻碍项目目标的实现。

（2）公平原则。

在对项目团队成员进行激励时，要遵循公平的原则，即反对平均主义，对项目团队成员的激励要与其绩效直接挂钩。

（3）按需激励原则。

由于项目团队成员的需求不同，而激励的关键在于满足项目团队成员的需求。因此，在采取激励措施时，项目管理人员应该不断了解项目团队成员的需求层次和需求变化，根据各个团队成员需求的不同区别对待。

2. 激励的方式

在对项目团队成员进行激励时，还要注意选择适当的激励方式。

（1）行为激励。

行动是无声的命令，领导的行为对团队成员具有很强的导向作用。一位杰出的领导者，不仅能够正确地运用手中的权力，树立领导权威，还能以身作则、率先垂范，用自己的实际行动激励广大员工去扎实工作。那么，作为项目的各级领导，就必须做到：要求团队成员做到的，自己首先做好；禁止团队成员去做的，自己首先不做。

（2）文化激励。

项目文化是项目的灵魂，一个项目没有文化，就像一个人没有了灵魂一样可怕。优秀的项目文化是一双无形的手，无时不在、无处不在，不断激励着团队成员为项目发展竭尽全力、不懈奋斗。要深入挖掘长期以来形成的项目精神和经营理念，以行业共同价值观为核心，积极构建符合项目实际、具有鲜明的地方和行业特色的优秀项目文化。通过加强项目文化建设，进一步增强团队成员的归属感和自豪感，用项目文化规范团队成员日常行为，靠项目文化激发团队成员工作激情，逐渐把项目文化变成团队成员的自觉行动，不断推动项目持续健康发展。

（3）物质激励。

物质激励是最为直接有效的激励方式，而收入分配机制是否科学合理则是决定物质激励成效的关键。因此，项目必须通过建立科学的绩效考核体系，严格考核流程管理，实施公正的绩效考核，并把考核结果直接与团队成员工资收入挂钩，用利益杠杆激励团队成员加倍努力，取得更好的业绩。同时，要积极开展评优树先活动，评选出责任心强、工作扎实、业绩突出的先进典型人物，享受更加优厚的经济待遇，充分发挥先进典型的带动和激励作用。

（4）目标激励。

20世纪美国著名社会心理学家马斯洛把人的各种需要归结为生理的需要、安全的需要、社交的需要、尊重的需要和自我实现的需要五个层次，其中自我实现的需要是人的需要的最高层次。目标激励就是通过制定科学的发展目标，激励团队成员为之奋斗，最终达成目标，满足自我实现需要的一种激励方式。确立了发展目标，就明确了工作方向，促使团队成员在实现发展目标的过程中，不断提高自身素质，实现自身价值。在进行目标激励时要注意两个方面：一是要注意根据岗位职责和工作任务，制定一个科学合理、切实可行的量化目标，防止目标不切实际、遥不可及；二是要注意将团队成员在实现目标过程中的绩效情况进行动态的反馈，并做出公正的评价，进一步坚定团队成员的信心，激励团队成员的热情，同时纠正工作中的偏差。

（5）参与激励。

参与激励是指让项目团队成员了解项目团队的运作情况，使他们以不同的方式参与到项目的管理中来，从而激发他们的主人翁责任感。

（6）赞美激励。

肯定与赞美是最强有力的激励方式，也是最有效的激励方式。

六、项目团队冲突管理

1. 冲突概述

冲突指有关双方在观念和行为上的对立或对抗，是一种在满足各自需要的过程中遇到挫折、阻力或力图超越现状时的心理紧张和压力及其外部表现。

对于冲突的看法存在着两种观念：传统观念认为所有的冲突都是不好的、有害的，应尽量避免和消灭它；现代观念认为冲突是任何群体与生俱来的、不可避免的。冲突本身并不可怕，可怕的是处理不当。对有些冲突，可等其发展到一定阶段再进行处理；但对另外一些冲突，如果处理不及时就可能会造成危害，甚至会影响组织的长远发展

2. 项目团队冲突管理的定义

项目团队冲突指的是两个或两个以上的项目团队成员在目标、利益、认知等方面互不相容或互相排斥，从而产生心理或行为上的矛盾。

项目冲突管理就是指分析冲突并解决冲突的过程。

项目冲突管理的作用是使项目冲突的结果向积极的、合作的而非破坏性的方向发展。在这个过程中，项目经理是解决冲突的关键，他的职责是在项目冲突发生时，分析冲突的来源和程度，并运用正确的方法来化解冲突。

3. 项目冲突的来源

在项目的执行过程中，冲突可能来源于以下几个方面。

（1）人力资源冲突。人力资源冲突是指由于项目团队成员来自不同的职能部门所引起的有关人员支配方面的冲突。特别是在矩阵制的组织结构中，这种冲突尤为突出。由于职能部门经理和项目经理都具有项目团队成员的支配权，他们很可能就用人问题产生冲突。

（2）成本费用冲突。成本费用冲突一般是指在费用分配问题上产生的冲突。比如，由于经费紧张，项目经理缩减了各部门的预算，而各部门的负责人都希望能够获得充足的预算，这就可能导致成本费用冲突的产生。

（3）技术冲突。技术冲突是指在技术性能要求、实现手段和相关技术问题上产生的冲突。如项目的技术部门为了达到项目的技术要求，主张采用先进的技术，而项目经理考虑到项目的成本、进度和风险等因素，建议采用较为成熟的技术方法。

（4）管理程序冲突。管理程序冲突是围绕项目管理问题所产生的冲突。在管理部门发生的冲突包括发生在项目经理的权力和责任、不同部门之间或项目团队与合作方的冲突等。

（5）项目优先权冲突。项目优先权冲突是指项目参加者由于对实现项目目标应该完成的工作活动的先后次序存在不同的看法所产生的冲突。

（6）管理进度冲突。管理进度冲突是指项目工作活动的完成次序、所需时间与进度计划不一致所产生的冲突。

（7）成员个性冲突。项目团队成员个性冲突是指由于项目团队成员的价值观不同、个性差异等方面所产生的冲突。相对于其他冲突来说，个性冲突的强度最小，却是最难解决的。

4. 项目冲突的解决

项目通常处于冲突的环境中，但冲突并不可怕，如果处理得当，反而能促进项目工作的完成。冲突能帮助项目团队尽早发现项目所存在的问题并引起有关人员的注意；冲突有利于项目团队的建设，能激发团队成员进行讨论，这样可以形成一种比较民主的工作氛围；冲突能培养团队成员的积极性和创造性，促进项目团队寻找新的解决办法，从而实现项目创新。面对众多冲突，常用的基本方式有以下几种。

（1）回避。回避是指卷入冲突的项目团队成员从这种状态中撤出，从而避免发生实际的或潜在的争端。但这种方式并不是一种积极的解决方法，它可能会使冲突积累起来，并逐步升级。

（2）竞争。这种方法的实质是"非赢即输"。它认为在冲突中取得胜利要比勉强保持人际关系更为重要。这是一种积极的解决冲突的方式，但可能会导致团队成员之间产生怨恨，恶化工作环境。

（3）缓和。这种方法的实质是"求同存异"，即在冲突中找出一致的方面，忽视两者之间的矛盾。这种方式认为，维持人际关系比解决问题更为重要，强行解决问题可能会伤害团队成员之间的感情，降低团队的凝聚力。尽管这一方法能避免一些矛盾，但它并不能彻底解决问题。

（4）妥协。这是一种通过协商使冲突双方在一定程度上获得满意的折中方法。尤其是在冲突双方势均力敌、难分胜负时，妥协也许是较为恰当的解决方式，但是这种方法并非永远可行。

（5）正视。正视就是直接面对冲突，这是一种解决冲突的有效方式。它既要求有效地解决问题，又要求维持良好的人际关系。

（6）防范。防范是对可能产生的冲突进行处理的最佳方法。为了做好冲突防范，项目经理必须确保所有的项目团队成员都清楚地理解项目目标和项目计划，在团队建设中强调成员间的信任和成员的自信，形成融洽的工作氛围等，这样就可以在某种程度上防范冲突。

第九章 公路建设项目可持续发展研究

第一节 公路建设项目可持续发展概述

一、可持续发展的基本内涵

（一）可持续发展战略的提出

20 世纪 80 年代初，为了解决当代人类面临的三大挑战问题，即南北问题、裁军与安全问题、环境与发展问题，联合国大会成立了三个高级专家委员会，分别发表了《我们共同的安全》《我们共同的危机》《我们共同的未来》三个纲领性文件，文件中不约而同地提出了为迎接人类面临的挑战，未来必须实施可持续发展战略。1992 年联合国环境与发展大会制定了《21 世纪议程》，并提出"可持续发展"是发达国家和发展中国家 21 世纪正确协调人口、资源、环境与经济间相互关系的共同发展战略，是人类求得生存与发展的唯一途径。由于"可持续发展战略"关系到当今人们的生产和生活，关系到社会的稳定繁荣，这一战略提出后立即引起世界各国的社会学家、经济学家的关注。可持续发展是人类全面总结自己的发展历程、重新审视自己的社会经济行为后，提出的一种全新的发展思想和发展模式。

可持续发展从字面上理解是指促进发展并保证其可持续性。很明显，它包括可持续性和发展两个概念。发展不仅仅是指经济的增长或实际收入的增长，而且还指人民福利和生活水平的提高；可持续的过程是指该过程在一个相对无限长的时期内，可以永远地保持下去，而系统的内外不仅没有数量和质量的衰减，甚至还有所提高。

（二）可持续发展的目的

可持续发展是一个涉及经济、社会、文化、技术及自然环境动态的综合概念，其主要包括自然资源与生态环境的可持续发展、经济的可持续发展和社会的可持续发展三个方面。可持续发展，一是以自然资源的可持续利用和良好的生态环境为基础，二是以经济可持续发展为前提，三是以谋求社会的全面进步为目标。只要社会在每一时期都能保持资源、经济、社会同环境的协调，那么这个社会的发展就符合可持续发展的要求。可持续发展不仅仅是经济问题，也不仅仅是社会问题和生态问题，而是三者相互影响的综合体。可持续发展的最终目的表现为以下几个方面。

（1）不断满足当代和后代人的生产和生活对于物质、能量和信息的需求，既从物质或能量等硬件的角度持续提供，也从信息、文化等软件的角度持续满足。

（2）代际之间应体现公正、合理的原则，去使用和管理属于全体人类的资源和环境，同时每代人也要以公正、合理的原则来担负各自的责任，当代人的发展不能以牺牲后代人的发展为代价。

（3）区际之间应体现均富、合作、互补、平等的原则，在空间范围内缩短同代人之间的差距，不应造成物质上、能量上、信息上，甚至心理上的鸿沟，共同实现"资源—生产—市场"之间的内部协调和统一。

（4）创造自然 - 社会 - 经济支持系统的外部适宜条件，使得人类生活在一种更严格、更有序、更健康、更愉快的内外环境之中，不断地优化系统的组织结构和运行机制。

（三）可持续发展的基本原则

可持续发展内涵体现了以下几个基本原则。

（1）公平性原则。可持续发展强调代内公平、代际公平以及资源分配与利用的公平。

（2）持续性原则。在"满足需求"的同时，必须有"限制"的因素，即"发展"的概念中包含着制约因素，主要限制因素是人类赖以生存的物质基础，即自然资源和环境。持续性原则的核心是人类的社会和经济发展不能超越资源与环境的承载能力。

（3）共同性原则。可持续发展要求人们对可持续发展的价值观念和道德观准则普遍认同，要求打破民族和国家、种族和行业的界限，根据合理的要求对资源的利用进行全面的衡量和协调。

（4）和谐性原则。可持续发展思想所要达到的理想境界是人和人之间以及人和自然之间的和谐，这就要求每个人在考虑和安排自己的行动时也要考虑到自己的行动对他人、后代人及自然环境的影响，从而在人类内部及人类和自然之间建立起一种互惠共生的和谐关系。

（5）协调性原则。根据可持续发展的思想，良好的自然环境是可持续发展的基础，经济的发展是可持续发展的条件，稳定的人口是可持续发展的要求，科技进步是可持续发展的动力，社会发展是可持续发展的目的，因此，经济、环境、人口、社会、科技应协调发展。

（四）可持续发展系统的组成

可持续发展理论的建立与完善，一般是沿着经济学、社会学、生态学、系统学这四个主要方向去揭示其内涵和实质的。可持续发展理论研究的经济学方向以区域开发、生产力布局、经济结构优化、物资供需平衡等作为基本内容，该方向的一个集中点是力图把"科技进步贡献率抵消或克服投资的边际效益递减率"作为衡量可持续发展的重要指标和基本手段；可持续发展理论研究的社会学方向以社会发展、社会分配、利益均衡等作为基本内容，该方向的一个集中点是力图把"经济效益与社会公正取得合理的平衡"作为可持续发展的重要判断依据和基本手段；可持续发展理论研究的生态学方向，以生态平衡、自然保护、资源环境的永续利用等作为基本内容，该方向的一个集中点是力图把"环境保护与经济发展之间取得合理的平衡"作为可持续发展的重要指标和基本原则；可持续发展理论研究的系统学方向是以综合协同的观点，探索可持续发展的本源和演化规律，将"发展度、协调度、持续度的逻辑自洽"作为中心，有序地演绎了可持续发展的时空耦合与三者互相制约、互相作用的关系。遵从一般系统学的理论和原则，确认可持续发展由其内部具有严格逻辑关系的"五大支持系统"组成：

（1）生存支持系统——实施可持续发展的临界基础；

（2）发展支持系统——实施可持续发展的动力牵引；

（3）环境支持系统——实施可持续发展的约束限制；

（4）社会支持系统——实施可持续发展的组织能力；

（5）智力支持系统——实施可持续发展的科技保障。

一个国家或地区"可持续发展能力"的形成，必须同时取决于上述五大支持系统的共同贡献，五大支持系统中的任何一个发生问题，都将损坏整体的可持续能力，直至可持续发展系统崩溃。

二、公路建设项目可持续发展的含义

（一）公路交通发展现状

公路交通以其快捷、方便、灵活、覆盖面广、通达度深等特点，成为现代交通运输体系的重要组成部分。它是国民经济的重要基础产业，是社会及经济快速、健康、持续发展的生命线，并在一定程度上标志着一个国家或地区社会经济的发展水平，它不仅要适应国民经济和社会发展的需要，从长远来看，还能促进国民经济大发展，满足国民经济可持续发展的要求。

近几年来，我国实行积极的财政政策，加大了对公路基础设施的投资力度，公路建设为拉动经济的发展做出了贡献，为经济的进一步腾飞增强了后劲。广大人民群众总结的"要想富，先修路"的"先"字，充分体现了公路的特殊作用。另外，人们也已经认识到公路交通发展的目标不应只限于"改善路网性能"，而应以"促进社会持续和谐的发展"为基本目标，使之与资源利用、环境保护相适应，引导经济、社会、环境的良性发展。

从我国国民经济发展对公路交通的要求来看，随着经济的快速发展，客、货流运输量增大，必将对公路交通提出更高的要求。另外，我国自然资源分布不均匀的现象不会根本改变，跨地区的大宗货物运输将长期存在，因此，只有增大公路等基础设施建设的力度才可能满足这种增长的需求。但是公路的增加同时会引发一系列的问题，如资源消耗问题、自然和人文景观破坏问题、环境污染问题、资金问题、效益问题、建设质量问题、与其他运输方式协调发展问题等。这样，一方面是经济发展对公路交通行业提出了越来越高的要求，促使公路交通行业必须有一个比较大的先行发展才能满足我国经济腾飞的需要；另一方面，我国的环境资源条件又对公路交通行业的发展形成了相对强劲的多方面限制，二者产生了尖锐的冲突。这说明，原来那种单靠外延扩大再生产来满足经济发展对公路交通需求的做法，已经无法适应现在的发展要求。

（二）可持续运输

要想解决以上冲突，必须采用可持续发展的战略，建设可持续发展的公路交通体系。在世界银行编著的《可持续运输：政策变革的关键》一书中，提出了可持续运输这一概念，其基本内容如下。

（1）经济与财务可持续性，是指运输必须保证能够支撑不断改善的物质生活水平。

（2）环境与生态可持续性，是指运输不仅要满足物品流动性增加的需要，而且要最大限度地改善整个生活质量。减少人的生命和健康损失是保持环境可持续性的最重要内容，推行节约技术、搞好土地的规划利用，对拥挤和污染建立有效的措施都是极为重要的战略选择。

（3）社会可持续性，是指运输产生的利益应在社会的所有成员间公平分享。

可持续运输要求在发展运输过程中不仅要考虑运输本身产生的经济效果，更为重要的是要充分考虑运输的外部正效用与负效用。

（三）可持续公路交通的基本特征

根据可持续发展的基本理念，结合公路交通行业的特征，可以认为公路建设项目可持续发展是指公路交通在满足社会经济发展对其提出适应并适度超前要求的基础上，既能满足公路交通内部和综合运输体系的协调发展，又能使其与社会、经济、环境、资源等保持长期动态协调发展，最终保证公路交通持久的发展能力和永续的发展状态，满足和促进社会全面进步和国民经济发展的需要。公路建设项目可持续发展就是一个特定的领域——公路交通运输部门，来研究其如何实现可持续发展的，它不仅要考虑满足当前社会经济发展对公路交通的需求，还要有利于未来公路交通的发展，并尽量减少对社会环境和自然环境的影响，使公路交通与社会、经济、资源、环境相协调，不要因为自身的发展而破坏周围的环境，也不要因现时的发展而影响后代未来的发展。因此其内容涵盖了五方面的可持续发展，即经济可持续发展、社会可持续发展、资源环境可持续发展、公路自身及与其他运输方式配合的可持续发展、政策措施的可持续发展。

因此，从理论上说，可持续的公路交通至少应具有以下基本特征。

（1）公路交通应具有相当的运输能力及能力后备，能满足现在和将来进一步发展的要求。

（2）公路交通应是高效率的，即能充分发挥其运输潜力，减少不必要的损耗。

（3）公路交通应与社会、经济、资源、环境相协调，即公路交通的可持续发展应与社会经济的可持续发展一致。公路交通资产能够完好运行，能保持良好的财经状况，有限的时空资源能得到最优化，在保护自然资源和生态环境的基础上，能够与资源环境的承载力相协调，交通安全性高，科技创新贡献率高，满足和促进社会全面进步和国民经济发展。

（4）公路交通与其他运输方式之间协调有序，共同促进社会经济发展。

（5）政策措施强有力的保障，即在公路交通可持续发展的实施过程中，政府部门不但要加强对技术、质量的控制，而且要加强组织管理和协调工作，并根据国家有关方针、政策，结合历史经验、现实状况和未来发展趋势，积极研究和探索公路交通可持续发展的新方法、新途径，在整个公路交通发展过程中切实做好政策上的支持、资金的保障、技术的先进、信息及管理的协调。

（四）公路交通可持续发展的原则

公路交通可持续发展的基本内涵，决定了公路交通的发展应当遵循以下若干原则。

（1）有利于经济发展。交通运输是经济发展的必要前提，发展交通运输有利于资源的优化配置和统一市场的形成，促进商品和服务的流通，提高我国参与国际贸易和国际分工的能力；有利于降低生产成本，且能带动相关行业的发展，改善投资环境，吸引外资，增加就业机会等。

（2）以人为本。经济发展的目的是满足人们日益增长的物质需求，因此，公路交通的发展也要满足人们不断变化的需求。

（3）社会公平。社会公平包括发展机会均等、地区间及不同代人之间的公平等，交通运输的发展要将为人们创造平等的发展机会放在重要位置。因此，交通运输的发展要有利于改善贫困地区的投资环境，改变落后面貌，从而实现发展机会在时间（当代人和未来人之间）和空间（不同地区、不同收入阶层人之间）的公平，实现共同富裕。

（4）提高整体竞争力。交通运输对每种商品的生产都是一种投入，并体现在商品的原料价格上。因此，公路交通运输的发展要有利于降低成本，提高制造业的竞争力，并在整体上提高国家的竞争力。

（5）节约资源。我国资源总量丰富，但人均不足，节约资源应成为发展交通运输的基本原则。在我国大陆上，不适宜耕作的面积占国土面积的七成以上，94% 的人口分布在东部 42% 的国土上，人均耕地面积不足世界人均耕地面积的 47%，全国 600 多个县的人均耕地面积不足联合国粮食及农业组织确定的 0.05 公顷临界值。我国石油、天然气等保有探明储量严重不足，能源结构不合理。在我国已探明的能源储量中，煤炭和石油的储量分别为 9 015 亿 t 和 33 亿 t，在一次性能源的生产和消费中煤约占 75%。因此，节约耕地、节约能源应当成为公路交通运输发展的重要方针。

（6）环境友好。目前，我国的环境状况虽然局部有所改善，但总体仍在恶化，形势相当严峻。大气污染以烟尘和二氧化硫为主，城市中的大气污染问题更突出。在污染物构成中，汽车尾气排放氮氧化物、二氧化硫等所占的比例有逐年升高的趋势。因此，公路交通运输基础设施的建设应当有利于减少污染物排放总量。

（7）保证国家安全。可持续发展的前提之一是国家安全，这是《里约环境与发展宣言》的原则之一，即保障国家主权完整和领土不受侵犯。因此，公路交通体系的建立应立足于平时的经济建设，并与通信等设施建设相互配套，在外部入侵，或内部洪涝、地震等灾害事件突发时，有利于信息的传递、救援部队的派遣、应急物资的运输、被困人员的疏散等，以保证国家和人民生命财产安全。

三、公路建设项目可持续发展影响因素分析

公路交通系统的发展是公路交通自身发展条件改善和外部环境因子影响的结果。在公路交通系统的发展过程中，公路交通作为交通运输系统的子系统和社会经济系统的一部分，对其发展的影响因素主要有交通地理特征（地理区位、地质构造、气候条件、地貌形态等）、自然资源分布、区域经济发展水平、环境承载能力、交通安全性、不同运输方式间协调发展程度、交通设施（包括道路设施和交通工程设施两大系统）科技发展水平、人才资源培养、交通管理水平等。根据各因素对公路交通可持续发展影响的时间长短，可将其分为长期影响因素、中期影响因素和短期影响因素。

交通地理特征、自然资源分布可认为是公路交通可持续发展的长期影响因素。交通地理特征是公路交通区位的支配因素，自然资源的分布是公路建设项目建设和运营的约束因素，这两种制约公路交通可持续发展的长期影响因素较难改变，最好是适应它。

区域的社会经济发展水平、环境承载能力、交通安全性、不同运输方式间协调发展程度以及交通设施水平等可认为是公路交通可持续发展的中期影响因素。区域社会经济发展水平对公路交通的发展影响主要表现在两个方面：一是产业结

构的发展变化影响交通网络运输方式特性的改变；二是在一段时期内经济需求的变化影响交通线路等级、通行能力及工程规模。可持续发展模式和传统发展模式最大的区别在于：可持续发展模式强调环境的可持续性，认为环境是可持续发展的基础。特定空间范围内的环境容量是有限的，而超过环境容量界限的污染物排放将导致环境承载能力的不胜负荷，交通运输的发展一旦突破了相应的环境承载能力，将会对社会经济大发展带来负面影响。对安全性的需求是人类的最基本需求，实现安全性高的交通运输是可持续发展对交通发展的基本要求之一。交通运输系统可以看作由一些相互竞争或相互作用的交通运输方式子系统所组成的，系统中存在利益冲突的多个独立个体或因素，也包含有对各个目标有不同评价标准的参与者，因此需要进行系统协调。系统协调的基本思想是通过某种方法来组织和调控所研究的系统，寻求解决矛盾或冲突的方案，从而使系统从无序转换到有序，达到协同或和谐的状态。系统协调的目的就是减少系统的负效应，提高系统的整体输出功能和整体效应。交通设施是公路交通自身可持续发展的基础，道路设施是主体，交通工程设施包括交通安全设施和机电系统，是保证公路交通运输正常运行和充分发挥道路通行能力的必要管理手段。可以通过整合、协调、克服、维修和养护这些中期影响因素来改善区域及道路本身的交通发展条件，为实现公路交通可持续发展奠定基础。

通过对公路建设项目可持续发展含义的阐释以及对公路建设项目可持续发展影响因素的分析，可为后续的公路建设项目可持续发展评价指标的选取及评价研究打下良好的基础，同时也可为决策部门制定可持续发展的公路交通战略措施提供参考。

第二节　公路建设项目可持续发展评价方法

高速公路是城市建设的动脉系统，是支撑城市经济、交通和人民生活的重要的交通建筑工程。高速公路的经济效益是由多层次的指标所构成的，既有外部的建筑运营效益，同时还有内部的员工以及回报收益的指标体现。在实际的高速公路经济效益评级体系中，由于高速公路经济效益的指标复杂化，不同的评判指标的评价体系的标准也各有不同，在实际的评价过程中会造成疏漏，影响评价结果。可持续发展的理念是在综合各项指标后的一种平衡的判断评价体系，有利于探求高速公路发展的方法，综合评价效益。高速公路经济效益的可持续评价体系能够包容高速公路运营中的不确定因素和复杂的评价指标，以一种整体性的参照体系做出系统的审视评价。

一、高速公路经济可持续发展的评价方法

在实际评价过程中的判断标准要有轻重，即选定具有重要性和专业性的数据指标进行评定，并且要将相关的、不同侧面的数据和评价方法纳入可持续发展评价体系中，意在掌握高速公路在不同层面的数据和性能属性，对高速公路的整体效益有一个基本的认识。另外，可持续发展的评价体系，即不同层面结合不同数据的方法能够真实地反映高速公路的发展情况，而不是片面的。系统化的管理、分析方法有助于了解高速公路的整体运行性能。对于一些对高速公路经济影响不大的非重要指标可以舍弃，对于一些类似的指标要进行整合调整，指标的数量在少而精的情况下力求做到全面。此外，所选择的指标应切实可行。

可持续发展高速公路经济的评价体系的特点是动态的运营和建设的远见性。伴随着时间的推移，事物也在发展。一些新的要素可能出现，一些要素也可能变得不重要，评价体系也需要相应地做出变化和完善。另外，在选择指标的时候要面向未来，这样才能更好地体现评价系统的全面性。

二、高速公路经济评价体系中的不确定分析

高速公路建设项目经济评价体系中的不确定性分析包括敏感性分析和风险分析。一般情况下，项目不做风险分析。但对于利用外资项目及有特殊要求的项目，应做风险分析。其分析的主要因素为高速公路建设投资总额、交通量、贷款利率、收费标准、通货膨胀率、汇率、运营费用（养护管理）等因素。对项目结果采用外币的项目，需特别注意外汇比价对项目收益的影响，以预测分析项目实施所承担的外汇风险。

进行高速公路工程可行性研究，不能对所有的数据都预测得足够精确，往往要根据经验数据来推测，而工程开工后又不能保证不发生变化，因此，造成项目的经济评估具有一定的不准确性。对于投资决策者来说，这些不确定的项目经济分析意味着一定程度的风险，即投资风险。如何在这种不确定因素条件下做出比较合乎情理的决策，就需要在项目决策之前做好敏感性分析，以便使决策者了解

风险的大小与风险程度，采取有效的措施与对策，尽量降低风险可能造成的损失，保障工程项目顺利进行。

建设项目可能发生的变化因素主要有工程造价、建设工期、交通量、汽车运输成本等。受影响的经济评价的指标有经济效益费用比、经济内部收益率、投资回收期等。进行敏感性分析的目的是判断项目承受不确定因素变化风险的能力。一般具体做法是根据项目的实际情况，选择几项预计可能会发生较大变化的，如交通量、投资额等，然后，在已取得的评价指标成果的基础上，设定 ±10%、±30%、±50% 等多个变化幅度范围，分别按规定计算的方法逐一计算分析经济效益费用比、经济内部收益率等指标。若这些指标都符合规定要求且经济合理的话，则表明项目对不确定因素的变化具有较强的抗风险能力。

三、高速公路经济可持续发展的评价指标的体系建立

（一）经济效益指标分析

（1）项目自身经济情况。项目财务内部收益率（FIRR）、项目投资回收期（N）、项目投资利润率、项目的维护费用率等反映了高速公路项目的整体财务指标。

（2）项目对物流的促进作用指标。该指标反映了项目实施以后由于交通的改善对当地物流的促进作用。对引资的带动作用指标反映了该项目的实施是否会对当地的招商引资带来正面作用。对企业竞争力的提升作用指标反映了项目实施以后对当地企业的生产、营销等方面的促进情况。

（二）项目技术指标分析

（1）交通功能指标，包括道路的连通便捷程度指标。该指标反映了建设项目对路网连通度的影响程度。一般情况下，路网连通度越大越好。道路节点可达性指标是指区域内从某一节点出发通过高速公路交通抵达任一目的地的平均行驶时间、行驶距离或费用的大小情况。道路网密度指标反映了项目对路网面积密度的影响情况。

（2）交通效率指标，包括交通拥挤指标，反映了整个高速公路网适应负荷的能力，是对高速公路网运行状况总体上的评价。交通的车速变化指标是一个反映出整个交通系统运行效率的综合性指标。

（三）社会效益指标分析

（1）文化教育指标，包括对就业的带动作用指标，反映了项目实施以后当地就业率的变化情况。对文化交流的作用主要指项目实施以后当地文化交流的变化情况以及对当地从业人员受教育水平的影响等。

（2）服务类指标。交通事故率反映了项目实施后交通事故率的变动情况，交通事故的处理反映情况体现了发生交通事故后相关部门的应急处理能力。交通管理服务类指标反映了交通服务部门在管理方面的综合服务水平。

（四）环境影响指标分析

（1）大气污染指标。在项目施工中掀起的尘土，重型施工机械、沥青路面施工和养护产生的对人体有害的废气和烟尘都会对大气造成污染。此外，汽车排放的尾气、运载煤粉、矿粉等沿途造成的粉尘污染，都会对大气产生持久影响，是大气污染指标的重要内容。

（2）水污染指标。路面上留下的各种有害物质能通过高速公路排水系统流入河流或渗入地表，造成高速公路附近居民饮用水的污染，进而影响道路沿线人们生活质量和造成野生植物的数量变化。

（3）生态破坏指标。汽车发动机排放的无机化合物，以及货车沿途泄漏的煤粉、矿粉，最终直接进入土壤，造成高速公路附近的植物的破坏，并且会进入生态链造成生态破坏。此外，高速公路的修建会直接破坏植被，改变原有的周围环境，会造成岩石的风化剥落和水土流失。

（4）垃圾污染情况。高速公路交通会造成大量的垃圾污染，各种垃圾的无害化处理以及垃圾的回收利用都至关重要。各种固废垃圾一旦遗留到道路两侧会对道路周边造成污染，带来更严重的回收处理问题。

高速公路经济可持续发展的评价有定性指标也有定量指标。最终通过指标化和归一化将各个评价指标结果统一到标准尺度上，再运用模糊评价法或多层次关联分析法等进行评价分析。

总之，随着国家投融资体制改革的不断深化，基于可持续发展的高速公路经济评价体系作为项目决策的科学依据和可行性研究中的重要组成部分，其作用愈加重要，其研究深度也会不断拓展。在当前我国经济发展迅速的情况下，高速公路建设如火如荼，为做好高速公路建设项目的经济评价，在充分收集、整理、分析基础资料的同时，应加强对项目评价参数的测算、分析以及方法的正确选取，并采用多种方案对比分析的方法进行基于可持续发展的高速公路经济评价，从而为项目的决策提供科学、正确的依据。对于某些国民经济效益显著而财务效益较差的项目，不仅可以通过地方招商引资优惠政策降低项目建设、运营费用；还可以通过协商，适当延长项目的运营期限（如收费年限、折旧年限等）来提高项目的财务效益，增加项目的抗风险能力。

第十章 公路建设项目财务效益目标可持续发展

第一节 公路建设项目财务分析概述

一、概述

我国公路建设投资大、建设快，但是公路建设质量、管理水平和公路网规划方面仍然存在诸多问题，而分析公路工程建设项目的经济效益是衡量我国公路建设成果的重要方法之一。狭义的公路工程建设项目经济效益是指项目的财务绩效，即项目实现的营收情况。广义的公路工程建设项目经济效益包含项目所有的经济成果，如对地方经济的直接经济刺激作用或带动区域经济产生的实际经济利益等。通常而言，狭义的公路工程建设项目经济效益可以细致量化，但是评价狭义的经济效益很难客观判定项目可行性和宏观影响，特别是在环境污染问题日益严峻的情况下，仅仅考察狭义经济效益是不够的，应当着重研究广义公路工程建设项目经济效益的评价问题。

二、公路工程建设项目经济效益评价

（一）传统的公路工程建设项目经济效益评价指标

公路工程建设项目具有周期长、投资高等特点，特别是我国货币政策变化提高了公路工程建设项目经济效益评价难度，因此传统的公路工程建设项目经济效益评价主要考察国民经济效应和财务评价两方面。对于国民经济效应的评价，传统的公路工程建设项目评价指标主要包含运输成本降低幅度、运输时间减少幅度、车辆损失减小幅度等，以及公路工程项目的建设费用、维修费用和管理费用

等，主要考察的是公路工程建设项目的费用和成本两方面。由于绝大多数公路工程建设项目都需要银行贷款或国外基金贷款，因此对公路工程建设项目的财务评价主要是资金成本和资金回报率等。在项目建设过程中，有效使用资金、降低资金管理成本，利用汇率波动、利率变化降低资金成本；在项目建成后，通过收取过路费偿还贷款等。

（二）对公路工程建设项目经济效益评价的思考

由于公路工程建设项目经济效应评价范围受人员素质能力等因素局限，所以传统的公路工程建设项目经济效应评价方法很难估计项目的经济溢出效应。此外，环境问题、通货膨胀、经济波动等因素也对传统的公路工程建设项目经济效应评价方式方法提出了质疑。

首先，公路工程项目会涉及生态破坏、环境污染等问题。在传统的公路工程建设项目经济效应分析过程中，并不会着重考虑生态破坏、环境污染等问题，但是我国社会经济的长远健康发展需要一个健康的生态环境。公路项目的建设可能会需要开山挖隧道，会影响到当地的植被保护、生态循环系统等，特别是部分环境恶劣地区，原本的生态平衡已经很脆弱，道路建设的破坏力更为显著。在施工过程中，我国施工承包商很少注重扬尘等环境污染问题，极易造成周边环境的恶化。

其次，通货膨胀问题严重影响到项目财务评价。我国已经维持了 30 年的快速增长，通货膨胀率也维持在高位，在评价项目的国民经济效应时，建设费用的预算、维修费用的估算等都会受到严重影响。在项目财务评价时，如果建设工期正处于会计制度变更期，就增加了财务评价难度，也不利于核算实际的项目营收。

最后，经济波动会影响到公路工程项目的收支预算，进而影响到项目的财务评价。我国进入世界贸易组织后，市场越来越开放，我国社会经济发展受国际经济环境的影响也越加明显。在公路工程项目的收支预算时，经济波动会影响到预算员对于公路过路费收取的估计，以及人工成本等成本估算。整体来说，评价公路工程建设项目的狭义经济效应虽然简单直接，却不符合我国社会经济发展新要求，因此需要重新构建评价指标体系。

三、新形势下公路工程建设项目经济效益评价

（一）新形势下公路工程建设项目经济效益的影响因素

我国面临着环境污染、经济下行等严峻问题，在新形势下评价公路工程建设项目经济效益需要着重考虑以下几个方面。

（1）工期控制。公路工程建设项目具有周期长、复杂困难等特征，在市场经济背景下，工期管理影响着项目成本控制，按照现有的项目成本管理经验看，工期延迟一天，将导致费用增加，超过原有单日预算，而且由人为因素造成的工期失控将大大增加诉讼赔偿风险，直接增加项目成本。除了人为因素造成的工期延迟外，如果遇到自然灾害等不可避免的非人为因素影响，虽可以避免法律风险和合同补偿，但是项目周期延长仍会增加人工成本、管理费用等。可以说，工期控制能力是影响公路工程建设项目经济效益的重要因素之一。

（2）材料成本。公路建设项目需要消耗大量的沙子、水泥、沥青和钢材等原材料，最近几年这些原材料的价格波动较大，价格曲线呈现单峰走势，即价格整体趋势呈现上升后极速下降。按照传统的采购合同价格确定模式，我国的公路工程建设项目未完成就极可能亏损严重或成本超预算。而且按照现有的招标采购模式，即便实行了公开招标，若不加强招标工作监管、严格控制材料成本、优化原材料价格确认方式，也会严重影响公路工程建设项目经济效益。

（3）人员因素。公路工程建设项目能够实现最优化工程管理，最关键的因素在于项目管理团队能力。现有的项目管理人员可以大致分为两类：技术性管理人员和非技术性管理人员。技术性管理人员的能力和经验直接影响到公路质量、材料管理等；非技术性管理人员的能力和素质直接影响到项目的工期管理、人员统筹等。这些都直接影响到公路工程建设项目经济效益。

（4）环境问题。我国近10年建设了新公路网，公路网总里程数超过580万公里，覆盖了我国全境范围，高速公路总里程突破13万公里，极大地促进了物资流通和地方经济发展。在公路建设过程中，却不免影响或破坏当地的生态环境，特别是开山建路、拦河铺路等，不仅仅影响到当地的生态循环体系，还严重影响了当地的空气、水、土壤资源等。在环境问题日渐制约经济发展的情况下，地方政府将需要花费数万亿才能重建清洁、完善的生态环境，这都将对公路工程建设项目的经济效益评价结果产生较大影响。

（二）构建新时期评价指标体系

根据以上分析，本节构建一个符合新时期社会需求的公路工程建设项目经济效益评价指标体系，着重考察项目对对地方经济的直接影响作用、对区域经济的直接刺激作用和环境影响评价。

四、提高公路工程建设项目经济效益的对策

针对新时期社会经济发展对公路工程建设项目提出的新要求，笔者建议从以下方面提升公路工程建设项目经济效益。

（一）加强项目费用管理

公路工程建设项目的费用支出涉及项目的财务绩效，在原材料方面，要在采购合同中加入动态计价方法，当原材料价格波动过大时，要能保护项目所需原材料的价格不会严重超过预算。在维修费用方面，加强维修设备的保养和维护，做好设备关键配件的储备和替换，以便提高设备的使用年限和使用效率，进而降低项目费用。在材料管理方面，要定期做好易燃易爆原材料的清点和防火检查，要充分考虑到季节、天气状况对原材料性能的影响，保证公路建设项目原材料的安全性和可用性。

（二）强化项目资金管理

对于 PPP 模式的公路工程建设项目的承包商或分包商而言，要加强其会计基础工作管理，提升其资金的安全性，提高资金利用率，避免资金沉淀。对于项目委托方而言，要推行全面预算制度，提高资金收支的安全性和合理性，严格控制项目的成本，避免项目一再延期或超支。对于分包出去的工程建设子模块，也要监控其质量管理和资金流动，避免分包商因资金短缺而偷工减料，最终影响公路建设项目质量。

（三）建立高效的管理团队

高效、高素质、经验丰富的管理团队是提升公路工程建设项目经济效益的重中之重。目前我国公路工程建设项目的管理人员良莠不齐，部分管理人员观念落后，仍坚持着落后的管理思想，还有部分管理人员依赖单位编制不思进取，不主动提升管理水平，这些会直接影响到公路工程建设项目的管理水平、财务绩效和经济效益，因此提升公路工程建设项目经济效益要先提升管理人员素质，建立高

效的管理团队。不仅可以吸纳企业中的精英进入公路规划团队，还可以通过公开招募、竞聘上岗等方式促进管理人员提升能力，通过设计绩效考核来规范管理人员的行为，进而提升项目管理水平。

（四）提升财务管理能力

公路工程建设项目涉及资金规模巨大，往来资金项目多且复杂，不同的资金管理策略会实现不同的目标，提升财务管理能力可以帮助项目降低成本费用、提高财务评价结果。具体而言，充分调动资金、提高资金周转率，在原材料、员工薪酬支付时尽快确认资金流出，在贷款入账时尽快确认资金流入，避免资金被挪用挤占，保证项目采购等顺利完成。设定资金兑付的有限级别，避免盲目地支付原材料货款或人员薪酬，最大限度地利用支付空窗期，以降低贷款的利息和财务风险。

我国经济正面临海外金融市场潜在的危机和国内经济下行的压力，迫使我国加快产业转型升级和优化产业结构。公路网络的建立和完善有助于降低我国企业运输成本、节约运输时间，促进商品的跨区域流通，带动地方经济健康稳定发展。然而，受到管理能力等因素的制约，我国公路工程建设项目的经济效益并不理想，必须聚焦关注、提升公路工程建设项目经济效益，这样才能真正实现国家战略规划和保护我国生态环境，促进经济健康有序增长。

第二节　基于路网参数分析的通道交通量分配

交通量预测是高速公路建设项目前期工作的一个重要环节，这项工作的开展是确定高速公路项目建设规模、技术标准、节能评价、经济评价的关键，交通量预测结果是否准确直接影响到项目决策成效。随着社会经济的进步和发展，城市交通运输需求也越来越大，综合运输网络日益完善，各种交通运输方式竞争日益激烈，在这样的背景下，通过分析通道内各种运输方式的关系，了解高速公路运输需求，能够为道路交通管理提供重要支持。

一、常规预测方法的应用局限

（一）未从全局角度出发进行交通量预测

以往的高速公路工程建设项目交通量预测采用的是"增长系数分析方法"，在对交通量预测过程中仅考虑项目的形式，在整个工程项目预测中仅仅考虑一条或多条线路，在具体实践操作的时候缺乏对建设高速公路网或者综合运输网进行考虑。传统的高速公路建设预测采用四阶段分析方法，能够从区域高速公路网的整体发展角度来考虑高速公路建设项目，把握建设项目和高速公路网其他高速公路联系，进而清晰地把握高速公路交通和铁路、水运等多种运输方式的复杂关系，提升高速公路交通系统运输管理成效。

（二）转移型交通量的预测方法不科学

高速公路工程建设项目交通量包含三部分内容，分别是趋势型交通量、诱增型交通量、转移型交通量。其中，转移型交通量是指高速公路的新建或改建缩短了两个地区高速公路运输的时空距离，进而引发其他运输方式向高速公路运输方式转移。在现阶段，对于转移型交通量的预测分析没有成熟预测理论的支持，一般采用的是转移率方法。转移率分析方法将高速公路系统作为主要研究对象，将转移量看作高速公路系统和外部运输方式的重要交换量，但是在确定转移量大小的时候往往缺乏一定的控制性指标支持。

（三）缺少交通运输方式划分环节

结合高速公路工程的建设发展实际情况来看，交通运输方式包含高速公路运输和铁路运输两种，航空以长距离运输为主，因此一般不考虑航空运输。同时按照高速公路建设各个车型大小的不同还可以对交通方式进行划分。但是现阶段在进行高速公路建设项目交通预测分析的时候往往没有按照四阶段方法来进行预测分析，缺少交通运输方式划分环节，最终导致预测结果出现较大的偏差。

二、某高速公路交通运输现状分析

本书所研究的某高速公路工程经过辽宁、黑龙江、吉林，整个工程项目影响区的划分以区域范围内的社会经济、路网结构、高速公路发展变化为基础。同时，在整个高速公路工程建设的过程中还会考虑到关联铁路和研究铁路数据变化对高速公路工程运输模型的影响。项目影响区域范围内的铁路包含沈阳到丹东、梅河口到集安、四平到梅河、哈尔滨到大连等。其中对此次研究项目影响最大的是东北东部铁路和从路网通道角度所形成的哈大铁路和哈达客运专线。

根据整个项目对研究区域范围的影响程度将铁路、高速公路运输方式客流划分为直接区域客流和间接影响区域客流。2015 年的项目影响区客运量基本构成如表 10-1 所示。

表 10-1 2015 年的项目影响区客运量基本构成

交通运输方式	直接影响区	间接影响区	合计
铁路	330.5	10 458.1	10 788.6
高速公路	1 557.1	410.8	1 967.9
合计	1 887.6	10 868.9	12 756.5

在分运输客流状态下，高速公路客流占据总体客流总量的 82.5%，由此证明高速公路运输是承担客运量的关键。在此基础上，为了能够更好地分析交通运输量，按照货物的基本特点、货物附加值高低将货物划分为散货和杂货两种类型。

在货物运输过程中，影响铁路散货、杂货的运量占据总体货物运输的 34.0% 和 22.6%，间接影响区域铁路散货、杂货运输量占据两类货物的 97.5% 和 90.5%。铁路散货运输总量远超过杂货运输量，由此可见，在项目影响区域范围内，铁路运输以散货运输为主。

（一）某高速公路交通运输需求的预测

高速公路运输需求预测是确定未来各个小区之间客运的关键，预测一般分为两个部分：一是根据各个小区区域的经济发展情况来预测总的客运、货运发生量和吸引量；二是将分析获得的数据作为控制量来预测交通量的空间分布情况。

考虑到项目影响区域范围内各个小区未来交通运输发展的平衡和增长情况，高速公路交通需求预测采取增长系数分析方法，将现有的客运、货运流矩阵和预测年度增长系数相乘，进而获得各个模区的控制总量。

在未来，影响区域旅客发生量、吸引量的主要因素是人口和社会经济的增长，在综合考虑社会经济发展的基础上，选择国内生产总量作为旅客发生量、吸引量的重要因素。应用弹性系数分析方法，应用各个小区之间旅客发生量、吸引量和国内生产总值的弹性系数来推断年度弹性系数，按照国内生产总值增长速度来预测和评估旅客发生量、吸引量的增长速度关联。

趋势交通量生成预测分析的重要参考指标是社会经济发展，根据社会经济发展变化来预测客车或者货车的总体出行量。交通运输事业的发展和社会经济存在密切的关联，某一个区域范围内的货运生成量分析预测是借助历史数据信息来全面统计分析各种类型交通方式下的客运或者货运数据信息，构建相应的货运或者客运社会经济发展变量分析模型，在这个分析模型的作用下来科学地分析、评估高速公路交通上货车或者客车的出行量。

整个高速公路工程项目在建设完成之后，周围沿线交通运输条件将会发生重大的变化，特别是高速公路所经过的各个小区之间费用会降低，进而产生新的高速公路客运运输需求（诱增运输需求）。关于诱增运输需求的预测首先要计算好各个小区之间的客货诱增率，之后通过诱增率来获得诱增预测数值。

（二）某高速公路交通运输方式和运输量的预测

高速公路交通运输方式的预测在本质上是一种离散选择，即从一组可以被选择的数据中选择一个重要的变量。运输方式预测会参考客车或者货车的运输方式，在综合考虑多种方式之后对高速公路、铁路、水运等运输方式所承担的客车、货车运输情况进行预测和分担，从而更好地了解各种类型运输方式作用下的交通量转移情况。

高速公路交通运输方式划分预测方法依托出行费用最小的 Logit 模型或者抽象运输操作方式，根据客车和货车的不同运输特点来构建相应的 Logit 模型。其中，交通运输还会考虑经济性、快速性、方便性、安全性等综合指标，其中，费用和时间是影响交通运输分析的重要指标。根据不同运输方式下的属性数据信息和客货流动信息来对各个参数模型进行分析，应用这个参数模型来综合分析不同交通区域范围下各种类型交通运输方式所承受的分担率。

另外，对运输方式的预测也可以选择应用一种抽象的方式，即应用一组服务属性向量来综合代表某一种运输方式。分担率是交通运输服务属性下的一种相对函数数值。基于抽象运输方式的分担模型不存在关乎特定方式的变量分析模型，不仅适合现阶段的分担率分析，而且还适合应用于对未来交通分担率的预测分析。模型以运输服务基本属性的相对数值作为一种变量。Logit 模型的基本表达式为运输方式特征常数 + 运输时间系数 × 时间 + 运价系数 × 相应运输方式的运输价格。

按照上文模型来选择运输方式，首先，根据调研分析得到各个地区区域之间的运输时间和运输价格，同时应用极大似然分析方法来对模型中的时间系数、运输价格系数、运输方式等进行标定分析，得到一个完整、统一的交通量运输分析参数表，具体如表 10-2 所示。根据表 10-2 所获得的未来铁路、高速公路旅客、散货、杂货服务水平数据，借助 Logit 模型来全面分析预测各个模块之间铁路和高速公路旅客、散货、杂货之间的份额分布矩阵。

表 10-2　交通量运输标定结果分析表

	参数	参数数值	T 检验数值
旅客	时间	−0.078 04	−2.871 49
	运输价格	−0.005 94	−2.244 38
	铁路方式常数	0.076 20	2.169 43
散货	时间	−0.848 90	−8.294 92
	运输价格	−0.397 05	−4.342 43
	铁路方式常数	−1.082 00	−3.897 34
杂货	时间	−0.092 40	−6.331 01
	运输价格	−0.021 66	−4.757 13
	铁路方式常数	−0.050 04	−5.895 72

（三）高速公路交通量的预测分析

高速公路交通量的预测分析包含高速公路客货运输量、交通量之间的转化和分配过程。客货运输量和交通量之间的转换系数是交通调查分析中所得到的实际客车和货车平均实载率，体现了高速公路客运运量和客车、货车车辆之间的对应关系。

在交通运输量分配过程中应用到用户平衡分配分析模型，即在考虑路网基本线路运载能力、拥堵情况以及车辆在路网中行驶时间的基础上对交通运输量进行平衡分配。这种方法在应用的时候，会在一次次分配操作之后借助路网特征函数来调整整个路段的综合费用，实现对这些费用的二次调整。项目影响区域的客货运量预测结果分析如表 10-3 所示。

表 10-3　项目影响区域的客货运量预测结果分析表

		2004 年	2010 年	2015 年	2020 年	2025 年	2030 年
旅客	铁路	10 789	15 022	18 973	23 313	27 956	323 282
	高速公路	1 846	3 697	5 717	8 221	11 222	13 842
	合计	12 635	18 719	24 690	31 534	39 178	337 124

续表

		2004 年	2010 年	2015 年	2020 年	2025 年	2030 年
散货	铁路	24 152	29 352	33 657	37 832	41 552	45 876
	高速公路	1 205	1 797	2 305	2 869	3 310	3 622
	合计	25 357	31 149	37 872	40 701	44 862	49 498
杂货	铁路	6 603	8 209	9 642	11 099	12 333	13 706
	高速公路	1 316	2 390	3 624	5 446	7 979	10 286
	合计	7 919	10 599	13 266	16 545	20 312	23 992

综上所述，基于综合运输网，高速公路建设项目交通量预测方法充分考虑了高速公路项目在综合运输中的地位和作用，且能够更为客观地反映出交通量在运输方式之间的转变规律，从而帮助相关人员客观把握交通量在综合运输量中的变化，值得引起人们的关注和思考。在未来，需要相关人员结合交通量实际情况强化对综合运输网络下的高速公路建设项目交通量预测的深入研究，借助先进技术构建更符合实际情况的运输分析模型，从而为交通运输管理提供更多参考支持。

第三节　计重收费模式下收费收入的合理性预测

随着我国经济的高速发展，我国的高速公路里程也不断突破，为国家现代化发展提供了巨大的推动力。但如何保证高速公路的又好又快发展，保住国家发展的这个发动机之一成了摆在眼前的问题。高速公路要发展，除了国家政策合理引导之外，强大的资金支持是必不可缺的，而收费就是高速公路资金的主要来源。

计重收费是指借助动态称重设备，根据计重车货总质量及一定收费标准计算高速公路通行费收费额的一种通行费征收方式。为实现高速公路收费的公平合理，计重收费标注的制定，称重设备的设备准确性、可靠性，是必须考虑的因素。尤其是计重收费标准的制定显得尤为重要。若标准制定得不好，比如说现在普遍存在的收费过高，必然会出现交通流量的降低，一般收到通行费也会相应地降低，不利于投资者的投资回收，降低投资者对高速公路建设和发展的积极性，影响当地整个高速公路行业的发展。因此本节就高速公路的收费标准问题进行了研究，为高速公路的主管部门对高速高速公路的收费制度和收费标准的制定提供了理论依据。一个合理的高速公路收费标准，对于我国高速公路的发展和经济社会资源的有效配置发挥着不可估量的作用，因此本节也有着重大的现实意义。

一、高速公路的主要收费方式

目前我国主要有两收费方式，即前些年一直在实行的按车型收费和近年来的计重收费方式。按车型收费往往会出现车辆严重超载、大型车辆剧增，导致高速公路破损严重，加速折损高速公路的使用寿命，有关部门却不能在此项收费方式上提出一个相对有效的解决办法，造成恶性循环，给国家的高速公路发展和经济社会发展造成了巨大的损失。因此，国家部分省市开始采用计重收费方式治理超限超载运输。实践表明，这一收费方式合理有效，并能使新旧两种收费方式平稳过渡。

二、计重收费的工作原理

待缴费车辆进入收费站点后，低速驶过站点的称重系统，其中的轮轴识别器判断车辆的单双胎信息，并监测出车辆各轴的轮胎宽，称重传感器记录下单轴的承重信息。待车辆分离器检测到车辆完全通过，控制柜收集到承重系统检测到各种信息，形成车辆的整车信息，并将其发送到收费车道计算机，通过计算得出承重车辆的通行费。

三、影响高速公路收费标准的因素

（一）高速公路的交通流量

为了更好地服务于高速公路发展，必须对高速公路通行车辆进行收费，高速公路车流量主要有以下因素控制：若从起点到终点有多种运输方式，交通量的大小就会受收费标准控制。要通过价格杠杆来调节车流量，收费低也不见得会提高高速公路管理者的整体收益，反而使高速公路养护成本迅速提高，因此收费标准与交通流量的关系具有非常重要的意义。

（二）对未来可征费对象的判断结果

中华人民共和国交通运输部在《收费公路试行计重收费的指导意见》中指出："通过车辆通行费征收方式的调整和优化，利用经济杠杆，对国家鼓励发展的推荐车型和多轴大型车辆给予适当的通行费优惠，用政策引导车辆发展，优化货运车辆结构。"由此可以看出，我国实施计重收费方式主要是为了引导合法运输，打击非法运输，促进中国高速公路向着正确的方向发展，同时鼓励运输户使用国家推荐的车型，以改善我国交通运输行业的车辆结构。

（三）当地经济发展水平

在制定收费标准时一定要考虑当地经济发展水平，根具当地收入水平来制定过往车辆通行费，因为在不同的收入水平条件下，收费费率的变动对道路的车流量调节程度不同。

（四）高速公路成本回收期限和利润率

作为一项经济投资，高速公路的投资者一定会限制高速公路成本的回收期和盈利水平，为了完成投资者制定的标准，道路经营者必须合理地平衡投资建设者与道路使用者之间的利益关系。根据不同标准的高速公路采用不同的收费标准。

（五）经营成本的变动

由于国家对高速公路收费标准和收费年限进行了管制，随着物价水平的提高，高速公路的经营成本不断加大，高速公路经营者又不能采取有效措施来填补经营成本提高造成的损失。所以在制定高速公路收费标准时，一定要考虑到国家每年的 CPI 增长水平。

（六）车辆超载状态

我国的高速公路收费标准的制定是以引导车量合法合理运输为指导的，所以会加大对违法运输车辆的打击力度，对不同超限超载的车辆给予不同的惩罚力度，以维护遵纪守法的运营车辆的合法利益。

（七）当地交通状况

我国经济发展东西不平衡，不同地区之间各种路网状况不同，东部地区一般路网密度比较大，西部地区比较稀疏，如果在东部地区收费标准较高，司机就会选择其他可代替道路，从而降低收费总额。

四、高速公路计重收费标准的原则

鉴于上述分析，得出我国现行的计重收费标准对于企业来说是合理的，但对于道路使用者还是偏高。标准的确定要遵守经济和社会效益最大化、公平合理、引导发展、有效遏制不法装载和逐步推广原则。

（一）经济和社会效益最大化原则

高速公路建设的最终目的是促进经济发展，有效配置社会资源，从而改善人们的生活水平。作为社会公共产品，在制定高速公路标准时应注意考虑各方面的情况。

（二）谁使用谁交费

随着我国经济的发展，我国的高速公路迅速发展，高速公路虽然是公共物品，但并不是真正的每个人都使用它，使用程度也不同，所以为了实现公平合理，必须对不同车辆对道路的磨损情况进行鉴定，实现"谁使用、损害的多谁交钱多"。

（三）引导发展原则

制定高速公路收费标准必须坚持以科学发展观为指导，对于国家鼓励发展的运输车辆给予收费优惠，按车货总重量实行不同的优惠收费标准，利用政策和经济杠杆引导货运车辆发展，优化货运车辆结构。

（四）打击非法运营车辆

一直以来，我国的公路收费都是以车型分类为基础来进行收费的，但实施过程中发现了许多问题，比如大吨小标，货车组成结构不合理，给运输户造成这样一种错觉——"超载得越多，自己挣得越多"，从而造成恶性循环，对高速公路造成严重的损坏；同时，合法运输户反而不如违法运输户挣得多，不能保护合法运输户的利益。可以采取这些措施：①降低空车的收费费率；②实现高速公路整体收费费率降低，为合法运输户增加收入；③对超限程度在计量范围误差之内的车辆不另外收费。

五、高速公路计重收费制定的步骤

（一）计重收费方式

1. 完全计重收费

完全计重收费是指根据车货总质量和行车里程进行收费，对超载车辆进行惩罚性收费，对空车少收费。

2. 组合计重收费

组合计重收费，对空车、轻车和多轴大吨位的车收费优惠，能较好地实现公平性，不过也造成了一些负面问题，如导致收费总额的减少。

3. 分类计重收费

分类计重收费是对以上两种计费方式的综合，既看车型，又称车货总重。

（二）确定收费对象的计重质量

收费对象的计重质量是集中收费的基础，其主要包括正常质量和超重质量。

（三）制定合理的收费利率

不管是中华人民共和国交通运输部还是各省市都将收费区间分为三部分：第一部分的货车一般不会超限，按照收费标准要求，在确定基本费率的基础上适度降低；第二部分的货车的收费费率曲线应为递减的直线；第三部分在原来的基础上给予优惠。

计重收费作为目前比较新的收费方式，解决了过去收费方式中出现的各种问题，是目前最为行之有效的经济手段。收费标准的在制定是计重收费这种新型的收费模式的重中之重。通过制定合理的高速公路收费标准可以充分发挥高速公路的作用，不仅能够促进高速公路本身的健康发展，还能带动当地经济发展。

第四节　PPP 项目实物期权定价及敏感性分析

一、PPP 项目实物期权定价

推广运用政府和社会资本合作（PPP）模式是落实中国共产党的第十八届中央委员会第三次全体会议关于"允许社会资本通过特许经营等方式参与城市基础设施投资和运营"精神的一项重要举措，是支持新型城镇化建设、推进国家治理体系和治理能力现代化、构建现代财政制度的体制机制变革。2014 年以来，随着中华人民共和国财政部、中华人民共和国国家发展和改革委员会关于 PPP 政策的密集颁布以及各省市 PPP 项目的不断推出，一大批 PPP 项目"落地"实施。初步统计，目前各省已公布的 2015 年 PPP 项目计划投资总额已近万亿元。

（一）什么是 PPP

Public-Private Partnership，简称 PPP，是社会资本参与基础设施和公用事业项目投资运营的一种制度创新。

从各国和国际组织对 PPP 的理解来看，PPP 有广义和狭义之分。广义的 PPP 泛指公共部门与私人部门为提供公共产品或服务而建立的各种合作关系。狭义的 PPP 是指政府与私人部门组成特殊目的机构 SPV（Special Purpose Vehicle），引入社会资本，共同设计开发，共同承担风险，全过程合作，期满后再移交给政府的公共服务开发运营方式。

在我国，PPP 是指政府和社会资本合作模式。中华人民共和国财政部在《关于推广运用政府和社会资本合作模式有关问题的通知》（财金〔2014〕76号）中指出，PPP 是指在基础设施及公共服务领域建立的一种长期合作关系。通常模式是由社会资本承担设计、建设、运营、维护基础设施的大部分工作，并通过"使用者付费"及必要的"政府付费"获得合理投资回报；政府部门负责基础设施及公共服务价格和质量监管，以保证公共利益最大化。中华人民共和国国家发展和改革委员会在《关于开展政府和社会资本合作的指导意见》（发改投资〔2014〕2724号）中指出，PPP 模式是指政府为增强公共产品和服务供给能力、提高供给效率，通过特许经营、购买服务、股权合作等方式，与社会资本建立的利益共享、风险分担及长期合作关系。

（二）PPP 典型特征

（1）伙伴关系。伙伴关系是 PPP 第一大特征，所有成功实施的 PPP 项目都是建立在伙伴关系之上的。PPP 模式的本质是一种基于合约的政府和社会资本合作过程，双方的权利、义务、风险分担、利益补偿等均以合同明确。在这一合作过程中，政府和社会资本是平等主体，是一种"伙伴关系"。

（2）利益共享。任何 PPP 项目都是公益性项目，不以利润最大化为目的。PPP 中公共部门与民营部门不仅是分享利润，而且还需要对民营部门可能的高额利润进行控制，即不允许民营部门在项目执行过程中形成超额利润。共享利益在这里除了指共享 PPP 的社会成果之外，也包括使作为参与者的私人部门、民营企业或机构取得相对平和、稳定的投资回报。

（3）风险分担。这是 PPP 模式区别于公共部门与民营部门其他交易形式的显著标志。在 PPP 模式中，公共部门尽可能大地承担自己优势方面的伴生风险，民营部门实际会按其相对优势承担较多的甚至全部的具体管理职责。PPP 管理模式中，更多是考虑双方风险的最优应对、最佳分担，将整体风险最小化。

（三）PPP 起源及应用

PPP 起源于英国，兴起之初主要目的是为基础设施融资，具体形式较多地表现为公路建设、铁路建设的融资。随后 PPP 的融资职能逐渐发展并覆盖大多数公共产品或服务领域。根据英国资深 PPP 咨询机构报道，应用 PPP 模式最成功的领域顺次是公路、医院、学校、政府建筑、废物处理、铁路、水处理、能源等。公路最为成功，相关定价模式和流程都较为成熟。医院、学校、政府建筑等 PPP 绩效记录则良好。发达经济体是当前 PPP 主要市场，加拿大、美国、英国、法国、比荷卢经济联盟、澳大利亚排名前六。发展中国家新兴 PPP 市场前景广阔，巴西、印度、哥伦比亚等国位于前列。

我国的 PPP 发展经历了五个发展阶段。第一阶段：探索阶段（改革开放至1994 年），当时项目是随机的，包括广州白天鹅酒店、北京国际饭店等。第二阶段：试点阶段（1994—2002），中国共产党第十四次全国代表大会提出社会主义市场经济概念后，国家发展计划委员会先后推出 5 个试点项目，叫作 BOT 试点，比较典型的有广西来宾第一电厂。地方也出现了一些项目，比如沈阳的自来水项目、上海浦东大桥项目等。第三阶段：发展阶段（2003—2008），中国共产党第十六届中央委员会第三次全体会议提出"放宽市场准入，允许非公有资本进入法律法规未禁入的基础设施、公用事业及其他行业和领域"后，中华人民共和国住房和城乡建设部发布了《加快推进市政公用行业市场化进程的指导意见》。这五年里PPP 项目量非常大，包括兰州自来水项目、北京地铁四号线等，但当时也出现了一批争议很大的失败项目。第四阶段：反复阶段（2009—2012），受金融危机影响，政府出台四万亿经济刺激计划，国进民退导致 PPP 市场受到很大打击。2010 年5 月国务院出台"非公经济新 36 条"，PPP 模式应用范围不断扩大。第五阶段：推广阶段（2013 年至今）。国务院及中华人民共和国国家发展和改革委员会、中华人民共和国财政部、中华人民共和国住房和城乡建设部等政府部委都在研究相关政策，为 PPP 模式的深度和广度应用提供强有力的政策支持空间。从地方来看，各省纷纷推出大规模发展 PPP 项目计划。部分媒体和专家表示，如果 2014 年是我国 PPP 模式的探路之年，那么 2015 年将成为各级政府和社会资本合作的元年。

（四）PPP 适用范围

根据国家财政部《关于推广运用政府和社会资本合作模式有关问题的通知》和《政府和社会资本合作模式操作指南》，PPP 模式适用于投资规模较大、需求长期稳定、价格调整机制灵活、市场化程度较高的基础设施及公共服务类项目，各级相关部门应优先选择收费定价机制透明、有稳定现金流的项目。中华人民共和国财政部目前主推的 PPP 项目更倾向于经营性项目。

根据中华人民共和国国家发展和改革委员会《关于开展政府和社会资本合作的指导意见》，PPP 模式主要适用于政府负有提供责任又适宜市场化运作的公共服务、基础设施类项目。燃气、供电、供水、供热、污水及垃圾处理等市政设施，公路、铁路、机场、城市轨道交通等交通设施，医疗、旅游、教育培训、健康养老等公共服务项目，以及水利、资源环境和生态保护等项目均可推行 PPP 模式。各地的新建市政工程以及新型城镇化试点项目，应优先考虑采用 PPP 模式建设。

（五）PPP 模式选择

根据中华人民共和国财政部《政府和社会资本合作模式操作指南》，PPP 项目运作方式主要包括委托运营、管理合同、建设—运营—移交、建设—拥有—运营、转让—运营—移交和改建—运营—移交等。具体运作方式的选择主要由收费定价机制、项目投资收益水平、风险分配基本框架、融资需求、改扩建需求和期满处置等因素决定。

表 10–4 PPP 模式分类

类型 （英文）	类型 （中文）	定义	合同期限	备注
O&M Operations&Maintenance	委托运营	指政府将存量公共资产的运营维护职责委托给社会资本或项目公司，社会资本或项目公司不负责用户服务的政府和社会资本合作的项目运作方式	一般不超过 8 年	政府保留资产所有权，只向社会资本或项目公司支付委托运营费
MC Management Contract	管理合同	指政府将存量公共资产的运营、维护及用户服务职责授权给社会资本或项目公司的项目运作方式	一般不超过 3 年	政府保留资产所有权，只向社会资本或项目公司支付管理费；通常作为 TOT 的过渡方式

续表

类型 （英文）	类型 （中文）	定义	合同 期限	备注
LOT Lease-Operate-Transfer	租赁—运营—移交	指将存量及新建公共资产的运营管理职责、维护职责以及用户服务职责转移给社会资本的PPP运作模式，政府仍然承担公共资产投资的职责并保留公共资产的所有权	一般为20~30年	对于存量项目，LOT模式属于MC模式范畴
TOT Transfer-Operate-Transfer	转让—运营—移交	指政府将存量资产所有权有偿转让给社会资本或项目公司，并由其负责运营、维护和用户服务，合同期满后资产及其所有权等移交给政府的项目运作方式	一般为20~30年	项目有偿转让后，政府暂无资产所有权；TOT模式较BOT模式风险小，投资回报率适当
ROT Rehabilitate-Operate-Transfer	改建—运营—移交	指政府在TOT模式的基础上，增加改扩建内容的项目运作方式	一般为20~30年	ROT模式属于TOT模式范畴
BOT Build-Operate-Transfer	建设—运营—移交	指由社会资本或项目公司承担新建项目设计、融资、建造、运营、维护和用户服务职责，合同期满后项目资产及相关权利等移交给政府的项目运作方式	一般为20~30年	
BOO Build-Own-Operate	建设—拥有—运营	指由社会资本或项目公司承担新建项目设计、融资、建造、运营、维护和用户服务职责，必须在合同中注明保证公益性的约束条款，社会资本或项目公司长期拥有项目所有权的项目运作方式	长期	由BOT方式演变而来

PPP 有诸多具体模式，对已建成基础设施改扩建、新建基础设施可分别采取 O&M、MC、LOT、TOT、BOT、BTO、BOO 等具体模式。

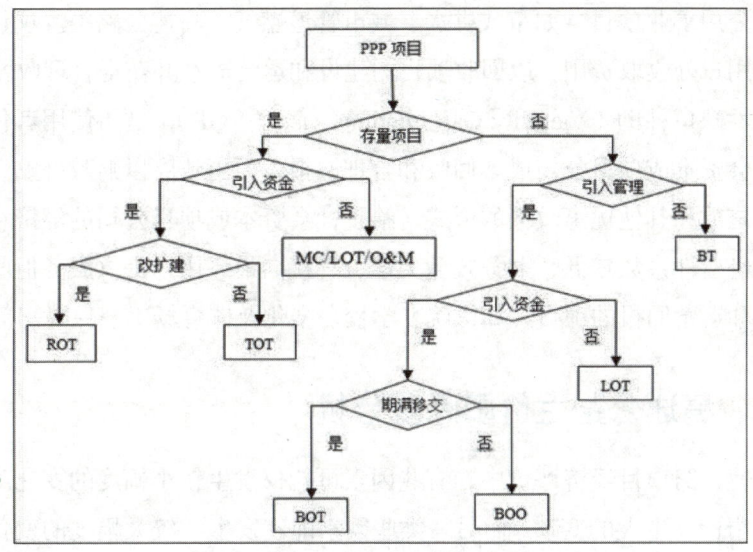

图 10-1 PPP 模式分类示意图

根据中华人民共和国国家发展和改革委员会《关于开展政府和社会资本合作的指导意见》，PPP 操作模式选择可分为经营性项目、非经营性项目和准经营性项目。对于具有明确的收费基础，并且经营收费能够完全覆盖投资成本的经营性项目，可通过政府授予特许经营权，采用 BOT、BOOT 等模式推进。对于经营收费不足以覆盖投资成本、需政府补贴部分资金或资源的准经营性项目，可通过政府授予特许经营权附加部分补贴或直接投资参股等措施，采用 BOT、BOO 等模式推进。对于缺乏"使用者付费"基础、主要依靠"政府付费"回收投资成本的非经营性项目，可通过政府购买服务，BOO、O&M 等市场化模式推进。

（六）PPP 项目付费定价机制

PPP 项目的付费机制约定了 PPP 项目中的风险分配和收益回报，主要包括三类。

政府付费（Government Payment），是指政府直接付费购买公共产品和服务，主要包括可用性付费、使用量付费和绩效付费。通常用于不直接向最终用户提供服务的终端型基础设施和公用事业项目，如市政污水处理、垃圾焚烧发电、水源净化，或市政道路等不具备收益性的项目。政府付费的依据主要是设施可用性、产品和服务使用量和质量等要素。

使用者付费（User Charges），是指由最终消费用户直接付费购买公共产品和服务。通常用于可经营系数较高、财务效益良好、直接向最终用户提供服务的基础设施和公用事业项目，如市政供水、城市管道燃气、高速公路等。项目公司直接从最终用户处收取费用，以回收项目的建设和运营成本并获得合理收益。

可行性缺口补助（Viability Gap Funding，简称 VGF），是指使用者付费不足以满足社会资本或项目公司成本回收和合理回报，而由政府以财政补贴、股本投入、优惠贷款和其他优惠政策的形式，给予社会资本或项目公司的经济补助。通常用于可经营性系数较低、财务效益欠佳、直接向最终用户提供服务但收费无法覆盖投资和运营回报的项目，如医院、学校、文化及体育场馆、保障房等。

二、高速公路定价敏感度分析

在高速公路项目经济评价中，有些因素可能仅发生较小幅度的变化就能引起经济评价指标发生大的变动；而另一类些因素即使发生了较大幅度的变化，对经济评价指标的影响也不是太大。我们将前一类因素称为敏感性因素，后一类因素称为非敏感性因素。

（一）敏感性分析的内容

敏感性分析就是通过分析、预测项目主要不确定因素的变化对项目评价指标（如财务内部收益率、财务净现值等）的影响，从中找出敏感因素，确定评价指标对该因素的敏感程度和项目对其变化的承受能力。

敏感性分析有单因素敏感性分析和多因素敏感性分析两种。

单因素敏感性分析是对单一不确定因素变化对方案经济效果的影响进行分析，即假设各个不确定性因素之间相互独立，每次只考察一个因素，其他因素保持不变，以分析这个可变因素对经济评价指标的影响程度和敏感程度。为了找出关键的敏感性因素，通常只进行单因素敏感性分析。

（二）单因素敏感性分析的步骤

1.确定分析指标

如果主要分析方案状态和参数变化对方案投资回收快慢的影响，则可选用投资回收期作为分析指标；如果主要分析产品价格波动对方案超额净收益的影响，则可选用净现值作为分析指标；如果主要分析投资大小对方案资金回收能力的影响，则可选用内部收益率指标等。

2. 选择需要分析的不确定性因素

在选择需要分析的不确定性因素时主要考虑以下两条原则。

第一，预计这些因素在其可能变动的范围内对经济评价指标的影响较大。

第二，对在确定性经济分析中采用该因素的数据的准确性把握不大。

（1）从收益方面来看，主要包括产销量与销售价格、汇率。

（2）从费用方面来看，包括成本（特别是变动成本）、建设投资、流动资金占用、折现率、汇率。

（3）确定敏感性因素可以通过计算敏感度系数和临界点来判断。

敏感度系数（相对测定法）：用评价指标的变化率除以不确定因素的变化率。

敏感度系数提供了各不确定性因素变动率与评价指标变动率之间的比例，但不能直接显示变化后评价指标的值。为了弥补这种不足，有时需要编制敏感分析表，列示各因素变动率及相应的评价指标值，列表法的缺点是不能连续表示变量之间的关系，为此人们又设计了敏感分析图。

图中直线反映不确定性因素不同变化水平时所对应的评价指标值。每一条直线的斜率反映经济评价指标对该不确定性因素的敏感程度，斜率越大敏感度越高。一张图可以同时反映多个因素的敏感性分析结果。

3. 临界点（绝对测定法）

临界点是指项目允许不确定性因素向不利方向变化的极限值。超过极限，项目的效益指标将不可行。

临界点可用临界点百分比或者临界值分别表示某一变量的变化达到一定的百分比或者一定数值时，项目的效益指标将从可行转变为不可行。

采用图解法时，每条直线与判断基准线的相交点所对应的横坐标上不确定性因素变化率即为该因素的临界点。

如果某因素可能出现的变动幅度超过最大允许变动幅度，则表明该因素是方案的敏感因素。

如果进行敏感性分析的目的是对不同的项目（或某一项目的不同方案）进行选择，一般应选择敏感程度小、承受风险能力强、可靠性大的项目或方案。

（三）敏感性分析的优缺点

敏感性分析在一定程度上对不确定性因素的变动对项目投资效果的影响做了定量的描述，有助于搞清项目对不确定性因素的不利变动所能容许的风险程度；

有助于鉴别哪些是敏感因素，从而把调查研究的重点集中在那些敏感因素上；或者针对敏感因素制定出管理和应变对策，以达到尽量减少风险、增加决策可靠性的目的。

敏感性分析也有其局限性，它主要依靠分析人员凭借主观经验来分析判断，难免存在片面性；也不能说明不确定性因素发生变动的可能性是大还是小。

参考文献

[1] 杨明.运输经济（公路）专业知识与实务（初级)2018 版 [M].北京：中国人事出版社，2018：6.

[2] 王劲松.公路工程项目财务运作实务 [M].贵阳:贵州大学出版社,2018：4.

[3] 张擎,姚玉玲,王朝辉.公路工程经济与管理 [M].北京:人民交通出版社,2017：1.

[4] 贾元华,于洪兴,李斌.公路交通现代化发展理论与实践 [M].北京：中国铁道出版社,2017：12.

[5] 吴明先,单永体,胡林.多年冻土区公路建设环境保护关键技术 [M].上海：上海科学技术出版社,2019：3.

[6] 汪双杰,陈建兵,王佐.高海拔高寒地区高速公路建设技术 [M].上海：上海科学技术出版社,2019：3.

[7] 任均华.公路工程建设项目管理 [M].济南：山东大学出版社,2019：9.

[8] 丁雪英,陈强,白炳发.公路桥梁建设与工程项目管理 [M].长春：吉林科学技术出版社,2019：5.

[9] 王成平.云南山区高速公路建设管理实务 [M].北京：人民交通出版社,2019：8.

[10] 韦流宜.公路建设征地的法制研究 [M].长春:吉林大学出版社,2019：5.

[11] 包卫星.干旱荒漠区公路建设关键技术 [M].北京：人民交通出版社,2019：8.

[12] 邵社刚,俞文生,赵明.公路建设水环境安全保障关键技术研究与实践 [M].北京：人民交通出版社,2019：7.

[13] 刘炳.高速公路建设管理理论及其应用研究 [M].延吉：延边大学出版社,2019：9.

[14] 罗萍.公路工程建设招标与投标（第 4 版)[M].北京：人民交通出版社,2019：12.

[15] 陶炼. 中国高速公路现状与物流建设 [M]. 郑州：黄河水利出版社，2019：4.

[16] 刘洪武. 双向八车道公路隧道群建设管理与创新 [M]. 北京：人民交通出版社，2019：4.

[17] 张涛. 城区双向八车道长公路隧道建设技术——老虎山隧道 [M]. 北京：人民交通出版社，2019：4.

[18] 张发雨. 高速公路建设项目动态管理理论及其应用研究 [M]. 长春：吉林大学出版社，2019：1.

[19] 关凤林，薛峰，黄啓富. 公路桥梁与隧道工程 [M]. 长春：吉林科学技术出版社，2019：5.

[20] 沈艳东，李月姝. 公路养护 [M]. 北京：北京理工大学出版社，2019：11.

[21] 张少华. 公路桥梁工程与项目管理 [M]. 北京：北京理工大学出版社，2019：5.

[22] 王树兴. 高速公路隧道智能监控管理技术 [M]. 重庆：重庆大学出版社，2019：12.

[23] 潘永祥. 公路桥梁与改扩建新技术 [M]. 昆明：云南大学出版社，2019.

[24] 葛明元. 公路建设与项目管理 [M]. 长春：吉林科学技术出版社，2020：5.

[25] 庄建伟，冯涛. 公路建设项目代建工作管理指南 [M]. 成都：西南交通大学出版社，2020：8.

[26] 王炳章. 公路建设工程招投标与合同管理 [M]. 成都：西南财经大学出版社，2020：1.

[27] 陈开群. 高速公路建设项目设计与施工管理 [M]. 北京：中国商务出版社，2020：6.

[28] 李刚占，张留俊，赵久柄. 高海拔特殊土地区高速公路建设关键技术 [M]. 北京：人民交通出版社，2020：12.

[29] 李东昌，吴世红. 西藏自治区公路建设项目生态环境保护技术 [M]. 北京：人民交通出版社，2020：8.

[30] 冯学茂. EPC 模式下钟昭高速公路建设管理纪实 [M]. 长沙：中南大学出版社，2020：4.

[31] 修林岩，阎明阳，白会杰. 公路工程建设管理 [M]. 长春：吉林科学技术出版社，2020.

[32] 黎奎，张素娟 . 公路工程建设法律法规 [M]. 徐州 : 中国矿业大学出版社，2020 : 3.

[33] 张勇 . 公路工程建设与施工管理研究 [M]. 天津 : 天津科学技术出版社，2020 : 6.